Die 1000 schönsten Naturwunder

NGV

Autorin: Ulrike Schöber
Gesamtherstellung: Naumann & Göbel Verlagsgesellschaft mbH, Köln

ISBN 978-3-625-11904-3

www.naumann-goebel.de

Vorwort

Die Kalksinterterrassen von Pamukkale, der Mount Everest, die Dünen des Singenden Sandes, die Sahara, die Victoriafälle, der Ayers Rock, die Kreidefelsen auf Rügen, die Gorges du Verdon, die Calanques bei Marseille, die Rocky Mountains, das Death Valley, der Gletscher Perito Moreno, der Titicacasee oder das antarktische Inlandeis – überall auf unserem Planeten Erde gibt es fantastische Schätze der Natur, die uns Menschen in Staunen und Begeisterung versetzen.

In unserer hochtechnisierten und zunehmend komplizierter werdenden Welt ist die Rolle der Natur eine zwiespältige: Einerseits bildet sie einen wichtigen Raum für Freizeit und Entspannung, andererseits beuten wir sie ohne Rücksicht auf die Folgen aus, um unseren Wohlstand zu steigern. Die Auswirkungen dieses Raubbaus – wie das weltweite Artensterben und Klimaveränderungen – sind inzwischen unübersehbar. Natur- und Artenschutz ist daher unabdingbar, denn nur dann werden wir die Natur auch weiter genießen können. Doch nur, wenn wir wissen, welche Schätze die Natur für uns im Kleinen wie im Großen, in der nahen Umgebung, aber auch auf der anderen Seite der Erde bereithält, können wir sie gezielt schützen.

Dieses Buch stellt die bekanntesten und spektakulärsten Naturwunder auf der ganzen Welt vor – mit dem Schwerpunkt auf Landschaften und geologischen Phänomenen. Doch auch unbekanntere Naturschauplätze wurden durchaus nicht vergessen, haben sie doch häufig ihren ganz eigenen Charme und exotischen Reiz. Die Gliederung der Kapitel folgt den Kontinenten der Erde: Europa, Asien, Afrika, Nord- und Mittelamerika, Südamerika, Australien und Ozeanien sowie die Antarktis. Die Reihenfolge der Naturwunder in den einzelnen Ländern richtet sich zumeist nach ihrer geografischen Lage von Nord nach Süd und von West nach Ost. Zur besseren Orientierung beginnt jedes Kapitel mit einer Kontinentkarte, auf der die Lage der Naturschätze durch einen Punkt gekennzeichnet ist.

Die Auswahl der Naturwunder berücksichtigt die Superlative der Natur ebenso wie die Besonderheiten, die beispielsweise von der UNESCO auf den Listen des Weltnaturerbes als schützenswert erfasst werden, und kann doch nicht mehr als einen Ausschnitt aus dem weiten Spektrum der Naturwunder bieten. Denn die Worte Carl von Linnés, des berühmten schwedischen Naturforschers (1707–1778), gelten auch heute noch: „Allein ein ganzes Menschenalter würde nicht hinreichen, jedes Meisterstück der göttlichen Kunst in dem Reich der Natur nur zu erzählen, viel weniger, nach Würde zu betrachten."

Inhalt

Europa

Asien

Afrika

Nord- und Mittelamerika

Südamerika

Australien und Ozeanien

EUROPA

Selbst die Antarktis ist größer und nur Australien ist noch kleiner: Trotzdem ist das nur rund 10,5 Millionen km² große Europa ein unglaublich vielgestaltiger Kontinent mit weiten Tiefebenen, eindrucksvollen Gebirgen, zahlreichen vulkanisch geprägten Regionen und einer vielfältigen Natur, die sich an die unterschiedlichen Klimate angepasst hat. Doch der Prophet im eigenen Land gilt nichts und so reisen viele Europäer um den halben Globus, um beispielsweise die grandiosen Naturwunder in Amerika zu bestaunen, statt etwa bei einer Kanutour die Schlucht der Ardèche in Frankreich zu erkunden. Egal ob Islands Geysire, die Kreidefelsen von England und Deutschland, die fantastischen Höhlen in Mitteleuropa, die Durchbrüche der Donau oder die griechischen Meteora-Felsen – in Europa gibt es überall wunderbare Landschaften und Naturerscheinungen, deren Besuch mehr als lohnenswert ist und uns immer wieder ins Staunen versetzen.

Europa

Myvatn
Geysir Strokkur
Solfatarenfeld
Dettifoss-Wasserfall
Hraunfossar
ISLAND
Reykjavik
Gullfoss-Wasserfall
Nationalpark Pingvellir
Skaftafell-Nationalpark
Vatnajökull-Gletscher
Eldgjá
Insel Surtsey
Svartifoss-Wasserfall
Jökulsárlón
Seljalandsfoss
Spitzbergen
Sieben S
ATLANTISCHER
OZEAN
Esha Ness
Old Man of Hoy
Stac an Armin
Isle of Skye
Hebriden
Loch Ness
Grampians
Rannoch Moor
Loch Lomond
Giant's Causeway
Slieve League
Glasgow
Edinburgh
Cliffs of Croaghaun
Belfast
Nordsee
Geirangerfjord
NORWEGEN
Aurlandsfjord
Sognefjord
Jostedalsbreen
Nærøyfjord
Jotunheimen-Nationalpark
Vøringfossen
Låtefossen
Oslo
Predigtstuhl
Väner
Göteborg
DÄNEMARK
The Burren
Cliffs of Moher
Twelve Bens
Dingle
Dublin
IRLAND
Lake District
GROSS-BRITANNIEN
Liverpool
Nationalpark Snowdonia Mountains
Pembrokeshire-Nationalpark
Stackpole Head
Morsumer Kliff
Helgoland
Wattenmeer
Steilküste von Fehmarn
Steilküste Insel Møn
Kreide auf R
Vorpommersche Boddenlandsch
Waddenzee
Schaalsee
London
Lüneburger Heide
Schweiz:
1 Rheinfall
2 Reichenbachfälle bei Meiringen
3 Gotthard-Massiv
4 Rosenlauischlucht
5 Giessbachfall
6 Berner Oberland
7 Aletschgletscher
8 Rhônegletscher
9 Rheinfall
10 Matterhorn
11 Verzasca
12 Monte San Giorgio
13 Val di Poschiavo
14 Piz Palü
Land's End
Lulworth Cove
Durdle Door
Kreidefelsen von Dover
Pulpit Rock
The Needles
Beachy Head
NIEDERLD.
Dörenther Klippen
Externsteine
Spreewald
Felsenmeer bei Hemer
Radau-Wasserfall
DEUTSCHLAND
BELG.
Attahöhle
Teufelsmauer
Siebengebirge
Elbsandstein-gebirge
Côte de Granit Rose
Pointe du Squeouel
Halbinsel Crozon
Alabasterküste
Felsentor Etretat
Pointe du Grouin
Hautes Fagnes
Drachenschlucht
Feengrotten
Loreley
Schwarzes Moor
Greifensteine
Paris
L
Luxemburg
Moselschleife bei Bremm
Eifelmaare
Saarschleife
Teufelstisch
Altschlossfelsen
Teufelshöhle
Walberla
Altmühltal
Weltenburger Enge
Felsnadeln von Port-Coton
Triberger Wasserfälle
Blautopf
Wackelstein (Solla)
Wutachschlucht
FRANKREICH
Bodensee
Osterseen
Wimbachtal
Partnach-klamm
Breitach-klamm
Watzmann
Schwarzsee
Eisriesenwelt im Tennengebirge
Lamprechtsofen
CH
Krimmler Wasserfälle
Hohe Tauern
Hochkönig
und Mandlwand
Wasserfälle von Baume-les-Messieurs
Erdpyramiden am Ritten
Drei Zinnen
Montblanc
Gijón
Picos de Europa
Dune du Pilat
Große Wellen bei Biarritz
Cueva de Zugarramurdi
Gran-Paradiso-Nationalpark
Grotta Gigante
Bleder
Cevennen
Pont d'Arc
Gorges du Verdon
Höhlen von
Plitvicer See
Madeira:
Cabo Girão
Lorbeerwald
Monte Perdido
Pyrenäen
Cirque de Mourèze
Chaussée des Géants
La Crau
Camargue
Corniche de l'Estérel
Calanques
Dugi Otok
PORTUGAL
Zaragoza
Frasassihöhlen
Madrid
Golf de Roses
Felsküste bei Tossa de Mar
Kap Girolata
La Scandola
Saturnia-Kaskaden
Kanarische Inseln:
Cueva de los Verdes
Montanas del Fuego
El Golfo
Dünen bei Maspalomas
Mirador de Don Pompeyo
Acantilado de los Gigantes
Teide
Fels Zapato de la Reina
Felsformationen auf Teneriffa
Los Roques
Nationalpark Garajonay
Caldera de Taburiente
Lissabon
SPANIEN
Barcelona
Les Calanches
Korsika
ITALIEN
Campo Imperatore
Mérida
Kreidefelsen von Bonifacio
Rom
Felsküste der Algarve
Costa Smeralda
Ciudad Encantada
Torrent de Pareis
Cap de Formentor
Vesuv
Fungo
Parque Nacional de Doñana
Dedo de Dios
Coves del Drac
Sardinien
Cala di Luna
Blaue Grotte
Balearen
Cádiz
El Torcal
Straße von Gibraltar
Malaga
Tanger
Almeria
Mittelmeer
Punta Cavazzi
Stromboli
Fumarolen auf Vulcano
Algier
Rabat
Oran
Annaba
Ätna
Tunis
Casablanca
Fès
Sizilien
MAROKKO
ALGERIEN
TUNESIEN
Valetta
MALTA
0
200
400
600
km

Murmansk
Laponia Nationalpark Sarek
Nationalpark Stora Sjöfallet
Uchta
Urwälder von Komi
Archangelsk
Syktywkar
HWEDEN
Kvarken-Archipel
FINNLAND
Onegasee
Petrosawodsk
Finnische Seenplatte
Saimaa
Kusten
Ladogasee
Tampere
Jekaterinburg
Perm
Tscheljabinsk
Ischewsk
RUSSISCHE FÖDERATION
Turku
Ufa
Kasan
Schären
Tallinn
ESTLAND
Nischnij-Nowgorod
Rauksteine
Uljanowsk
Orenburg
Riga
Samara
Moskau
LETTLAND
Ostsee
Rjasan
Pensa
Kurische Nehrung
LITAUEN
Smolensk
Uralsk
Tula
Königsberg
Vilnius
Saratow
WEISS-RUSSLAND
Masurische Seenplatte
Danzig
Minsk
KASACHSTAN
Woronesch
Bialowiezer Heide
Gomel
POLEN
Pripjet-Sümpfe
Warschau
Brest
Wolgograd
Breslau
Kiew
Wolga
eiz
aradies
Astrachan
Dnipro-petrowsk
UKRAINE
CH
Hohe Tatra
Dobschauer Eishöhle
Karpaten
Donezk
Rostow
Kas-pisches Meer
slava
SLOWAKEI
Aggtelek-Höhlen
MOLDAWIEN
edler See
Budapest
Puszta
Kischinew
Krasnodar
UNGARN
ttensee
RUMÄNIEN
Donaudelta
Eisernes Tor
Sewastopol
SNIEN-EGOW.
Belgrad
Bukarest
GEORGIEN
Tbilisi
Baku
ASERBAIDSCHAN
arajewo
SERBIEN
Schwarzes Meer
Batumi
mitorgebirge
araschlucht
Biogradska Gora
Steinerner Wald
MONT.
BULGARIEN
Jerewan
on Kotor
Skutarisee
Skopje
Piringebirge
Erzurum
Großer Ararat
Täbris
ALBAN.
MAZED.
Istanbul
Van
Tirana
Ohridsee
Ankara
Urmia
IRAN
Olymp
Meteora-Felsen
Kayseri
Diyarbakir
TÜRKEI
Love Valley
Hamadan
GRIECHEN-LAND
Versteinerter Wald
Kappadokien
Izmir
Konya
Mosul
Kirkuk
che Küste
Kalksinterterrassen in Pamukkale
Athen
Adana
Bakhtaran
Schiffswrackbucht
Antalya
Kursunlu-Wasserfälle
SYRIEN
Strand von Ölü-Deniz
Olympos-Nationalpark
ZYPERN
Bagdad
Steilküste von Santorin
Nicosia
Kreta
Samaria-Schlucht
LIBANON
IRAK
Beirut

Island

Hraunfossar *(oben links)*

Verspielt und sehr dekorativ fließt das Wasser im Westen Islands zwischen dem satten Grün der Vegetation über das schwarze Lavagestein hinab. Die 700 m breiten Kaskaden des Hraunfossar – „hraun" bedeutet Lava – stammen von einem unterirdischen Arm des Hvítá, der durch das poröse Lavagestein wieder an die Oberfläche tritt.

Geysir Strokkur, Haukadalur *(oben rechts)*

Zwar ist er nicht der größte Geysir der Welt, dafür aber sicher der bekannteste: Denn der Strokkur auf Island schießt zuverlässig alle 10–15 Minuten sein heißes Wasser mit großer Kraft 25 m hoch in die Luft. Auf Island gibt es insgesamt 30 dieser heißen Springquellen und Strokkurs Nachbar, der Stóri Geysir, gilt als Namensgeber für alle derartigen Quellen weltweit.

Mývatn *(unten links)*

Mückensee – die deutsche Übersetzung von Mývatn sagt fast alles. Im Sommer wimmelt es hier nur so von den kleinen Insekten. Was Menschen abschreckt, erfreut jedoch die Tierwelt: Fische und Vögel leben im Schlaraffenland und kommen entsprechend artenreich vor und auch zahlreiche unterschiedliche Pflanzen wachsen am Ufer – eine einzigartige Vielfalt so weit nördlich.

Solfatarenfeld, Mývatn-Gebiet
(oben links)

Hell- bis dunkelgrau, manchmal auch rötlich brodelt der Schlamm und bildet blubbernde Blasen: Solfataren nennt man diese postvulkanischen Erscheinungen, bei denen Gase aus der Erde austreten. Sie zersetzen auf chemischem Wege das Gestein, sodass Schlammkessel entstehen, aus denen das Gas entströmt. Dieses Phänomen ist auf Island, aber auch in anderen Teilen der Welt in thermisch aktiven Gebieten zu beobachten.

Gullfoss-Wasserfall
(unten Mitte)

Wenn Wasser über zwei breite Stufen quasi „um die Ecke" fällt, ergibt sich ein ganz besonderes Naturschauspiel. Deshalb ist es kein Wunder, dass der Gullfoss im Nordwesten von Island zu den Highlights der Insel gehört: Seine beiden Stufen sind 11 m und 20 m tief und liegen im rechten Winkel zueinander. Vor allem während der Schneeschmelze transportiert der Fluss Hvítá enorme Wassermengen.

Dettifoss-Wasserfall, Jökulsárgglijúfur-Nationalpark
(oben rechts)

Dass die Gletscher ihr vereistes Wasser nicht für sich behalten, sondern im Rahmen des großen Kreislaufs der Natur auch wieder abgeben, zeigt der Dettifoss besonders schön. Er wird vom Vatnajökull-Gletscher gespeist und stürzt im Nordosten Islands 44 m in die Tiefe. Dabei fallen 190 t Wasser pro Sekunde hinab! Damit ist der Dettifoss der wasserreichste Fall in Europa.

Nationalpark Pingvellir *(unten)*

Wer sich für die Entwicklung unseres Planeten Erde interessiert, kommt im Nationalpark Pingvellir aus dem Staunen nicht mehr heraus: Er umfasst einen Teil des Gebiets, in dem sich die Eurasische und die Nordamerikanische Kontinentalplatte voneinander entfernen. Dadurch entstehen Spalten und Gräben sowie Abbruchkanten, über die Flüsse als Wasserfälle hinabstürzen.

Surtsey, Westmännerinseln
(oben)

Am 14. November 1963 kündigte intensiver Schwefelgeruch die Geburt einer neuen Insel südlich von Island an: Auf dem Nordatlantischen Rücken brach ein Unterwasservulkan aus und bildete bis zum Februar 1964 eine Insel von 1300 m Durchmesser. Treffenderweise wurde Surtsey nach dem nordischen Feuerriesen Surt benannt. Inzwischen hat sie durch Erosion bereits die Hälfte ihrer Fläche wieder verloren.

Seljalandsfoss *(Mitte)*

Dass Wasserfall nicht gleich Wasserfall ist, beweisen die sehr unterschiedlichen Fälle auf Island. Der Seljalandsfoss im Süden der Insel stürzt in einem dicken Strahl wie eine riesige Naturdusche 60 m tief von einer Klippe. Da die Klippe deutlich übersteht, kann man unten hinter den Wasserfall gehen und die wunderbare Landschaft durch einen Schleier aus Wasser betrachten.

Eldgjá *(unten)*

Rund 600 m breit und bis zu 200 m tief ist die Eldgjá, auf Deutsch Feuerschlucht. Der Name deutet schon auf die Entstehung dieses Abgrunds hin: Bei einem Vulkanausbruch um 924 öffnete sich diese Spalte und hat vermutlich gewaltige Mengen Lava freigegeben. Denn Eldgjá gilt als der größte Eruptionsgraben der Welt. In der Schlucht befindet sich der Wasserfall Ófærufoss.

Basaltformationen, Skaftafell-Nationalpark *(oben rechts)*

Immer wieder stößt man im Skaftafell-Nationalpark auf Steinformationen, die aussehen, als wären sie vor Hunderten von Jahren von Menschen bearbeitet worden. Tatsächlich handelt es sich um Basalt, ein dunkles Ergussgestein. Beim Abkühlen bildet es oft diese senkrechten Säulen und formt damit ganze Landschaftsarchitekturen, die beispielsweise Gängen oder Treppen ähneln.

Vatnajökull-Gletscher, Hvannadalshnúkur *(Mitte rechts)*

Nicht umsonst wird Island die Insel aus Feuer und Eis genannt: Zwölf Prozent ihrer Landmasse liegen unter einem Eispanzer. Im Vatnajökull-Gletscher, dem drittgrößten Gletscher der Welt, ist diese kalte Decke 1000 m dick. Darunter liegt der noch aktive Vulkan Bárdarbunga. Wenn er ausbricht, schmilzt ein großer Teil des Gletschers.

Svartifoss-Wasserfall, Skaftafell-Nationalpark *(unten links)*

Die Kontraste zwischen Schwarz und Weiß sowie fest und fließend machen diesen Wasserfall zu einer faszinierenden Sehenswürdigkeit. Denn die gischtenden Wassermassen stürzen über schwarzen Basalt hinab, der von der Natur zu eckigen Säulen geformt wurde. Diese rund angeordneten Säulen wölben sich ein wenig vor und scheinen eine Arena für das Wasser und sein Becken zu bilden.

Jökulsárlón *(unten rechts)*

Auf Deutsch bedeutet Jökulsárlón Gletscherflusslagune – und damit ist fast schon alles gesagt: Auf dem größten und bekanntesten Gletschersee Islands treiben kleine und größere Eisschollen, aber auch Eisberge, die manchmal so hoch sind wie ein dreistöckiges Haus. Gelegentlich schwimmen auch Seehunde vom offenen Meer in den See hinein und lassen die Besucher staunen.

Norwegen

Spitzbergen *(oben)*

Svalbard, zu Deutsch „kalte Küste", nannten die Wikinger treffend die norwegische Inselgruppe im Nordpolarmeer. Im deutschen Sprachraum wird sie nach der Hauptinsel Spitzbergen genannt. Bei Temperaturen, die auch im Sommer durchschnittlich nicht höher als 6 °C sind, ist mehr als die Hälfte der Inseln vergletschert und Treibeis sowie Eisberge sind auch im Sommer präsent.

Lofoten *(Mitte)*

Unwirklich, fast wie im Märchen, erscheint die Inselwelt der Lofoten im Licht der Mitternachtssonne. Die Lofotinseln liegen nur 100–300 km nördlich des Polarkreises und so ist es im Sommer auf den rund 80 Inseln auch nachts hell. In diesen etwa sechs Wochen blühen Pflanzen, die in Mitteleuropa als Frühjahrsboten bekannt sind: Tulpen, Ginster, Flieder und Kirschbäume.

Sieben Schwestern, Alsten *(unten)*

König Hestmannen verfolgte sieben Jungfrauen. Doch keine von ihnen hatte daran gedacht, wie kurz die norwegischen Nächte im Sommer sind: Bei Sonnenaufgang erstarrten sie alle zu Stein und bildeten diese markante Kette aus sieben Bergen bei Sandnessjøen. Während die Bergformation Syv Søstre von der Küstenstraße aus nur kurz zu sehen ist, präsentiert sie sich vom Schiff aus in voller Pracht.

Geirangerfjord *(oben)*

Der Geirangerfjord gehört nicht nur zu den schönsten Fjorden Norwegens, sondern auf der ganzen Welt. Während sich von oben wunderbare Panoramen auftun, offenbart sich das Spektakuläre dieses tief ins Gebirge eingeschnittenen Meeresarms am besten bei einer Bootsfahrt: Dann ragen die Felswände 800 m recht steil über der schmalen Wasserfläche in die Höhe.

Jotunheimen-Nationalpark *(Mitte links)*

Mit über 60 Gletschern, 250 Bergen, die höher sind als 1900 m, und 20 über 2300 m ist der Jotunheimen-Nationalpark die größte Fjällregion Nordeuropas. Als Fjäll bezeichnet man eine baumlose Hochfläche. Hier wachsen zwischen Findlingen, Karen und Moränenfeldern seltene Moose und die Fjällheide. Dass ausgerechnet diese Gegend die Heimat der Frost- und Reifriesen der Edda sein soll, verwundert nicht.

Sognefjord *(Mitte rechts)*

Er ist Norwegens Superfjord: mit 204 km der längste Europas und mit 1308 m der tiefste der Welt! Der „König der Fjorde" trägt seinen Titel zurecht. Das beweist die Tatsache, dass an seinem Nordufer sogar Aprikosenbäume gedeihen, weil das Klima so mild ist. Fähren verbinden die beiden Seiten miteinander und erschließen die zahlreichen größeren und kleinen Verästelungen des Fjords.

Jostedalsbreen *(unten)*

Der größte Festlandsgletscher Europas befindet sich nicht in den Alpen, sondern in Norwegen nördlich des Sognefjords. Seine 500 m dicke Eisschicht erstreckt sich auf einer Breite von 15 km über eine Länge von 100 km. Im Unterschied zu vielen anderen Gletschern hat er sich erst nach der letzten Eiszeit gebildet, als es im Norden Europas eine stärkere Abkühlung gab.

Nærøyfjord *(oben links)*

Seine Felswände ragen bis zu 1700 m hoch auf, befinden sich aber an der engsten Stelle nur in einer Entfernung von 300 m voneinander. Damit ist der Nærøyfjord, ein Nebenarm des Sognefjords, der schmalste Fjord Europas. Eine Fahrt mit dem Schiff durch die eindrucksvolle Landschaft bis zum Ende des 17 km langen Fjords ist unvergesslich.

Aurlandsfjord *(oben rechts)*

Er zweigt vom Sognefjord ab und ist viel kleiner als dieser, trotzdem gehört eine Schifffahrt über den Aurlandsfjord zu den beeindruckendsten Erlebnissen in Norwegen. Denn die Felswände ragen fast senkrecht bis zu 1500 m aus dem Wasser. Erst seit vor gut zwei Jahrzehnten Tunnel gebaut wurden, sind der Fjord und die Orte an seinem Ufer mit dem Auto erreichbar.

Låtefossen, Hordaland *(unten)*

Die meisten Orte würden sich glücklich schätzen, nur mit einem Wasserfall werben zu können, Odda dagegen hat gleich zwei, und zwar zwei große: Der Låtefossen fließt als Zwillingswasserfall in zwei Wegen über 165 m hinab, bevor sich beide Teile vereinigen. Gespeist wird dieser König unter den Wasserfällen von den Gletschern der Hardangervidda.

Vøringfossen, Hardangervidda
(oben)

Wenn der recht kleine Fluss Bjoreia mit Getöse auf sich aufmerksam macht, während er 182 m senkrecht in einen Talkessel fällt, ist das immer ein atemberaubender Anblick. Doch wildromantisch ist er nur bei sonnigem Wetter am Nachmittag: Dann bildet sich in der Schlucht über dem gischtenden Wasserschleier ein Regenbogen.

Predigtstuhl, Stavanger *(unten)*

Wie absichtlich als Aussichtsplattform aus dem Fels gehauen wirkt der Predigtstuhl (Preikestolen) am Lysefjord. Die Felskanzel ermöglicht grandiose Ausblicke über den Fjord und seine umliegenden Berge. Dabei ist der massive Felsblock so riesig, dass die Menschen, die das Panorama genießen, wie Ameisen wirken.

Schweden

Laponia, Lappland *(oben)*

Berge, Seen, Flüsse, Moore, Heidegebiete, Wälder, mal rau, mal lieblich, aber alles weitgehend vom Menschen unberührt. Mit 9400 km² ist das Welterbe Laponia eines der größten Wildnisgebiete Europas. Lediglich die Samen, die zur Urbevölkerung Europas zählen, leben hier im Einklang mit der Natur und ihre Kultur wird gleich mitgeschützt – gemeinsam mit vielen Tier- und Pflanzenarten.

Nationalpark Sarek, Lappland *(Mitte)*

Bereits 1909 wurde diese wunderbare, wasserreiche – hier gibt es nicht nur viele Flüsse und Seen, es ist auch das regenreichste Gebiet Schwedens – Gebirgslandschaft unter Naturschutz gestellt. Damit blieb ihr das Schicksal der Energiegewinnung durch Wasserkraft erspart und sie konnte sich weitgehend unbeeinflusst vom Menschen weiterentwickeln.

Nationalpark Stora Sjöfallet *(unten)*

Hoch im Norden Schwedens, kurz vor der Grenze zu Norwegen, liegt die wunderbare Gebirgslandschaft des Stora-Sjöfallet-Nationalparks. Alpine Gipfel mit weißen Gletscherhauben, spiegelglatte Bergseen, dunkelgrüner Nadelwald und Wasserfälle wie der Stora Sjöfallet charakterisieren die geschützte Landschaft, die das Herz von Naturfreunden höherschlagen lässt.

Höga Kusten *(oben rechts)*

Die Höga-Kusten-Region zwischen Härnösand und Örnsköldsvik kann sich eines ganz besonderen Superlativs im Reich der Naturwunder rühmen: Weltweit hat sie sich nach der letzten Eiszeit am stärksten gehoben, nämlich 285 m. Das Land, dass durch das Gewicht der Eiszeitgletscher hinabgedrückt wurde, hebt sich seit dem Schmelzen der Gletscher nach und nach wieder an, momentan 8 mm pro Jahr.

Schären *(Mitte rechts)*

Vom schwedischen Wort „skär" für Klippe wurde der Begriff Schären abgeleitet. Diese kleinen buckelartigen Felsinseln sind charakteristisch für die skandinavische, vor allem aber für die schwedische Küste. Die Felsen wurden während der Eiszeit von Gletschern so rund geformt und später von Meerwasser überflutet. Auf den größeren Inseln konnte sich in den Mulden über die Jahrtausende Vegetation ansiedeln.

Rauksteine, Gotland *(oben links)*

Ein Strandspaziergang an der Küste Gotlands ähnelt an manchen Stellen dem Besuch eines Skulpturengartens. Die Natur scheint hier aus Kalkstein von Köpfen über Figuren bis zu Stelen ihrer Fantasie freien Lauf gelassen zu haben. Als Werkzeug für die bis 10 m hohen Kunstwerke, die die Inselbewohner Raukar nennen, dienten Wasser, Wind und Temperaturschwankungen.

Vänern *(unten)*

Unendliche Weiten scheinen die Wasser des Vänern zu bedecken, die sich im Winter in riesige Eisflächen verwandeln. Der größte See Schwedens ist mit einer Fläche von 5585 km² der drittgrößte See Europas und in punkto Wassermenge sogar der größte, denn er ist an manchen Stellen 92 m tief. Diese Wassermassen werden durch rund 22 000 Inseln unterbrochen.

Finnland

Kvarken-Archipel *(oben)*

Dass Erdentwicklung kein historischer, sondern ein ganz aktueller Prozess ist, lässt sich fantastisch in der Ostsee zwischen Finnland und Schweden beobachten. Die Inseln des Kvarken-Archipels wachsen jedes Jahr um etwa 100 ha! Ursache ist eine sogenannte postglaziale Landhebung. Dabei heben sich Landmassen, die von Eiszeitgletschern in den Erdmantel gedrückt wurden, langsam wieder aus diesem heraus, weil das Eisgewicht nicht mehr auf ihnen lastet.

Finnische Seenplatte *(unten links)*

Wer Finnlands Süden im Flugzeug oder Hubschrauber überfliegt, bekommt eine Ahnung davon, dass der Beiname „Land der tausend Seen" stark untertrieben ist. Tatsächlich sind es rund 56 000 Seen, die sich beim Rückzug der eiszeitlichen Gletschermassen gebildet haben. Viele sind miteinander verbunden und in den größeren liegen zahlreiche Inseln und Inselchen.

Saimaa *(unten rechts)*

Wenn bei Windstille eine spiegelglatte Wasserfläche von rund 1460 km^2 den Himmel und die Wolken auf die Erde holen, ist das ein atemberaubendes Naturerlebnis. Geboten wird dies bei gutem Wetter vom Saimaa, dem größten finnischen See im Südosten des Landes. Im Saimaa lebt eine von zwei seltenen Süßwasser-Robbenarten, die Saimaa-Ringelrobbe *(Pusa hispida saimensis)*.

Dänemark

Møns Klint

Die Steilküste auf der dänischen Insel Møn zieht sich vom Leuchtturm im Süden bis nach Brunhoved im Norden. Die im Sonnenschein schneeweiß leuchtenden Kreidefelsen fallen an manchen Stellen bis zu 130 m fast senkrecht nach unten zum Meer hin. Bei Sonne besticht der Kontrast des weißen Steins zum blauen Himmel, den grünen Pflanzen und dem türkisblauen Meer.

Irland

Slieve League, Donegal *(oben)*

Das nördlichste County Irlands, Donegal, wird durch Gebirgszüge geprägt. Entsprechend zerklüftet und steil präsentiert sich die Küste Donegals über gut 370 km. Das spektakuläre Highlight sind die Klippen von Slieve League: Sie fallen fast 600 m tief zum Meer hinab. Der Wind braust hier ungebremst hinüber und kann einen Spaziergang an den Klippen zum gefährlichen Unterfangen machen.

Cliffs of Croaghaun, Achill Island *(Mitte)*

Die Cliffs of Moher sind zwar berühmt, aber sie sind keinesfalls die höchsten Klippen Irlands oder gar Europas. Das sind die Klippen von Croaghaun auf Achill Island, einer Insel vor der irischen Nordwestküste. Allerdings sind sie touristisch nicht erschlossen und erfordern einen mühsamen Aufstieg zum Achill Head – entsprechend unbekannt sind sie nach wie vor.

The Burren *(unten)*

Dass menschliche Kultur und die Natur manchmal auch Hand in Hand gehen, beweist dieses Natur- und Kulturdenkmal. Vor 5000 Jahren siedelten hier Menschen der Megalithkultur. Die Oberfläche dieses Kalksteingebietes wurde durch Wind und Wasser in viele rechteckige Felder gegliedert. So entstand eine interessante, flache Landschaft mit glatten Steinen im Boden.

Cliffs of Moher, County Clare *(oben)*

Nicht ohne Grund gehören die Cliffs of Moher zu den bekanntesten Sehenswürdigkeiten in Irland. Denn sie erstrecken sich über eine Länge von rund 8 km fast bis zur Ortschaft Doolin und fallen an manchen Stellen über 200 m tief und steil hinab – ein imposanter Anblick. Er lockt viele Besucher an, von denen die Bewohner des Gebiets profitieren. Die Parkgebühren können sich inzwischen ebenso gut sehen lassen wie die Klippen.

Twelve Bens, Connemara *(Mitte)*

Anmutig ziehen sich die sanften Kuppen der Twelve Bens, eines bis 730 m hohen Gebirgszugs, durch das nördliche Connemara. Sie bilden den Kern des Connemara-Nationalparks, dessen wunderschöne Landschaft weit weniger von Touristen besucht wird als der südliche Teil von Connemara. Letzterer ist flach und durch Heide- und Moorflächen geprägt.

Dingle-Halbinsel *(unten)*

Fantastische Ausblicke auf die Westküste der Dingle-Peninsula und die Blasket Islands bieten sich vom Slea Head Drive, der westlichen Küstenstraße. Der westlichste Punkt Irlands ist berühmt für seine Landschaft mit den großartigen Felsformationen, aber auch für keltische und frühgeschichtliche Denkmäler, die es hier sehr zahlreich gibt.

Großbritannien

Esha Ness, Shetlandinseln *(oben)*

Wild und rau präsentiert sich die westliche Küstenlinie der Shetlandinseln und die vorgelagerten Felsen wirken, als wollten sie mit dem Rest nichts zu tun haben. Tatsächlich haben Brandung und Wind an dieser Küste ganze Arbeit geleistet: Erst wurden die Felsen nach und nach ausgehöhlt und irgendwann brach dann die Decke der Höhlen ein, sodass die Felsblöcke einzeln im Wasser standen.

Old Man of Hoy, Orkneyinseln *(unten links)*

137 m reckt sich die Felsnadel Old Man of Hoy in die Luft, als wollte sie darauf hinweisen, dass es auf Hoy anders zugeht als auf den übrigen Orkneyinseln. Denn hier ist es im Unterschied zu den übrigen Inseln vor der Küste Nordschottlands rau und bergig. Die Felsnadel besteht aus Buntsandstein und ist ein Wunder der Erosion: Man kann gut erkennen, dass sie einmal zu den Uferklippen gehörte.

Stac an Armin, St. Kilda *(unten rechts)*

Wie eine riesige Haifischflosse ragt Stac an Armin eindrucksvoll vor der Insel Boreray aus dem Atlantik und stellt seinen ebenso bekannten Kollegen Stac Lee (hinten rechts) in den Schatten. „Stac" ist der schottisch-gälische Begriff für diese massiven Felsformationen des St.-Kilda-Archipels, das zu den Äußeren Hebriden gehört. Die Stacs sind die verwitterten Reste eines alten Vulkans.

Hebriden, Schottland *(oben)*

„Inseln am Rande der See" werden die Hebriden auch genannt. Tatsächlich liegen sie nur zwischen 20 und 50 km von der schottischen Küste entfernt und bilden auf einer Länge von etwa 200 km einen natürlichen Schutzwall der schottischen Küste gegen die enormen Kräfte des Atlantiks. Denn es handelt sich um gut 500 Inseln. Sie werden nach ihrer Lage in die Äußeren und Inneren Hebriden unterteilt.

Isle of Skye *(Mitte)*

Die größte Insel der Inneren Hybriden, die vor der Küste Schottlands liegen, besticht durch ihren „ausgefransten" Küstenverlauf: Es gibt so viele tief eingeschnittene Buchten und weit ins Meer hineinragende Landzungen, dass kein Punkt auf Skye weiter als 8 km vom Meer entfernt liegt. Besonders imposant sind die steil ins Meer abfallenden Klippen.

Loch Ness, Schottland *(unten)*

Still und ruhig liegt er da, der See, der das gefährliche Ungeheuer beherbergen soll. Doch obwohl jedes Jahr zahlreiche Besucher kommen, um es anzuschauen, lässt sich Nessie, wie es liebevoll genannt wird, nur selten sehen. Böse Zungen behaupten gar, es gäbe Nessie trotz gelegentlicher Sichtungen gar nicht. Wer sich jedoch lange genug von der Schönheit des Loch Ness verzaubern lässt, sieht es vielleicht.

Grampians, Schottland
(oben links)

Von rauer Schönheit ist das schottische Bergland zwischen dem flachen Zentralschottland im Süden und dem Kaledonischen Bergland im Norden. Die Grampians sind zwar ein Wintersportzentrum, aber nur dünn besiedelt. Der mit 1343 m höchste Berg Großbritanniens, der Ben Nevis, liegt in den Grampians und ist durch seine eigentümlich abgerundete Kuppe gut zu erkennen. Er spiegelt sich im Loch Eil.

Rannoch Moor, Schottland
(oben rechts)

Obschon es abgelegen und schwer zugänglich, feucht und baumlos ist, scheint über dem Rannoch Moor in den Highlands ein rauer Charme zu liegen, dem man sich gerade bei Sonnenuntergang kaum entziehen kann. Das Torfmoor gehört zu den unberührtesten Gebieten in Europa und ist ein exzellenter Lebensraum für Vögel und andere Tiere.

Loch Lomond, Schottland
(unten rechts)

Wohl kaum ein britischer See wurde so oft besungen und bedichtet wie der Loch Lomond: Er gilt als der schönste See Schottlands. Damit das so bleibt, wurde er zusammen mit den umgebenden Hügeln der Trossachs 2002 als Nationalpark unter Schutz gestellt. Denn diese unverfälschte Idylle ist auch das größte Frischwasserreservoir Großbritanniens.

Giant's Causeway, Antrim, Nordirland *(unten links)*

Imposant zieht sich diese breite Reihe riesiger, eng stehender Basaltsäulen über 5 km am Meer in der nordirischen Grafschaft Antrim entlang und wirkt wie der gepflasterte Weg eines Riesen. Tatsächlich sind die rund 40 000 sechseckigen Basaltsäulen das Resultat eines Vulkanausbruchs im Meer und der seit Jahrtausenden andauernden Erosion.

Nationalpark Snowdonia Mountains, Wales

(oben links)

Der größte Nationalpark in Wales vereint sehr unterschiedliche Landschaften: Neben einer rauen, stark zerklüfteten Bergwelt gibt es auch grüne Hügel, Heideland und Meeresküsten mit Sandstränden und Dünen – alles recht dicht beieinander. Diese Vielfalt macht die Region zu einem attraktiven Ziel für Naturfreunde. Namengebend war der 1085 m hohe Berg Snowdon.

Stackpole Head, Wales *(unten links)*

Wie die hart erscheinende Struktur einer Felsküste unter den Kräften der Erosion langsam, aber sicher zerbröselt, zeigt Stackpole Head sehr anschaulich: Irgendwann einmal war auch diese pyramidenförmige Felsspitze ein fester Bestandteil des Ufers von Pembrokshire im südwestlichen Wales. Nach und nach haben Wellen und Temperaturschwankungen erst weicheres, dann härteres Material abgetragen.

Steilküste, Pembrokeshire, Wales

(oben rechts)

Die Südwestküste von Großbritannien in der walisischen Grafschaft Pembrokeshire ist durch eindrucksvolle, steile Klippen, zahlreiche Buchten und Strände charakterisiert. Sie ist etwa 280 km lang und steht fast komplett unter Schutz, denn sie ist ein wichtiges Brutgebiet für Seevögel. Auch die kleinen Inseln vor der Steilküste gehören dazu.

Lake District *(unten rechts)*

Der „schönste Platz, den die Menschheit je gekannt hat", ist der Lake District. Das zumindest meinte William Wordsworth. Mancher mag das übertrieben finden, aber sicher gehört diese wunderbare Landschaft im Nordwesten Englands zu den schönsten der Insel: Die Eiszeiten haben einen faszinierenden Wechsel zwischen Bergen und Seen geschaffen.

Land's End, Cornwall *(oben links)*

Windumtost reckt sich ein Granitfelsen gut 60 m hoch in den Atlantik hinein. An diesem westlichen Zipfel der Britischen Insel geht es trockenen Fußes nicht weiter und folgerichtig nennen die Briten ihn Land's End. Einige vorgelagerte Riffe verhindern, dass sich an dieser Stelle Schiffe dem Königreich zu sehr nähern, denn sie brächten sich damit in eine ernste Gefahr.

Lulworth Cove, Dorset *(oben rechts)*

Kaum zu glauben, aber Lulworth Cove liegt nicht auf irgendeiner exotischen, kleinen Insel in der Karibik, sondern an der Küste von Südengland! Schon ihre fast kreisrunde Form mit dem kleinen Einlass ist ein wahres Wunderwerk der Natur. Dass dazu das Wasser die Farbe der Meere in südlichen, warmen Gefilden annimmt, krönt den Anblick des Naturhafens.

Pulpit Rock, Jurassic Coast *(unten links)*

Fantastische Felsformationen und steile, hohe Abbruchkanten prägen die englische Südküste in den Grafschaften Dorset und Devon zwischen Exmouth und Poole. 190 Millionen Jahre Erdgeschichte lassen sich in den Gesteinsschichten und den Fossilien ablesen – Grund genug für die UNESCO die markante Küste in die Liste des Weltkulturerbes aufzunehmen.

Durdle Door, Jurassic Coast *(unten rechts)*

Durdle Door ist die bekannteste Felsformation in Dorset an der Jurassic Coast. Das Meer hat nur noch diesen gleichmäßigen Bogen aus hartem Kalkstein stehen lassen. Je nach Wetter und Stärke der Brandung wirkt das natürliche Tor wie eine Einladung, sich der Küste zu nähern oder aufs Meer hinauszufahren. Die pittoreske Felsküste diente schon einigen Musikvideos als Kulisse.

The Needles, Isle of Wight *(oben links)*

Direkt vor der britischen Südküste liegt die Isle of Wight. Vor ihrer Westküste schauen drei markante, weiße Kreidefelsen bis zu 30 m hoch aus dem Wasser. Je nach Wetter und Sonnenstand sehen sie manchmal auch grau, rosa oder rot aus, immer aber wirken sie spitz wie Nadeln und scheinen auf die mächtigen Kreideklippen der Insel hinweisen zu wollen.

Beachy Head, bei Eastbourne *(oben rechts)*

Nicht so berühmt wie die Klippen von Dover, aber ebenso sehenswert ist Beachy Head. Der mit 162 m höchste Kreidefelsen von Großbritannien ist ein Ausläufer der South Downs. An ihn schließen sich sieben weitere hervorstechende Kreidefelsen an, die Seven Sisters. Da Beachy Head vom Ärmelkanal aus gut zu sehen ist, gilt er als Landmarke für die Schifffahrt. Vor seinen vorgelagerten Klippen warnt ein Leuchtturm.

Kreidefelsen, Dover *(unten)*

Als hätte die Natur dem Menschen den Weg zur engsten Stelle des Ärmelkanals weisen wollen, leuchten die Cliffs of Dover so hell, dass sie sogar von Frankreich aus zu sehen sind. So landete schon Julius Cäsar nahe Dover, das heute eine bedeutende Hafenstadt ist, und nicht weit entfernt liegt auch das Shakespeare Cliff, das aus dem Drama über König Lear bekannt ist.

Niederlande

Waddenzee

Ein Vogelparadies ersten Ranges ist die Waddenzee, die sich über rund 500 km vom niederländischen Den Helder bis zu Dänemarks Halbinsel Skalligen erstreckt. Im Durchschnitt nur 2–3 m tief gehört sie zu den wichtigsten Feuchtgebieten der Welt. Denn sie bietet nicht nur seltenen Vogelarten Lebensraum, sondern auch Zugvögeln einen Rastplatz, der viel Nahrung bietet.

Belgien

Hautes Fagnes, bei Eupen

Schnee und Frost sind keinen Seltenheit im Naturschutzgebiet Hautes Fagnes, einem seit der Eiszeit vom Menschen fast unberührten Hochmoor. Denn dieses kostbare Naturkleinod liegt 550 m hoch: Die Temperaturen sind deutlich niedriger als im übrigen Belgien und wie zum Ausgleich ist die Menge an Niederschlägen doppelt so hoch. Neben seltenen Pflanzen wachsen hier auch Arten, die sonst im hohen Norden Europas heimisch sind.

Deutschland

Morsumer Kliff, Sylt *(oben links)*

Besonders in der frühen Morgensonne präsentiert sich das Morsumer Kliff im Osten der nordfriesischen Insel Sylt in leuchtendem Rot. Das ist die Farbe des Limonitsands. Kaolinsand bildet die weißen Flächen und Glimmerton sorgt für die Schwarzfärbung. Damit sind zehn Millionen Jahre Erdgeschichte an einem Platz zu sehen. Das verdanken wir der Eiszeit, die diese Schichten quasi nebeneinander gelegt hat.

Helgoland, Deutsche Bucht *(oben rechts)*

Rot und imposant ragt die nur 2 km² große Insel Helgoland aus der Nordsee. Verantwortlich dafür ist der bis zu einer Höhe von 61 m aufragende Buntsandstein, der den Hauptteil der Insel bildet und an seinen steilen Wänden einer Vielzahl von Seevögeln beste Brutbedingungen bietet. Helgoland liegt 70 km vor der Küste und ist Deutschlands einzige Hochseeinsel.

Wattenmeer, Nordseeküste *(unten)*

Fast nirgendwo auf der Welt ist der veränderte Wasserstand durch Ebbe und Flut so ausgeprägt wie an der deutschen Nordseeküste. Im regelmäßigen Rhythmus zieht sich das Meer bis zu 30 km zurück und lässt den Küstensaum trockenfallen. Dadurch bildet das Wattenmeer mit seinem Schlickboden, den Flächen mit seichtem Wasser und den zahllosen Prielen einen einzigartigen Lebensraum.

Steilküste, Fehmarn
(oben links)

Imposant erstreckt sich die Steilküste Fehmarns vor allem im Osten, aber auch im Süden der schleswig-holsteinischen Ostseeinsel. Sie entstand in der letzten Eiszeit, unterliegt aber auch jetzt noch ständigen Veränderungen. Denn Wind und Sonne, Regen und Temperaturen sorgen langsam, aber stetig für weiteren natürlichen Abbruch an der steilen Kante.

Vorpommersche Boddenlandschaft *(oben rechts)*

Ein Vogelparadies hat die Eiszeit an der ostdeutschen Ostseeküste geschaffen: Der Meeresboden – niederdeutsch „boddem" – liegt hier dicht unter der Wasseroberfläche und ist häufig durch Landzungen weitgehend von der Ostsee getrennt, sodass flache Buchten entstehen. Diese Brackwasserlandschaft ist nicht so salzig wie das offene Meer und bildet deshalb ein eigenes Ökosystem, das vor allem Zugvögeln Nahrung bietet.

Schaalsee *(oben Mitte)*

Ein Naturparadies ersten Ranges konnte sich im ehemals deutsch-deutschen Grenzgebiet im Norden Deutschlands entwickeln, das heute als Naturpark geschützt ist. Besonders die Vogelwelt konnte sich ungestört vom Menschen wunderbar entfalten und in den Mooren und Feuchtgebieten wachsen zahlreiche seltene Pflanzen. Der Schaalsee, Zentrum dieses Gebiets, bezaubert durch seine Buchten und Inseln.

Kreidefelsen, Rügen *(unten links)*

Dieses Naturwunder hat schon viele Maler inspiriert, allen voran Caspar David Friedrich (1774–1840): Seine um 1818 entstandenen Kreidefelsen auf Rügen sind wohl die bekanntesten Darstellungen dieser fantastischen Küste. Jährlich kommen über eine Million Touristen, um die weißen Klippen und ihre grünen Hangwälder – ein wunderbarer Anblick – in natura zu erleben.

Lüneburger Heide *(oben links)*

Zwischen der Elbe im Norden und der Aller im Westen liegt eine der größten zusammenhängenden Heideflächen Westeuropas. Es ist ein wahres Fest fürs Auge, wenn die Moorheide *(Erica tetralix)* und die Besenheide *(Calluna vulgaris)* im Spätsommer blühen und weite Flächen in Lila tauchen. Ursprünglich wuchsen auf den Sand- und Moorböden der Region Eichen-Birken-Wälder. Nach ihrer Abholzung übernahmen die Heidepflanzen das Regime.

Dörenther Klippen, Ibbenbüren *(unten links)*

„Hockendes Weib" heißt diese Felsgruppe der Dörenther Klippen. Es soll eine in Stein verwandelte Mutter sein, die bei einer Überschwemmung höhere Mächte um Hilfe für ihre Kinder bat. Sie wurde zu Stein und die Kinder konnten sich auf den Felsen retten. Das „Hockende Weib" ist die größte und markanteste Formation der Sandsteinklippen im Tecklenburger Land.

Externsteine, Horn-Bad Meinberg *(oben rechts)*

Über etwa einen Kilometer erstreckt sich im östlichen Teutoburger Wald bei Detmold eine Reihe einzeln stehender Felstürme. Fünf davon sind besonders hoch, einer gar 36 m. Es handelt sich vermutlich um die Reste einer größeren, zusammenhängenden Sandsteinfelsgruppe. Diese Felssäulen hatten wohl schon die Germanen zur Kultstätte auserkoren. Die Christen weihten den religiösen Platz um, indem sie zwei Kapellen hineinmeißelten.

Felsenmeer, Hemer *(unten rechts)*

Ein in Deutschland einmaliges Geotop ist das Felsenmeer bei Hemer im nördlichen Sauerland. Diese Kegelkarstlandschaft mit ihren Höhlen stammt aus dem Tertiär und war lange Zeit durch andere Schichten „versiegelt", sodass sie ungewöhnlicherweise noch erhalten ist. Die Höhlen brachen ein und bildeten Schluchten. Auf den Felsen siedelte sich Mitte des 19. Jahrhunderts ein Buchenwald an.

Attahöhle, Sauerland
(oben links)

Die Attahöhle bei Attendorn gehört zu den meistbesuchten Tropfsteinhöhlen Deutschlands. Denn die bizarren Formen, die die Natur hier im Laufe von Jahrmillionen geschaffen hat, bilden eine wahre Wunderwelt aus Stein. Trotz der Besuchermassen, für die 1800 m freigegeben sind, wurden vor 20 Jahren weitere 5 km Tunnel mit Tropfsteinen entdeckt, deren Erschließung für die Öffentlichkeit jedoch als zu gefährlich gilt.

Spreewald
(unten rechts)

In sattem Grün präsentiert sich die Landschaft des Spreewalds. Kein Wunder, denn nicht nur die zahlreichen Verzweigungen der Spree, sondern auch künstliche Kanäle sorgen so reichlich für Wasser, dass sich eine Auen- und Moorlandschaft gebildet hat. Sie gilt auch der UNESCO aufgrund ihrer Artenvielfalt als schützenswert: Im Spreewald leben etwa 18 000 Tier- und Pflanzenarten.

Radau-Wasserfall, Harz
(oben rechts)

Es muss schon sehr, sehr kalt sein, damit ein Wasserfall in Deutschland gefriert. Das gilt erst recht, wenn er 23 m tief hinabfällt. Doch beim Wasserfall der Radau ist dieses Naturwunder tatsächlich passiert. Die Eiskaskaden bildeten weiße Formationen, die an Tropfsteine erinnerten. Aber dieses vergängliche Kunstwerk der Natur ist längst geschmolzen und wird beim nächsten Mal sicher nur ähnlich, nicht aber gleich aussehen.

Teufelsmauer, bei Thale
(unten links)

Wie eine Kette ziehen sich eigentümlich geformte Felsen entlang des nördlichen Harzrandes von Blankenburg über Thale nach Ballenstedt. Diese bizarren Sandsteinklippen sind bereits seit 1852 als Naturdenkmal geschützt. Entstanden sind sie der Sage nach als Gott und der Teufel um die Erde stritten und sie durch eine Mauer unter sich aufteilen wollten – daher der Name Teufelsmauer.

Elbsandsteingebirge, Sächsische Schweiz *(oben)*

Hoch aufragende, fast einzeln stehende Felsen, Tafelberge und waldreiche Hochflächen kennzeichnen das Elbsandsteingebirge. Wie trutzige Burgen wirken manche der massiven, kahlen Felsblöcke aus Kreidesandstein. Entsprechend nannte man den bekanntesten unter ihnen Bastei. Von diesem Aussichtsfelsen bietet sich ein grandioser Blick auf das 194 m tiefer gelegene Elbtal.

Greifensteine, Erzgebirge *(unten links)*

Wie ein riesiger Berg Pfannkuchen sieht diese Felsformation bei Geyer aus. Die Greifensteine bestehen aus sieben dieser bis zu 30 m hohen Felstürme. Sie sind ein typisches Beispiel für die sogenannte Wollsackverwitterung, bei der durch das Zusammenspiel von physikalischen und chemischen Prozessen Steinblöcke mit abgerundeten Kanten wie Wollsäcke übereinander liegen.

Feengrotten, Saalfeld *(unten Mitte)*

Ein Naturwunder ganz besonderer Art sind die Feengrotten: Ursprünglich handelt es sich um ein altes Thüringer Bergwerk, in dem Alaunschiefer abgebaut worden war. Nach seiner Schließung um 1850 geriet es vollkommen in Vergessenheit: Die Natur nutzte diese Chance und bildete mithilfe von Sickerwasser wunderschöne, zarte Tropfsteine. 1910 wiederentdeckt, ist das Bergwerk seit 1914 für Besucher zugänglich.

Drachenschlucht, bei Eisenach *(unten rechts)*

Wenn es am Ende des Annatals im Thüringer Wald immer enger wird, die Felswände 10 m hoch senkrecht nach oben ragen und gerade so weit auseinander stehen, dass ein Mensch hindurchpasst, dann befindet man sich in der Drachenschlucht. Der 182 m lange Holzweg ist nichts für Leute mit Platzangst, zumal darunter der Bach rauscht.

Schwarzes Moor, Bayerische Rhön *(oben links)*

Im mit 66 ha größten Hochmoor der Rhön sind sogenannte Flarken, Risse im Moorboden, und Kolke typisch. Das sind bis 2 m tiefe Wasserlöcher, die gelegentlich die Form sowie Größe ändern und auch Mooraugen genannt werden. Da hier kaum Torf gestochen wurde, konnten sich Tiere und Pflanzen im Moor so ungestört entwickeln, dass sie heute von der UNESCO geschützt werden.

Siebengebirge, bei Bonn *(oben rechts)*

Klein, aber fein – so präsentiert sich das Siebengebirge mit dem markanten Drachenfels auf der rechten Seite des Rheins zwischen Kölner Bucht und Westerwald. Das relativ zerklüftete Vulkangebirge besticht durch seine über 40 Anhöhen und die zahlreichen Täler. Da es zu den ältesten Naturschutzgebieten in Deutschland gehört, ist es trotz der dichten Besiedlung in der Umgebung und der zahlreichen Erholungssuchenden immer noch recht ursprünglich.

Maare, Eifel *(oben Mitte)*

Rund oder auch oval schauen sie wie Augen aus den Wäldern der Eifel heraus – die Maare. Diese mit Wasser gefüllten Vulkankrater sind typisch für die Eifel, die auf einem sogenannten Hot Spot liegt, einem Gebiet mit vulkanischer Aktivität. Dort gibt es neben den Maarseen auch Trockenmaare. Die Maare entstanden einst durch vulkanische Gasexplosionen.

Lorelei, St. Goarshausen *(unten links)*

Deutschlands meistbesungener Felsen liegt auf der rechten Seite des Rheins: die Lorelei. Der 132 m hohe Schieferfelsen erhielt seinen Namen nach Clemens Brentanos Ballade „Lore Lay" (1801): Ein wunderschönes Mädchen betort mit seinem Gesang die Schiffer so sehr, dass sie nicht mehr auf den gefährlichen Fluss achten und in ihr Verderben fahren. Um das zu verhindern, stürzt sich die junge Frau von dem Felsen in den Rhein.

Moselschleife, Bremm

(oben links)

Ein fantastischer Blick bietet sich von den steilsten Weinbergen Europas hinab auf die Moselschleife bei Bremm. Dieser so deutsch anmutende Fluss entspringt in den französischen Vogesen und fließt recht geradlinig in Richtung Rhein. Auf dem letzten Drittel, ab Trier, scheint es, als müsse sich der Fluss seinen Weg noch überlegen: In engen Kurven mäandert er hin und her, mit besonders engen Windungen bei Bremm und Cochem.

Saarschleife, bei Mettlach

(oben rechts)

Egal ob im Sommer oder im Winter – der wunderschön geschwungene Bogen der Saar um einen Bergrücken herum ist immer ein großartiger Anblick. Es liegt nahe, der Natur eher einen Sinn für Kunst zu unterstellen als den lapidaren Drang des Wassers, sich weiter dem Gefälle entsprechend in Richtung Mosel zu bewegen. Doch dieser 10 km lange Weg war für die Saar einfacher zu bewältigen als die kurzen 2 km quer durch den Berg.

Teufelstisch, Hinterweidenthal

(unten rechts)

Unheimliche, rötliche Phänomene schieben die Deutschen immer gerne dem Teufel in die Schuhe. Wenn also in der rheinland-pfälzischen Landschaft ein überdimensionierter Felstisch herumsteht, kann der nur vom Teufel stammen. Wie beruhigend ist dagegen die wissenschaftliche Erklärung: Der rote Buntsandstein ist einfach nur durch Erosion verwittert.

Altschlossfelsen, Eppenbrunn *(unten links)*

Große Naturtürme aus Buntsandstein zeigen unübersehbar, dass es am Brechenberg bei Eppenbrunn etwas Besonderes zu sehen gibt: Hier zieht sich in rund 400 m Höhe der Altschlossfelsen auf über 1,5 km entlang. Diese bis zu 230 m hoch aufragende Felswand aus Buntsandstein ist durch Erosion verwittert. Sie zeigt die unterschiedlichen Gesteinsschichten und bietet seltenen Flechtenarten Lebensraum.

Triberger Wasserfälle, Schwarzwald *(oben links)*

Es rauscht in der ganzen Stadt und schäumt am Stadtrand. Die Triberger Wasserfälle ergießen sich 163 m tief und bieten auf ihren drei sehr unterschiedlichen Etappen reichlich Abwechslung: Zunächst fließt die Gutach über drei Hauptstufen, dann folgt ein steiler Abschnitt, wo sie glatt hinabstürzt, und dann folgen die unteren Fälle über sieben Stufen.

Wutachschlucht, Schwarzwald *(Mitte)*

Frühjahrshochwasser, schwere Regenfälle, Bergrutsche – der nur 90 km lange und eher kleine Fluss Wutach lässt sich bei seiner Arbeit beobachten: Er hat die Wutachschlucht auf 20 km Länge in den südlichen Schwarzwald gefräst – und das in den letzten 20 000–70 000 Jahren! Damit handelt es sich um die jüngste Schlucht Europas. Da sie sich nach wie vor ständig verändert, ist sie zwar einerseits ein Verkehrshindernis, aber auch eine der letzten naturbelassenen Wildwasserlandschaften inmitten Europas.

Bodensee *(unten links)*

Das schwäbische Meer wird er oft auch genannt, denn der Bodensee ist – betrachtet man die Fläche – der drittgrößte See Mitteleuropas. Ist das Wasservolumen der Messwert, wird er sogar zum zweitgrößten See. Auch in einem ganz anderen Punkt ähnelt er einem Meer: Er ist für Wassersportler recht gefährlich, weil das Wetter sehr schnell wechselt und bei Sturm die Böen so stark sind, dass schon viele Segler ihr Leben lassen mussten.

Walberla, bei Forchheim
(oben links)

Markant ragt die Ehrenbürg bei Forchheim mit ihren beiden Gipfeln auf, die im Volksmund nur als Walberla bekannt ist. Sie ist ein Zeugenberg im Vorland der Fränkischen Schweiz. Vermutlich ist dieser Name abgeleitet von der heiligen Walburga, der auf dem Hochplateau auch eine Kapelle aus dem 17. Jahrhundert gewidmet ist. Jedes Jahr findet am ersten Wochenende im Mai ihr zu Ehren ein Fest auf dem Walberla statt.

Teufelshöhle, bei Pottenstein
(oben Mitte)

Von den rund 1000 Höhlen in der Fränkischen Schweiz gehört die Teufelshöhle zu den schönsten und ist die größte. Sie bezaubert durch wunderbare Tropfsteine, die im Verlauf von 90 Millionen Jahren fantastische Formen und Fächer gebildet haben. Auf 3 km, von denen fast zwei Drittel besichtigt werden können, wechseln enge Gänge und riesige Säle miteinander ab.

Altmühltal
(oben rechts)

Die Altmühl entspringt auf der Frankenhöhe in der Nähe von Leutershausen und mündet unterhalb von Kelheim in die Donau. Auf ihrem 220 km langen Weg hat sie sich durch den Jurakalkstein geschnitten. Deshalb bieten sich vom Wasser aus immer wieder faszinierende Blicke auf helle Felsen. Wenn dann noch der Herbst seinen bunten Pinsel schwingt, erscheint das Altmühltal wie eine Zauberlandschaft.

Weltenburger Enge *(unten rechts)*

Auf einer Strecke von 5,5 km durchfräst die Donau den Kalkstein zwischen Kelheim und dem Kloster Weltenburg. Der Strom verengt sich auf nur 400 m Breite, gelegentlich gar auf lediglich 110 m. Die Felsen steigen am Donaudurchbruch bis zu 40 m hoch auf und bilden Höhlen oder markante Formen mit sprechenden Namen wie Bischofsmütze, Feindliche Brüder oder Bayerischer Löwe.

Blautopf, Blaubeuren
(gegenüberliegende Seite, unten rechts)

So unglaublich blau wie das Wasser der Blau in ihrem tiefen Quellbecken, dem Blautopf bei Blaubeuren aussieht, zeigt es sich im späteren Verlauf des Flusses nie wieder. Es ist also nahe liegend, dass täglich ein Fass blaue Tinte hineingeschüttet wird. Doch so umständlich, wie es sich der Volksglauben vorstellt, ist die Natur nicht: Der Blautopf ist eine Karstquelle und das Wasser sehr kalkhaltig. Die winzigen Kalkteilchen streuen das Licht und sind für das leuchtende Blau verantwortlich.

Wackelstein, Solla *(oben links)*

Ein riesiger Felskoloss von gut 50 t Gewicht liegt wie ein Ei auf der Seite – und lässt sich tatsächlich von einem Menschen in schaukelnde Bewegung versetzen. Dieses Naturdenkmal bei Solla ist ein sogenannter Wackelstein, ein Felsblock, der leicht beweglich auf seiner Unterlage balanciert. Wackelsteine entstehen bei einer Verwitterung größerer Felsbänke nur äußerst selten, denn zumeist wird der Fels gleichmäßiger abgetragen.

Osterseen, Landkreis Weilheim-Schongau *(oben rechts)*

Nicht nur wegen ihrer einzigartigen Schönheit stehen die Osterseen, die in Oberbayern südlich des Starnberger Sees liegen, unter Naturschutz. Die rund 35 Seen bilden mit ihren unterschiedlichen Lebensräumen aus Gewässern, Ufern, Wäldern, Mooren und Feuchtwiesen eine einzigartige Landschaft, die Produkt der letzten Eiszeit ist und sich nach wie vor verändert.

Breitachklamm, bei Oberstdorf *(unten rechts)*

Im Unterschied zu vielen anderen tiefen und engen Schluchten ist die Breitachklamm noch relativ jung. Sie entstand erst in den letzten 10 000 Jahren, als eiszeitliche Gletscher alles weiche Gestein mit sich forttrugen und nur der harte Fels übrig blieb. Die Breitach fraß sich dann auf einer Länge von 2,5 km gut 150 m tief durch die Felsen.

Partnachklamm, Garmisch-Partenkirchen *(oben links)*

Im Frühjahr strömt mit Wucht das Schmelzwasser hindurch, im Sommer lassen sich Naturfreunde von der besonderen Atmosphäre der Partnachklamm bezaubern. Denn wenn an beiden Seiten Felswände auf einer Strecke von gut 700 m rechts und links an manchen Stellen über 80 m hoch und sehr steil aufragen, löst das neben Faszination über die Kraft des Wassers bei Manchem auch Beklemmungen aus.

Wimbachtal *(oben rechts)*

Über eine Länge von 10 km schneidet sich das Tal des Wimbachs durch die Berchtesgadener Alpen. Oft wird es auch Wimbachgries genannt (Gries = kiesgefülltes Tal), denn typisch für das Tal sind gigantische Schuttströme, die von den Paffelhörnern kommen: Sie sind ständig in langsamer Bewegung, was für den Menschen nur nach starkem Regen offensichtlich wird. Dann verlagert sich viel Gestein das Tal weiter hinab.

Watzmann *(unten)*

Vom Jenner aus bietet sich ein einmaliges Panorama auf den Watzmann (rechts) sowie den Königssee und das Steinerne Meer, ein Hochplateau aus Karst (links). Sie bilden das Zentrum des Nationalparks Berchtesgadener Land, des einzigen deutschen Nationalparks in den Alpen. Diese Hochgebirgslandschaft umfasst durch die unterschiedlichen Höhenlagen zwischen 603 m am Königssee und 2713 m im Watzmann sehr vielfältige Lebensräume.

Schweiz

Rheinfall, Schaffhausen *(oben)*

Von dem großen überströmten Felsen schien sich der Regenbogen immerfort herabzuwälzen, indem er in dem Dunst des herunterstürzenden Schaumes entstand. Die untergehende Sonne färbte einen Teil der beweglichen Massen gelb, in tiefen Strömungen erschienen sie grün, und aller Schaum und Dunst war licht purpur gefärbt. Diese Beschreibung des Rheinfalls stammt von Goethe und es bleiben nur trockene Fakten hinzuzufügen: Mit etwa 24 m Höhe sowie 150 m Breite ist der Rheinfall von Schaffhausen der größte Mitteleuropas.

Reichenbachfälle, Kanton Bern *(unten links)*

Im Haslital bei Meiringen sind die eindrucksvollen Wasserfälle nicht zu überhören, denn riesige Mengen Wasser stürzen hier über sieben Stufen 300 m tief hinab. Damit die zahlreichen Besucher, die schon im 19. Jahrhundert dieses Naturwunder besichtigen wollten, auch den obersten, mit 40 m besonders breiten und 120 m hohen Teil gut und sicher anschauen können, wurde 1899 eine Standseilbahn gebaut.

Gotthard-Massiv *(oben Mitte)*

Über 3000 m hoch bildet das Gotthard-Massiv in der Zentralschweiz ein nachhaltiges, aber unglaublich schönes und imposantes Verkehrshindernis bei der Überquerung der Alpen von Norden nach Süden und umgekehrt. Bevor ein Tunnel hindurch gebaut wurde, nahm die Überquerung der Pässe viel Zeit in Anspruch, bot aber auch faszinierende Ansichten.

Rosenlauischlucht, Berner Oberland *(oben)*

Schroffe, eng stehende Felswände und dazwischen das kaltströmende Wasser des Rosenlauigletschers: Obwohl die Gletscherschlucht Rosenlaui touristisch voll erschlossen ist – es führt ein gesicherter, 500 m langer Weg mit Tunnels an der Schlucht hinauf –, bietet sie immer noch den Eindruck urtümlicher Naturgewalten. Denn Wasser und Felsen scheinen im ständigen Kampf miteinander zu stehen.

Giessbachfall, Berner Oberland *(Mitte oben)*

Wenn ein einfacher Bergbach Aufmerksamkeit erregen möchte, muss er sich schon anstrengen und da lässt sich der Giessbach nicht lumpen: Er stürzt mit großem Getöse über 14 Stufen 500 m tief und geht am Ende im grünblauen Brienzersee auf. Die wunderschöne Landschaft lockt viele Naturfreunde und diente bereits in mehreren Filmen als Kulisse.

Berner Oberland, Kanton Bern *(Mitte unten)*

Die Westalpen wie sie sich auf diesem Bild mit der Blümlisalp, ihren Gletschern und dem Oeschinensee präsentieren sind eine Bergidylle wie aus dem Bilderbuch und im Winter fast noch schöner als im Sommer. Denn dann verwandeln sie sich in ein gut besuchtes Skiparadies. Im Sommer hingegen sind Ruhe und Entspannung suchende Wanderer unterwegs.

Aletschgletscher *(unten)*

Eindrucksvoll schiebt der Aletschgletscher in den Berner Alpen seine Zunge in einem Bogen Richtung Süden. Er bedeckt eine Fläche von 86 km², ist rund 23 km lang und im Durchschnitt 1,5 km breit. Die Eisdecke ist bis zu 900 m dick. Damit ist der Aletsch der größte Gletscher Europas. Im angrenzenden geschützten Aletschwald gedeihen die seltenen Arven oder Zirbelkiefern.

Rhônegletscher *(oben links)*

Zwar ist der Rhônegletscher im Kanton Wallis mit einer Fläche von 17,4 km^2 und einer Länge von 10,1 km deutlich kleiner als der berühmte Aletschgletscher, doch er bietet auch einen fantastischen Gletscherabbruch. Außerdem entspringt am Gletscherende der Rotten. Er mausert sich auf seinem Weg durch Frankreich zur Rhône und fließt bei Marseille als eindrucksvolles Delta ins Meer.

Großer St. Bernhard *(oben rechts)*

Dieser 61 km lange Pass ermöglicht seit Jahrtausenden den Weg durch die Alpen vom Aostatal in Italien ins schweizerische Rhônetal. Inzwischen erleichtert und verkürzt zwar ein Tunnel die Strecke, doch der Weg durch die Berge, den die Menschen seit vorrömischer Zeit nutzen, bietet ein einzigartiges Landschaftserlebnis. Oben auf dem Pass befindet sich ein Hospiz der Augustiner, das seit 1665 für die Zucht der Bernhardinerhunde berühmt ist.

Matterhorn, bei Zermatt *(unten)*

Seiner markanten Form mit hohem Wiedererkennungswert verdankt das Matterhorn in den Walliser Alpen den Titel „Berg der Berge". Denn mit 4478 m ist der Gipfel noch nicht der höchste der Alpen oder Europas – das ist der Montblanc. Aber durch seine an eine Pyramide erinnernde Gestalt können ihn sogar Flachländer erkennen, für die sonst alle Berggipfel gleich aussehen.

Verzasca, Tessin *(Mitte links)*

Murmelnd und rauschend – je nach dem, wie viele Felsenhindernisse im Weg liegen und wie stark das Gefälle ist – fließt die Verzasca durch die Tessiner Alpen. Als reiner Wildfluss wird sie auf ihrem Weg nirgendwo durch menschliche Eingriffe reguliert. So konnte sie an manchen Stellen die Felsen zu Badewannen auswaschen, die Wanderer zur Erfrischung verlocken, obwohl das Baden in der Verzasca wegen der Strömung nicht ungefährlich ist.

Val di Poschiavo *(oben rechts)*

Vom Berninapass bis zum Veltlin erstreckt sich das Val di Poschiavo im Südosten des schweizerischen Kantons Graubünden. Der kleine Hauptort Poschiavo ist bestens geeignet als Ausgangspunkt für Wanderungen in das schöne Tal. Der gleichnamige Fluss, der das Tal 29 km lang durchfließt, rundet die harmonische Bergidylle ab.

Monte San Giorgio, Tessin *(Mitte rechts)*

Wie eine bewaldete Pyramide reckt sich der Monte San Giorgio 1096 m hoch über den Luganersee. In dieser wunderbaren Landschaft wachsen zwar viele seltene Pflanzen, aber das war nicht der Grund für die UNESCO, die Region zum Weltnaturerbe zu erklären. Vielmehr gilt der Berg als beste Fundstätte für marine Fossilien aus dem Trias wie Muscheln, Fische und Krustentiere.

Piz Palü *(unten links)*

Als einer der schönsten Berge in den Ostalpen gilt der Piz Palü mit seinen drei Gipfeln und den vier Hängegletschern. Der mittlere Gipfel ist 3901 m hoch, während der Ostgipfel mit 3882 m und der Westgipfel mit 3823 m nur wenig niedriger sind. Bei Bergsteigern beliebt ist der Aufstieg über den vorgelagerten Persgletscher mit seinen zahlreichen Spalten.

Österreich

Krimmler Wasserfälle, Krimml *(oben)*

Das Oberpinzgau besitzt eines der großartigsten Naturspektakel Österreichs, nämlich die Wasserfälle bei Krimml. Sie sind die größten Mitteleuropas: Die Krimmler Ache stürzt hier über drei Stufen 380 m in die Tiefe und mündet bald darauf in die obere Salzach. Der 900-Seelen-Ort profitiert natürlich von den Besuchern und hat daher einen Wanderweg an den Kaskaden entlang angelegt.

Hohe Tauern *(unten links)*

Die Gebirgskette in den Ostalpen ist Namengeber für einen der größten Nationalparks Europas. Er erstreckt sich über die österreichischen Bundesländer Kärnten, Salzburg und Tirol. Gefährdete Tierarten wie der Weißkopfgeier oder der Bartgeier sind in diesem Gebiet erfolgreich wiederangesiedelt worden. Mit 3798 m ist der Großglockner der höchste Berg der Hohen Tauern.

Schwarzsee, Kitzbühel *(unten rechts)*

Mitten in einem Naturschutzgebiet, umgeben von saftigen Wiesen und Schatten spendenden Wäldern liegt der Schwarzsee, eine wunderbare Naturschönheit. Glatt und glänzend wie ein Spiegel präsentiert er sich vor der imposanten Gebirgskulisse des Wilden Kaisers als Ort der Ruhe und Entspannung – und als Gegenpol zum quirligen, mondänen Kitzbühel.

Lamprechtsofen, Sankt Martin
(oben)

Mit 1632 m ist der Lamprechtsofen – Ofen ist ein alter Begriff für Höhle – in den Leoganger Steinbergen die tiefste unter den bekannten Höhlen der Erde. Außerdem ist sie über 50 km lang. Sie prunkt zwar nicht mit aufsehenerregenden Tropfsteinen, dafür aber mit unterirdischen Wasserfällen und Seen. Die Höhle kann nur im Winter bei Frost besichtigt werden, weil sie sonst unter Wasser steht.

Eisriesenwelt, Werfen im Tennengebirge *(Mitte)*

Der Eingang zur Eisriesenwelt: Eistürme, gefrorene Wasserfälle und ein Eistor sind nur einige der Highlights in der größten Eishöhle der Erde. Und diese fantastische kalte Welt befindet sich nicht etwa in Grönland oder Kanada, sondern im österreichischen Tennengebirge bei Werfen südlich von Salzburg. Dort gibt es ein über 40 km langes Höhlensystem, das bis heute nicht komplett erforscht und nur teilweise für Besucher zugänglich ist.

Hochkönig und Mandl *(unten)*

Ein fantastisches Panorama bieten die Salzburger Kalkalpen im 2941 m hohen Hochkönig, der auf der Südseite in 1000 m steilen Wänden abbricht. Im Norden dagegen erstreckt sich ein weites Hochplateau, das auch im Sommer schneebedeckt ist. Noch! Denn der Gletscher mit dem zauberhaften Namen „Übergossene Alm" ist in den letzten Jahrzehnten um drei Viertel geschmolzen.

Katerloch, Steiermark *(oben)*

Eine fantastische Wunderwelt unter der Erde öffnet sich bei Dürntal: Bereits am Eingang beeindruckt eine 22 m hohe und 46 m umfängliche Säule. Nach dieser Masse löst dann die schiere Menge Staunen aus, denn in der Fantasiehalle stehen und hängen gut 4000 Tropfsteine in allen erdenklichen Größen. Das Katerloch gilt als die Höhle mit den meisten Tropfsteinen in Österreich.

Neusiedler See *(unten)*

Sein grüner Schilfgürtel und die geringe Wassertiefe sind die besonderen Kennzeichen des Neusiedler Sees. Mit einer Fläche von 320 km^2, von denen 240 km^2 in Österreich und der Rest in Ungarn liegen, ist er der größte Steppensee Mitteleuropas. Zahlreiche Pflanzen- und Tierarten finden hier einen einzigartigen Lebensraum. Im Schilf leben allein mehr als 300 Vogelarten, darunter der Löffler.

Italien

Erdpyramiden am Ritten, bei Bozen *(oben links)*

Schlank, glatt und spitz wie Zauberhüte oder umgedrehte Schultüten wachsen die Erdpyramiden am Ritten zwischen den Bäumen in die Höhe. Als besonderen Clou tragen manche auf ihrer Spitze einen Deckstein wie einen Doktorhut. Letzteres erklärt auch ihre Entstehung: Die aufliegenden Gesteinsblöcke bewahrten sie bisher vor der völligen Abtragung durch Erosion.

Gran-Paradiso-Nationalpark, Aostatal *(oben rechts)*

Das Symboltier dieses Schutzgebiets ist der Steinbock, denn für ihn wurde die Region um das Gran-Paradiso-Gebirge in den Grajischen Alpen ursprünglich unter Schutz gestellt: Schon um 1800 gab es hier kaum noch Steinböcke und so wurde 1821 der Gran-Paradiso-Nationalpark gegründet. Damit ist er der älteste Nationalpark Italiens.

Drei Zinnen, Dolomiten *(unten)*

Zu den prägnantesten Ansichten in den Dolomiten gehören die Sextener Dolomiten und darunter wiederum die schroff wie Türme in den blauen Himmel ragenden Drei Zinnen. Der Dolomit, das Hauptgestein dieses Gebirges, ist hier durch Verwitterung besonders stark weggewaschen worden und hat aus Bergen mit gleichmäßigen Gipfeln bizarre Felsformationen gebildet.

Punta Cavazzi, Ustica

(oben links)

Die kleine Insel Ustica kann an ihrer wilden, zerklüfteten Küste mit dem schwarzen Sand und den Lavafelsen nicht verhehlen, dass sie eine Vulkaninsel ist. Seit 1987 stehen die wunderschöne Küste und die Küstengewässer unter Naturschutz. Das Meer ist hier sehr artenreich, weil eine Meeresströmung ständig frisches Wasser mitbringt.

Blaue Grotte, Capri

(oben rechts)

Die Grotta Azzurra, die berühmte Blaue Grotte, hat schon unzählige Touristen auf die Insel im Golf von Neapel gelockt. Sie alle wollen das einzigartige Licht in der Höhle an der nördlichen Küste sehen. Es leuchtet so blau, weil es durch das Meerwasser ins Innere fällt und dort von den Wänden reflektiert wird. Der Effekt ist dann ein intensiv aquamarinblaues Licht sowie ein silbern schimmernder Sandboden.

Stromboli, Liparische Inseln

(unten)

Mit schöner Regelmäßigkeit meldet sich der Vulkan Stromboli und entsprechend heißt die Insel genauso. Da seine Eruptionen jedoch überschaubar sind – die Lavabrocken fallen ins Meer oder zurück in den Krater –, hat er sich zu einer Touristenattraktion in Süditalien gemausert. Stromboli gehört zu den Liparischen oder Äolischen Inseln, die alle vulkanischen Ursprungs sind und nördlich von Sizilien liegen.

Fumarolen auf Vulcano, Liparische Inseln *(oben links)*

Es dampft und qualmt ohne Unterlass aus Löchern und Spalten am nördlichen Rand des Vulkans Gran Cratere auf der Insel Vulcano. Diese Fumarolen bestehen vor allem aus Wasserdampf mit Schwefelverbindungen. Ihre Temperatur wird regelmäßig gemessen, denn eine deutliche Abweichung nach oben von den durchschnittlichen 300 °C kann einen Vulkanausbruch anzeigen.

Ätna, Sizilien *(Mitte)*

Faszination und Ehrfurcht sind wohl jene Regungen, die der Ätna am häufigsten bei seinen Besuchern hervorruft. Ist er doch Europas größter aktiver Vulkan. Obwohl der 3323 m hohe Berg immer wieder mit kleineren und größeren Ausbrüchen von sich reden macht, ist er am Fuße dicht besiedelt. Denn er spuckt zwar Feuer, aber seine Böden sind außerordentlich fruchtbar.

Kalabrische Küste *(unten)*

800 km feinster Sandstrand und türkisblau schimmerndes Meer charakterisieren die kalabrische Küste und trotzdem ist sie unbekannter als manch weit entfernter Strand in der Karibik. Die Stiefelspitze in Italiens Süden bietet fantastische Badestrände, die noch nicht überlaufen sind, weil sie kaum jemand kennt. Die Berge des Hinterlands bilden die Kulisse dazu.

Frankreich

Alabasterküste, Normandie

(oben links)

Die Steilküste zwischen Fécamp und Etretat hat schon die Maler des Impressionismus fasziniert. Mit 130 km ist sie Frankreichs längste Felsenküste, die an manchen Stellen fast 130 m hoch ist. In den kleinen Buchten bietet sie auch etwas für die Ohren: Wenn sich das Meerwasser vom Kieselstrand zurückzieht, nimmt es die Steine ein Stück mit und reibt sie aneinander. Dabei entsteht ein recht lautes Geräusch.

Felsentor, Etretat

(unten Mitte)

Unerbittlich nagen Wind und Wasser an den Küsten der Kontinente. Was in der Fachsprache der Geologen Erosion heißt, bringt in der Natur wunderliche Kunstwerke hervor: Das Felsentor an der Küste der Normandie bei Etretat sieht so aus, als hätten Menschen eine Durchfahrt für ihre Boote gebaut. Wäre das der Fall gewesen, hätte sie sich aber vermutlich nicht so harmonisch in die Landschaft eingefügt.

Pointe du Grouin, Bretagne

(unten)

Das östlichste Kap der Bretagne ragt je nach Wasserstand zwischen 60 m und 80 m aus dem Wasser heraus – ein felsiger Höhepunkt an einer rauen Küste. Die Klippen scheinen sich wie eine besorgte Hand vorzurecken, um die Bucht von Saint-Michel mit der berühmten Klosterburg zu schützen. Die Schiffe dagegen müssen mithilfe eines Leuchtturms vor der Havarie an den gefährlichen Felsen geschützt werden.

Felsformation, Côte de Granit Rose *(oben)*

Gemütlich zurückgelehnt genießt hier jemand die fantastische Felslandschaft. Dabei ist das Gesicht nicht detailliert ausgeformt, sondern nur grob skizziert – leicht verfremdet, wie das moderne Künstler gerne machen. Doch Haare, Augen, Nase und Mund sind deutlich zu erkennen. Da hat die Natur den Menschen wieder einen Streich gespielt, indem sie ihre Fantasie anregte. Denn dieses Gesicht ist kein Kunstwerk von Menschenhand, sondern eine natürliche Felsform.

Pointe du Squeouel, Côte de Granit Rose *(unten links)*

Dass solche wild verteilten Felsen eine große Gefahr für Schiffe darstellen, liegt auf der Hand und so ist es logisch, dass ein Leuchtturm auf die Pointe du Squeouel an der Côte de Granit Rose hinweist. Der rosarote Granit ist typisch für die Felsen dieses bretonischen Küstenabschnitts und gab daher den Namen. Er entstand vor vielen Millionen Jahren durch Beimischung von rosafarbigem Feldspat.

Halbinsel Crozon, Bretagne *(unten rechts)*

Fantastische Felsformationen umrahmen feine, weiße Strände, hohe Klippen fallen steil ins Meer ab und die vorgelagerten kleinen Felsinseln sind so schroff, dass Alpinisten an ihnen für ihre großen Touren trainieren. Damit die Halbinsel Crozon zwischen Brest und Quimper nicht ganz so rau wirkt, blüht im Frühjahr der Ginster und im Spätsommer die Heide.

Felsnadeln von Port-Coton, Belle-Île *(oben links)*

Die größte Insel der Bretagne, Belle-Île, verdankt ihren Namen „Schöne Insel" nicht zuletzt ihrer zerklüfteten Küste. Mit großer Kraft brechen sich hier die Atlantikwellen und trennen mit der Zeit Felsen von der Küste ab, sodass nur noch bizarre Gebilde übrig bleiben. Und so sind auch die Felsnadeln von Port-Coton zwar langsamer, aber stetiger Veränderung unterworfen.

Dune du Pilat, Arcachon *(oben rechts)*

Wer die Atlantikküste bei Bordeaux besucht, wird unweigerlich auf sie stoßen: Die höchste Wanderdüne Europas. Sie liegt am Cap Ferret und ist mit ihrer Höhe von 118 m, einer Breite von 500 m und einer Länge von 3 km die Sehenswürdigkeit der Region. Der gewaltige Sandberg – ein hervorragender Aussichtspunkt – verlagert sich jedes Jahr ein wenig weiter nach Osten.

Atlantikwellen, Biarritz *(unten rechts)*

Nirgendwo in Europa gibt es so wunderbar große Wellen wie an der Atlantikküste bei Biarritz. Und so hat sich hier ein Mekka für Wellenreiter aus aller Welt entwickelt, die unverdrossen bei fast jedem Wetter mit ihren Surfboards hinausschwimmen, um möglichst große Wellen abzureiten. Die Atlantikbrecher sind so groß und laut, dass sich manche Touristen sogar über deren nächtliche Ruhestörung beschwert haben.

Wasserfälle von Baume-les-Messieurs, Jura *(unten links)*

In wunderbar feinen, fast feenartigen Fächern gischtet das Wasser über die bewachsenen, runden Felsen: Die Wasserfälle von Baume-les-Messieurs sind ein Gedicht, ein Ort für Romantiker und Schwärmer. Fast scheint es, als wollten sie die imposante Strenge der fast 200 m hohen Steilwände des gleichnamigen Tales ein wenig mildern, indem sie unten aus den Felsen heraussprudeln.

Montblanc *(oben links)*

Imposant erhebt sich die höchste Berggruppe Europas in den Savoyer Alpen an der Grenze zwischen Frankreich und Italien. Die letzte Vermessung im Jahre 2001 ergab eine Höhe von 4810 m über dem Meeresspiegel, und zwar auf französischem Gebiet. Nichtbergsteiger können mit der Kabinenbahn auf den Aiguille du Midi fahren und das einzigartige Panorama genießen.

Cevennen *(oben rechts)*

Abwechslungsreich präsentieren sich die Cevennen im Süden Frankreichs: Schroffe Granitfelsen, dichte Wälder, tiefe Täler und wiesenbedeckte Plateaus bilden eine vielfältige Landschaft, die einer ebenso großen Vielfalt an Lebewesen Raum bietet. Dieser südliche Ausläufer des Zentralmassivs steht schon lange unter Naturschutz und ist ein beliebtes Ziel für Orchideenfreunde. Über 40 Orchideenarten wachsen wild in den Cevennen.

Cirque de Mourèze, bei Montpellier *(Mitte)*

160 Millionen Jahre Erdgeschichte hat dieses Felsenmeer aus Dolomit bereits gesehen und sich dabei selbst zu einzigartigen Formen entwickelt. Die Hauptfelsen sind in einem Halbrund angeordnet und erinnern an die Ruinen einer verfallenen Stadt oder an eine gigantische Theaterbühne, auf der auch andere „Felsobjekte" einen würdigen Platz finden.

Pont d'Arc, Schlucht der Ardèche *(unten)*

Eindrucksvoll wölben sich die Felsen wie eine natürliche Brücke über den Unterlauf der Ardèche und bescheren dem Ort Vallon-Pont-d'Arc viele Kanutouristen als Besucher. Denn noch viel imposanter als etwa von der Straße mit den vielen Aussichtspunkten oberhalb der Schlucht wirken die Felsbrücke und die Schlucht der Ardèche vom Wasser aus.

Chaussée des Géants, Roussillon *(oben links)*

Fantastisch anmutende Felslandschaften in einem Gestein, das auch ohne den Sonnenauf- oder -untergang rot leuchtet, befinden sich im Vaucluse im Südosten von Frankreich. Es sind die Ockerfelsen bei Roussillon, die Jahrhunderte hindurch als Steinbrüche für die Ockergewinnung dienten. Die Ursache für diesen Farbton ist der Gehalt an Eisenoxid.

La Crau, bei Arles *(oben Mitte)*

Schutt und Steppe sind die Charakteristika dieser besonderen Landschaft im Nordosten der Camargue, die in weiten Teilen durch Industrie und Landwirtschaft zerstört wurde. In ihrer ursprünglichen Form überlebt hat die Steinsteppe nur bei Arles und wird seit diesem Jahrtausend geschützt. Denn sie ist ein einzigartiger Lebensraum für zahlreiche bedrohte Vogelarten.

Massif des Calanques, Marseille *(oben rechts)*

Wie Fjorde schneiden sich die schmalen Badebuchten in die Klippen an der südfranzösischen Küste hinein: Die Calanques erstrecken sich über 20 km Länge zwischen Marseille und Cassis. Sie sind nur zu Fuß oder per Boot zu erreichen. Für Taucher bieten sie ganz besondere Attraktionen: Es gibt mehrere vom Wasser geflutete Höhlen. In der Henry-Cosquer-Höhle sind die Wände mit über 20 000 Jahre alten Malereien 30 m unter Wasser bedeckt.

Camargue *(unten)*

Strandseen und Sumpfflächen kennzeichnen das Rhônedelta, dass besser unter dem Namen Camargue bekannt ist. Die flache, wasserreiche Region bietet zahlreichen Vogelarten, darunter Flamingos, Lebensraum, während der Mensch diese Region landwirtschaftlich zum Reisanbau sowie zur Stier- und Pferdezucht nutzt. Die berühmten weißen Camarguepferde sind übrigens keine Wildpferde, sondern werden halbwild gehalten.

Gorges du Verdon, Provence
(oben links)

Nicht ohne Grund werden die Schluchten des Verdon auch gerne Grand Canyon du Verdon genannt: Auf den 21 km zwischen Castellane und dem Lac de Sainte-Croix fließt der Verdon zwischen 700 m hohen Felswänden. Damit gehören die Gorges du Verdon zu den größten Canyons in Europa. Entstanden ist die Schlucht als der Verdon zum Ende der Eiszeit riesige Wassermassen mit sich führte.

Corniche de l'Estérel, Côte d'Azur *(oben rechts)*

Rote, zerklüftete Porphyrfelsen kennzeichnen den Küstenstreifen zwischen Cannes und Saint-Raphaël. Es handelt sich um die Ausläufer des Massif de l'Estérel, das im Pic de l'Ours immerhin 496 m hoch wird. Im Verbund mit der zwischen dunkelblau bis türkis changierenden Farbe des Mittelmeers bieten die roten Felsen immer neue, spannende Blicke.

Kap Girolata, Korsika
(unten)

Wild, rau und zerklüftet ist das Kap Girolata für Menschen eine eindrucksvolle Felslandschaft, die sie bestaunen können. Möwen, Kormorane und Seeadler dagegen können auf den Felszacken vortrefflich nisten und von hier aus ihre Beutezüge nach Fisch ins Mittelmeer starten. Damit das so bleibt, hat die UNESCO auch diesem Bereich auf Korsika den Weltnaturerbe-Status verliehen.

La Scandola, Korsika *(oben)*

Frankreichs ältestes Naturschutzgebiet liegt an der Westküste Korsikas und ist inzwischen auch als UNESCO-Weltkulturerbe geschützt: die Halbinsel La Scandola mit ihren beeindruckenden roten Felsen und dem Meer rundherum. Sie bietet nicht nur seltenen Pflanzen und Tieren, darunter besonders Seevögeln, einen sicheren Lebensraum, sondern gehört auch zu den wenigen Gebieten im Mittelmeer mit artenreicher Unterwasserwelt.

Les Calanches, Korsika *(Mitte)*

Diese irrwitzige Felslandschaft erschien dem französischen Schriftsteller Guy de Maupassant als eine „von einem extravaganten Gott versteinerte, albtraumhafte Menagerie". Tatsächlich sehen manche Granitformen wie ein Indianer- oder ein Hundekopf aus oder wie eine Schildkröte. Die Erosion lässt der Fantasie freien Lauf und die Sonne unterstützt dies durch ein wechselndes Farbenspiel.

Kreidefelsen von Bonifacio, Korsika *(unten)*

Wie eine Bastion wirken die weißen Kreidefelsen an der Südspitze Korsikas. Und da es bis nach Sardinien nur 12 km sind, nutzte man die Felsen entsprechend und baute an dieser strategisch wichtigen Stelle die Stadt Bonifacio als Festung darauf. Früher kaum einzunehmen, gilt die imposante Küste mit ihren zahlreichen Grotten heute als Naturschauspiel.

Spanien

Picos de Europa *(oben rechts)*

Den „Gipfel Europas" nennen die Spanier selbstbewusst das im Torre de Cerredo bis zu 2648 m hohe schroffe Kalksteinmassiv im Norden des Landes. Die Picos de Europa sind ein Teil des Kantabrischen Gebirges und setzen die Pyrenäen fort. Dichte Wälder, Gletscherseen und eine reiche Flora und Fauna kennzeichnen diese alpine Landschaft, zu der allein 200 Gipfel über 2000 m Höhe gehören.

Cueva de Zugarramurdi, Navarra *(oben Mitte)*

Hexenhöhle wird dieser 120 m lange und gut 10 m hohe Tunnel auch genannt. Der Name erinnert an eines der schwärzesten Kapitel von Zugarramurdi, einem Pyrenäenort in der Provinz Navarra: Im Dorf wurden mehrere Frauen als Hexen zum Tode verurteilt und genau jene Hexen sollen sich in dieser unheimlichen Höhle getroffen haben. Durch den Tunnel fließt ein Bach, an dessen Rand ein Pfad entlangführt.

Monte Perdido *(unten rechts)*

Der verlorene Berg, wie der Monte Perdido auf Deutsch heißt, ist mit 3352 m der dritthöchste Berg der Pyrenäen und liegt im spanisch-französischen Grenzgebiet. Daher ist er auch unter dem Namen Mont Perdu bekannt. Er besticht unter anderem durch zwei grandiose Canyons, die zu den größten Europas gehören. Deshalb hat die UNESCO den Monte Perdido in die Liste des schützenswerten Weltnaturerbes aufgenommen.

Pyrenäen
(oben links)

Ein fantastisches Paradies für Naturfreunde sind die spanischen Pyrenäen. Im Zentrum dieses Teils des Hochgebirges erstreckt sich der Nationalpark von Ordesa und Monte Perdido. Seine Gletscher, tiefen Schluchten, seltenen Tiere und seine abwechslungsreiche Pflanzenwelt vereinen sich zu einem urwüchsigen und abwechslungsreichen Naturwunder.

Golf de Roses, Costa Brava
(oben Mitte)

Nicht so steil wie bei Tossa de Mar, sondern flacher, aber immer noch wild und an manchen Stellen sehr felsig präsentiert sich die Costa Brava bei Roses. Dieser Übergang von der bergigen zur flachen und sandigen Küste ist durch heftige Stürme im Frühling und Herbst besonders von der Erosion betroffen, weil Wind und Wellen die Felsen mit mehr Kraft angreifen als an anderen Stellen der Küste.

Felsküste bei Tossa de Mar, Costa Brava *(oben rechts)*

„Wilde Küste" nennen die Spanier den etwa 220 km langen Küstenstreifen von den Pyrenäen an der Grenze zu Frankreich bis zur Mündung des Tordera zu Recht. Bei Tossa de Mar fallen die Küstengebirge besonders steil direkt ins Meer ab und bieten einen imposanten Anblick. Sie sind bis zu den Klippen mit lichten Wäldern und der krautigen Macchia des Mittelmeers bewachsen.

Torrent de Pareis, Mallorca
(unten)

Als wären sie nur zum Vergnügen der wandernden Touristen da, recken sich die Wände des Torrent de Pareis bis zu 400 m hoch in den Himmel. Was bei gutem Wetter ein schönes Wanderziel ist, kann sich jedoch bei Regen in eine gefährliche Falle verwandeln. Denn dort, wo die Felswände nur wenige Meter auseinanderstehen, schießt dann das Wasser mit großer Wucht durch die Schlucht – genau durch diese Erosionskraft ist dieser Canyon auch entstanden.

Cap de Formentor, Mallorca
(oben links)

„Treffpunkt der Winde" nennen die Mallorquiner diese nördlichste Landzunge ihrer Insel. Doch an dieser abwechslungsreichen Steilküste treffen nicht nur die Winde aufeinander, sondern auch die Winde auf das Wasser und beide auf den Fels. Und so formen sie das Kap Tag für Tag. An manchen Stellen fällt die Küste 300 m tief steil ab, an anderen geht es etwas gemäßigter abwärts – je nach Standpunkt ergeben sich immer andere Panoramen.

Coves del Drac, Mallorca *(Mitte)*

Die Tropfsteine spiegeln sich im glatten See und machen aus den Drachenhöhlen, wie die deutsche Übersetzung von Coves del Drac lautet, ein fantastisches Zauberland. Die Höhlen bei Portocristo sind ein 1700 m langes System mit sechs unterirdischen Seen, darunter dem größten Höhlensee Europas. Während der Hauptsaison sind sie trotz deftiger Eintrittsgelder extrem stark besucht.

Dedo de Dios, Ibiza *(oben rechts)*

Wie eine mahnende Erinnerung daran, dass diese Steilküste zwischen Sant Miguel und Portinatx sowohl für Spaziergänger oben an der Kante als auch für Schiffe in den Küstengewässern gefährlich ist, erhebt sich diese Felsnadel. Vielleicht haben die Einwohner der Baleareninsel Ibiza sie deshalb Dedo de Dios genannt – Finger Gottes.

Ciudad Encantada, bei Cuenca
(unten)

Selbst die Natur scheint nicht zu ignorieren, dass der Stier in Spanien eine wichtige Rolle spielt. Und so hat sie ihm ein steinernes Denkmal gesetzt. Es befindet sich in der „verzauberten Stadt", der „Ciudad Encantada", einem einzigartigen geologischen Phänomen: Auf etwa 200 ha wächst ein Labyrinth aus riesigen Dolomitfelsen aus der Erde, die wie moderne Häuser und Skulpturen wirken.

Parque Nacional de Doñana, Costa de la Luz *(oben)*

In Andalusien und erst recht an der Sonnenküste ist dieses große Feuchtgebiet für die meisten Besucher der Region eine Überraschung. Marschland und Lagunen werden durch Wanderdünen vom Meer abgetrennt, die Höhen bis 40 m erreichen. Entstanden ist diese wunderbare Landschaft, die ein einzigartiges Vogelparadies darstellt, durch die Ablagerungen des Guadalquivir an seinem Mündungsdelta.

El Torcal, bei Antequera *(unten links)*

Zu faszinierenden Gebilden türmen sich die Felsen von El Torcal in der Sierra Nevada nur 30 km von Malaga entfernt. Aus einem Kalksteinplateau hatte Regenwasser, das in die Spalten und Risse eingedrungen war, unter der Oberfläche ein System von Höhlen geschaffen. Nach und nach stürzten die Decken ein und setzten die Wände Wind, Sonne und Regen aus. Das Ergebnis ist eine Felslandschaft, die an eine verfallene Stadt erinnert.

Straße von Gibraltar *(unten rechts)*

Nirgendwo sind sich die beiden Kontinente Europa und Afrika so nah wie an der Meerenge von Gibraltar. Nur 14,2 km trennen an dieser Stelle das spanische Festland von Marokko. Dieses 60 km lange Nadelöhr verbindet Mittelmeer und Atlantik und ist nicht nur politisch von größter Bedeutung, sondern auch ökologisch. Denn die Strömung bringt salzarmes Wasser vom Atlantik ins Mittelmeer und nimmt salzreiches aus dem Mittelmeer mit in den Atlantik.

Cueva de los Verdes, Lanzarote
(oben links)

Der Vulkan La Corona schuf dieses imposante Höhlensystem auf der Kanareninsel vor Tausenden von Jahren: Bei einem Ausbruch erstarrte zunächst nur die Oberfläche der Lava, als sie in Kontakt mit der kühlen Luft kam. Der heiße, innere Strom floss weiter und bildete diese Tunnel. Sie sind insgesamt 7 km lang und gelten als bisher längster Lavatunnel der Welt.

Montanas del Fuego, Lanzarote
(unten Mitte)

Fast schon unwirklich erscheinen die sanft gewellten Linien der Feuerberge in ihren braunroten Farbtönen. Diese besondere Atmosphäre können sie nur dank konsequenter Beschränkungen entfalten, ansonsten würde es von neugierigen Menschen nur so wimmeln. Denn der Nationalpark Timanfaya, wie dieses Gebiet offiziell heißt, ist die populärste Sehenswürdigkeit der Vulkaninsel Lanzarote.

El Golfo, Lanzarote *(unten)*

Ein wunderbares Farbenspiel präsentiert die Natur auf der kanarischen Vulkaninsel Lanzarote am Lagunensee El Golfo: Während das Seewasser von Algen giftgrün gefärbt wird, besteht der Strand aus schwarzgrauem Lavasand. Die umliegenden Berge changieren zwischen rot, grau und schwarzbraun und bilden einen starken Kontrast zum Blau des Himmels.

Dünen bei Maspalomas, Gran Canaria *(oben)*

Sand so weit das Auge reicht, Sand, der sich zu geriffelten Dünen auftürmt: Über 6 km lang erstreckt sich südöstlich von Maspalomas ein 2 km breiter Dünengürtel. Auch wenn die Kanareninsel Gran Canaria nur 210 km von Marokko entfernt liegt, bestehen die Dünen nicht im Wesentlichen aus Saharasand. Sie haben sich vor allem aus angeschwemmtem Muschel- und Korallenkalk gebildet.

Mirador de Don Pompeyo, Teneriffa *(unten links)*

Wie ein Zeigefinger weist die senkrecht nach oben aufragende Felsformation des Mirador de Don Pompeyo den Weg. Und zwar nicht den Weg zur Besichtigung seiner selbst, sondern zum wunderbaren Blick über die geschwungene Bucht und die durch Felsen und Bananenplantagen geprägte Küstenlandschaft von Buenavista. Dabei sind auch die Felsen an dieser Stelle einen Besuch wert.

Acantilado de los Gigantes, Teneriffa *(unten rechts)*

Mit einer Höhe bis zu 500 m wirken die Steilwände an Teneriffas Westküste tatsächlich so gigantisch, als hätte sich ein Riese hier eine Stufe ins Meer gebaut. Der poetische Name „Steilfels der Riesen" ist also nicht übertrieben. Egal, ob man die Klippen zu Fuß oder mit dem Boot vom Meer aus besichtigt – der Anblick ist immer atemberaubend.

Teide, Teneriffa *(oben rechts)*

Atemberaubend ist sein Anblick: Der Teide ist mit 3718 m der höchste Berg Spaniens zugleich der dritthöchste Inselvulkan der Welt – 7500 m vom Meeresboden aus gemessen. Der Pico del Teide, wie er korrekt heißt, und die nähere Umgebung, nämlich die kesselförmige Senke Las Cañadas, in der er steht, stehen unter Naturschutz. Sie gelten als wichtiges Beispiel für die Entwicklung von Vulkanen.

Fels Zapato de la Reina, Teneriffa *(unten links)*

Welche ungewöhnlichen Formen ganz besonders Vulkangestein hervorbringt, machen Felsformationen wie „Zapato de la Reina" deutlich. Es ist nur wenig menschliche Fantasie nötig, um in dem elegant gebogenen Stein tatsächlich einen „Schuh der Königin" zu erkennen. Zu besichtigen ist er im Parque Nacional del Teide in der Caldera de las Cañadas, einem ehemaligen Kraterkessel.

Felsformationen, Teneriffa *(unten rechts)*

Wer auf der Kanareninsel Teneriffa von La Laguna nach Las Cañadas fährt, erlebt die Natur als moderne Künstlerin, die in Stein arbeitet: Hier haben sich im Laufe der Jahrmillionen basaltische und trachytische Lapilli – das sind Auswurfprodukte des Vulkans – abwechselnd angelagert und bilden ein sehr modern anmutendes Streifenmuster.

Los Roques, Teneriffa *(oben)*

Wie Kirchtürme recken sich die bekanntesten Felsen in der Caldera de las Cañadas imposant in die Höhe und wer sich aufmerksam umschaut, kann sogar Turmfalken dort oben nisten sehen. Wahrscheinlich sind die eindrucksvollen Felsendome Überreste des Urvulkans von Teneriffa, die nach dem Einsturz der Wände des ehemaligen riesengroßen Kraters stehen blieben.

Nebelwald, Nationalpark Garajonay, La Gomera *(Mitte)*

Unheimlich wie eine mystische Fantasiewelt wirkt der Nebelwald des Nationalparks Garajonay auf der Kanareninsel La Gomera. Dank der hohen Luftfeuchtigkeit wächst Moos an den Ästen der Bäume und die langen Fäden der Bartflechten hängen herab. Die Farne erreichen Höhen bis zu 2 m. Während des Tertiärs waren solche Lorbeerwälder auch am Mittelmeer verbreitet, jetzt gibt es sie dort nur noch auf den Kanaren, den Azoren und auf Madeira.

Caldera de Taburiente, La Palma *(unten)*

Die Caldera de Taburiente kann sich rühmen, der größte Senkkrater der Erde zu sein. Das bedeutet, dass es sich nicht um einen „normalen" Vulkankrater handelt. Stattdessen ist der Krater durch Erosion entstanden, indem Regenwasser Lavahöhlen so lange auswusch, bis deren Decken einstürzten. Mit etwa 9 km Durchmesser, 430 m über dem Meeresspiegel am Boden und 2426 m an ihrem höchsten Punkt erreicht die Caldera eindrucksvolle Maße.

Portugal

Felsküste der Algarve, Lagos

(oben rechts)

Eine der schönsten Aussichten, die man beim Baden und Sonnen in Europa haben kann, bietet sich an der Südküste Portugals westlich und östlich von Lagos: Wind und Wasser haben die zwischen 20 und 50 m hohe Felsküste zu interessanten Skulpturen und Toren geformt. Außerdem bilden die gelben, braunen oder rötlichen Kalk- und Sandsteinfelsen je nach Sonneneinstrahlung einen wunderbaren Kontrast zum türkisblauen Meer.

Cabo Girão, Madeira

(unten links)

Fast schon furchteinflößend ragt das Cabo Girão steil aus dem Meer. Der Name bedeutet „Kap der Umkehr" und soll auf den Entdecker João Zarco zurückgehen, der, als er auf das Kap traf, umgekehrt sein soll, weil er Madeira nicht für besiedelbar gehalten habe. Tatsächlich ist das Cabo Girão mit seinen 560 m die zweithöchste Steilklippe der Welt und der Blick hinab ist wahrhaft beängstigend!

Lorbeerwald, Madeira

(unten rechts)

Im Innern der portugiesischen Atlantikinsel Madeira liegt der Laurisilva, der größte zusammenhängende Lorbeerwald der Erde, ein Weltkulturerbe unter dem Schutz der UNESCO. Hier gibt es zahlreiche Pflanzenarten, die nirgendwo sonst wachsen, weil sie genau auf die Lebensbedingungen dieses Vegetationstyps angewiesen sind. Und auch manche Tierarten wie die Madeira-Taube leben nur hier.

Russland (europäischer Teil)

Ladogasee *(oben links)*

Rechnet man allein die Fläche seiner rund 660 Inseln zusammen, ist der Ladogasee im Norden Russlands schon größer als der Bodensee. Tatsächlich ist er mit 17 700 km² der größte See Europas. Gespeist wird er von den vier Flüssen Wolchow, Swir, Vuoksi und Sjas, während die Newa sein Wasser in die Ostsee ableitet. An den tiefsten Stellen ist er fast 230 m tief, im Durchschnitt liegt die Tiefe bei 52 m.

Onegasee *(oben rechts)*

Der nach dem Ladogasee zweitgrößte Süßwassersee Europas bedeckt 9720 km² und ist nur von etwa Mitte Mai bis Ende Oktober eisfrei. Den 58 Zuflüssen, die den See speisen, steht ein einziger Abfluss gegenüber. Es ist der Swir, der in den Ladogasee mündet. Das Ufer besitzt zahlreiche Buchten und ist nur im Süden flach und manchmal moorig, ansonsten wird es durch Felsen geprägt – manche mit urzeitlichen Zeichnungen.

Urwälder von Komi *(Mitte)*

Die schier unvorstellbare riesige Fläche von 3,28 Millionen ha bedeckt der Urwald von Komi vor allem mit Koniferen, Espen oder Birken und reicht von Europa bis zu den Tundragebieten im Ural. Diese Region gehört zu den größten, die von der UNESCO als Weltnaturerbe geschützt werden. Torfmoore, Berge, Flüsse und Seen bilden einen abwechslungsreichen Lebensraum, der zahlreichen Tier- und Pflanzenarten eine Heimat bietet.

Wolga *(unten)*

Die Wolga kann sich rühmen, der wasserreichste und längste Strom Europas zu sein: Auf einer Länge von 3530 km hat sie ein Einzugsgebiet von 1,36 Millionen km² und transportiert pro Sekunde 10 000 m³ Wasser. Diese immense Kraft lässt der Mensch natürlich nicht ungenutzt und hat die Wolga an acht Stufen gestaut und mit Wasserkraftwerken versehen. Zu all diesen gigantischen Zahlen passt, dass das Wolgadelta am Kaspischen Meer gut 800 Wasserarme besitzt.

Litauen

Kurische Nehrung

In Russland und Litauen trennt ein zwischen 400 m und 3,6 km breiter Sandstreifen, die sogenannte Kurische Nehrung, über eine Länge von 98 km ein Stück von der Ostsee ab, sodass sich ein Strandsee gebildet hat – das Kurische Haff. Die Dünen der Nehrung sind bis zu 70 m hoch und manche wandern. Die Natur konnte sich hier über Jahre ungestört entwickeln und steht als Nationalpark unter Schutz.

Weißrussland

Pripjet-Sümpfe

Nirgendwo sonst auf der Welt gibt es ein so weiträumiges Sumpfgebiet wie in Polesien im Süden Weißrusslands. Verantwortlich dafür ist der Pripjet, ein Nebenfluss des Dnjeprs: Er hält eine Fläche von fast 100 000 km² so feucht, dass eine Entwässerung für die landwirtschaftliche Nutzung extrem aufwendig ist und daher nur in wenigen Gebieten durchgeführt wurde.

Polen

Bialowiezer Heide *(unten links)*

Als einer der letzten Urwälder Europas wird die Puszcza Bialowieska, auf Deutsch Bialowiezer oder Belowescher Heide genannt, von der UNESCO geschützt. Das sumpf- und waldreiche Gebiet reicht von Nordostpolen bis ins mittlere Russland und bietet 11 000 Tierarten Schutz. Im polnischen Teil leben sogar Wisente, Pferde und Wölfe in freier Wildbahn.

Karpaten *(unten rechts)*

Klare, kalte Bergseen, imposante Wasserfälle und Wälder – die Karpaten im südlichen Grenzgebiet Polens zur Slowakei sind vor allem im Sommer ein Paradies für Natur- und Wanderfreunde. Aber nicht nur das: Im Winter verwandelt sich die Bergwelt in ein Skiparadies, besonders um Polens höchsten Berg herum, den Rysy mit seinen 2499 m.

Masurische Seenplatte *(oben)*

Im Norden Polens, direkt an der Grenze zu Russland und Litauen liegt Masuren, eine Landschaft aus Wald und Wasser: Zwischen den Seen der Masurischen Seenplatte erstrecken sich ausgedehnte Birkenwälder, aber auch landwirtschaftlich genutzte Flächen. Rund 2700 Seen sind größer als 1 ha, die größten sind mit 113,8 km^2 der Spirdingsee und mit 104,4 km^2 der Mauersee.

Tschechien

Böhmische Schweiz *(oben)*

Das tschechische Pendant zur Sächsischen Schweiz in Deutschland ist die Böhmische Schweiz, denn dem Elbsandsteingebirge sind politische Grenzverläufe egal: Es erstreckt sich am Oberlauf der Elbe in beiden Ländern. Allerdings werden die imposanten hellen Felsformationen, -wände und -schluchten auf tschechischem Gebiet kaum von höheren Bergen überragt. Dadurch kommen sie noch besser zur Geltung.

Böhmisches Paradies, Turnov *(unten)*

Eindrucksvoll erheben sich Säulen und schroffe Wände aus Sandstein im Naturschutzgebiet Český ráj, dem Böhmischen Paradies. Dieses „aufgelöste" ehemalige Sandsteinplateau mit seinen Schluchten und Höhlen sowie die umliegenden Wälder haben sich, nur eine Stunde von der Hauptstadt Prag entfernt, zu einem beliebten Ausflugsziel entwickelt, das durch Wanderwege gut erschlossen ist.

Slowakei

Hohe Tatra *(oben)*

Eingebettet in die westlichen Karpaten liegt die Hohe Tatra und rühmt sich der Tatsache, das kleinste Hochgebirge der Welt zu sein: Obwohl die Hohe Tatra nur 600 km² Fläche umfasst, besitzt sie 300 Gipfel, von denen 26 über 2400 m Höhe erreichen. Die unter Naturschutz gestellte Region mit ihren Gipfeln und Seen lässt sich auf gut markierten Wegen erkunden.

Dobschauer Eishöhle, Dobšiná *(unten)*

In Europa gibt es nur wenige Eishöhlen und die Dobschauer Eishöhle in der Slowakei gehört zu den größten und interessantesten. Von der knapp 1500 m langen Eishöhle ist ein Drittel zu besichtigen und überrascht mit Phänomenen wie Eisfällen, Eissäulen und Eisstalagmiten. Im Großen Saal ist das Eis 26,5 m dick und taut bei der konstanten Höhlentemperatur von minus 3,8 °C bis plus 0,5 °C auch nicht auf.

Ungarn

Puszta *(oben links)*

Pferde, Rinder und weite flache Ebenen mit Ziehbrunnen – damit ist die ungarische Puszta kurz, aber treffend charakterisiert. Da aber die moderne Landwirtschaft ganz andere Anforderungen stellt, wurde das Gebiet um Hortobágy unter UNESCO-Schutz gestellt. Sonst wären vermutlich auch die Reste der ehemals endlos erscheinenden Ebenen noch den Monokulturen zum Opfer gefallen.

Plattensee *(oben rechts)*

Ungarisches Meer wird der Plattensee auch oft genannt und das ist nicht übertrieben, denn der Blick schweift weit über eine riesige Wasserfläche. Schließlich handelt es sich beim Balaton um den größten Binnensee Mitteleuropas: 591 km^2 Fläche kann er aufweisen, bei 78 km Länge und bis zu 15 km Breite. Dabei ist der See insgesamt sehr flach – die durchschnittliche Tiefe liegt bei lediglich 3 m, die größte bei 11 m.

Höhlen, Aggtelek-Nationalpark *(unten)*

In Nordungarn an der Grenze zur Slowakei und bis ins Nachbarland hinein gibt es zahlreiche Höhlen im Karst. Besonders schön und interessant sind sie im Aggtelek-Nationalpark: Die 22 km lange Baradlahöhle bietet bizarre Felsformationen sowie unterirdische Flüsse und Seen. Sie bildet ein gemeinsames System mit der Domicahöhle in der angrenzenden Slowakei.

Slowenien

Höhlen von Škocjan *(oben)*

Im Unterkrainer Karstgebiet haben Regen und Flüsse den Kalkstein gelöst und ein eindrucksvolles Höhlensystem bei Škocjan in der Nähe von Triest geschaffen. Dabei sind es nicht nur die wunderbar geformten Tropfsteine, die Staunen hervorrufen, sondern auch die Tatsache, dass man dem Fluss Reka bei seiner Arbeit zuschauen kann: Er fließt mit Getöse durch die „Rauschende Höhle".

Bleder See *(unten links)*

Die klare Luft in den slowenischen Bergen, die aus der Stadt Bled einen Luftkurort macht, unterstützt das malerische Bild vom Bleder See, in dem sich Berge, Wolken und Kirchtürme fantastisch spiegeln. Auf 475 m Höhe am Fuße des Pokljuka-Hochplateaus gelegen zieht der See Besucher magisch an. Denn mit einem Holzboot, der Pletna, kann man zur Insel mit der Marienkirche und ihrer Wunschglocke übersetzen.

Adelsberger Grotten *(unten rechts)*

Bei der slowenischen Stadt Postojna, zu Deutsch Adelsberg, liegt das berühmte Tropfsteinparadies Postojnska jama: Die Adelsberger Grotten scheinen wie ein verwunschenes Höhlensystem aus dem Märchen mit ihren hängenden Stalaktiten und den von unten nach oben wachsenden Stalagmiten. Tatsächlich hat sie der unterirdische Fluss Pivka ausgewaschen, der die Grotten teilweise durchfließt.

Kroatien

Plitvicer Seen *(unten)*

Wild und unzugänglich präsentiert sich das kroatische Hochland von Plitvice nahe der Grenze zu Bosnien-Herzegowina. 16 Seen – alle miteinander durch bis zu 92 m hohe Wasserfälle verbunden – lockern die Kalk- und Dolomitformationen auf, die nur karg mit Mischwald bewachsen sind. Er besteht vornehmlich aus Birken und bietet Braunbären, Wölfen und zahlreichen Vogelarten Lebensraum.

Dugi Otok, Kornaten *(oben rechts)*

Schroff, unzugänglich und lang zeigt sich die Adriainsel Dugi Otok von ihrer Westseite. Der Name bedeutet „Lange Insel", was bei einer Breite von nur 5 km, dafür aber einer Länge von 43 km kaum zutreffender sein könnte. Sämtliche Orte oder besser Dörfer der Insel, die vor der Küste Dalmatiens liegt, befinden sich an der Ostküste dem Festland zugewandt.

Rumänien

Eisernes Tor *(oben)*

Was auf den ersten Blick wie eine Mittelmeerküste wirkt, ist der Durchbruch der Donau in den Karpaten an der Grenze zwischen Rumänien und Serbien. Hatte der Strom bei Budapest noch eine Breite von 560 m, verringert sich diese am Eisernen Tor auf 200 m – man stelle sich vor, welche Kräfte hier wirken! Diese werden seit 1972 durch ein Elektrizitätswerk genutzt, das die Donau nun auch an dieser Stelle leichter schiffbar macht.

Donaudelta *(unten)*

Wenn die Donau, mit 2850 km der zweitlängste Fluss Europas, ihren Weg vom Schwarzwald, durch Österreich, die Slowakei, Ungarn, Kroatien und Serbien bis nach Rumänien bewältigt hat, mündet sie dort mit einem weit verzweigten Delta in das Schwarze Meer. Dieses riesige Gebiet von 6000 km^2 ist im Wesentlichen feucht, hat aber auf Sanddünen auch extrem trockene Zonen und bietet so einen vielfältigen Lebensraum.

Bulgarien

Steinerner Wald, Varna *(oben)*

Nicht weit entfernt westlich von Varna befindet sich ein Naturphänomen, das weltweit als einzigartig gilt und Wissenschaftlern bis heute Rätsel aufgibt: Steinsäulen aus Sand- und Siltstein, die teilweise 6–12 m hoch sind, stehen auf grasbewachsenen Hügeln. Der Steinerne Wald (Pobiti Kamani) entstand vermutlich vor 50 Millionen Jahren, aber wie genau, ist noch nicht geklärt.

Piringebirge *(unten)*

Nicht nur alpine Pflanzen wie der Enzian, die anderswo selten geworden sind, wachsen hier üppig. Auch seltene Tiere wie Wolf, Otter, Braunbär, Wildkatze und Steinadler leben in der bereits seit 1963 geschützten Gebirgslandschaft von Pirin im Südwesten Bulgariens. Gespeist wird das stark bewaldete Gebiet von den Flüssen Mesta und Struma. Höchster Berg ist der Wichren (Vihren) mit 2915 m.

Griechenland

Olymp *(oben links)*

Der Sitz der Götter – zumindest der antiken griechischen Gottheiten – befindet sich in 2917 m Höhe auf den Gipfeln des Olymp. Das Gebirge liegt auf der Grenze zwischen Thessalien und Makedonien und hüllt seine zahlreichen Gipfel fast immer in ein Tuch aus Wolken. Die Hänge sind dicht mit Wald bewachsen und vor allem im Sommer wegen ihrer Kühle bei Urlaubern und Wanderern beliebt.

Meteora-Felsen *(unten links)*

In Thessalien ragen bei Kalambaka plötzlich senkrechte Felstürme aus der flachen Ebene bis zu 300 m hoch auf. Es sind die Reste von Sandsteinbergen, die durch Flüsse teilweise weggewaschen wurden. Seit dem 11. Jahrhundert bauten Eremiten auf den Spitzen dieser Felsnadeln Klöster, um abgeschieden von der Welt und dem Himmel nah leben zu können.

Versteinerter Wald, Lesbos *(unten rechts)*

Bis zu 20 m lang, manche 3 m dick, stehen und liegen Säulen herum und erinnern auffallend an Bäume: Es handelt sich um den versteinerten Wald zwischen Sígri und Eressós. Er entstand nach einem Vulkanausbruch vor 20 Millionen Jahren und wurde durch die Erosion wieder freigelegt. Wissenschaftler konnten unterschiedliche Baumarten identifizieren und Blätter, Wurzeln und Früchte vervollständigen das Bild eines urzeitlichen Waldes.

Schiffswrackbucht, Zakynthos

(oben links)

Eher bedrückend als beschützend wirken die gigantischen, 200 m hohen Felswände, die diesen kleinen Strand mit seinem fantastisch klaren Wasser umgeben. Dass sie bei schwerer See einem unvorsichtigen Schiffer schnell zum Verhängnis werden können, beweist das Wrack eines Schmugglerschiffs in der Bucht, das auch für ihren Namen Pate stand.

Samaria-Schlucht, Kreta

(oben rechts)

Die größte und wohl bekannteste der griechischen Inseln, Kreta, bietet nicht nur etwas für sonnenhungrige Badefreunde und Kulturinteressierte. Auch Abenteurer und Wanderer kommen auf ihre Kosten, und zwar bei einer Wanderung durch die Samaria-Schlucht. Sie gehört mit 13 km zu den längsten Schluchten Europas und führt vom Gebirge zum Libyschen Meer hinab – mit einem Höhenunterschied von 1200 m!

Steilküste, Santorin

(unten)

Wer auf die großartige Steilküste Santorins blickt, schaut auf die Folgen einer gigantischen Vulkanexplosion vor rund 4000 Jahren. Dabei brach die Caldera auseinander und Santorin sowie die kleineren Nachbarn entstanden. Sieht man alle aus der Luft, ist die Form des Kraters noch zu erkennen. Die steile Westküste von Santorin bildete die Innenwand, während die sanft abfallende Ostküste die Außenseite des Vulkans war.

Türkei

Strand von Ölü-Deniz
(oben links)

Kaum ein Reiseprospekt oder Bildband über die Türkei verzichtet auf diese einzigartige Ansicht: Der Strand von Ölü-Deniz gehört zu den meistfotografierten der Welt. Die blaugrün schimmernde Lagune ist vom Meer fast abgeschlossen. Zusammen mit dem Grün der Pinienwälder umrahmt sie das Weiß des feinen Sandes und komponieren ein Bild wie es sich kein Maler schöner hätte ausdenken können.

Olympos-Nationalpark, Lykien
(unten links)

Die Ausläufer des Taurusgebirges reichen bis an die Küste des Mittelmeeres heran und bilden großartige Szenerien. Diese wunderbare Kulisse hat sich die Meeresschildkröte *Caretta caretta* unter anderem bei Çirali ausgesucht, um ihre Eier zu legen. Damit sie das auch in Zukunft ungestört tun kann, wurde die Region rund um die antike Stadt Olympos und die umliegende Berglandschaft zum Nationalpark erklärt.

Kalksinterterrassen in Pamukkale *(oben rechts)*

„Baumwollschloss" ist die treffende deutsche Übersetzung der türkischen Bezeichnung für die weltberühmten weißen Kalksinterterrassen in Pamukkale. Warmes Thermalwasser fließt über breite Stufen hinab und hat dabei Kalk abgelagert. So entstanden Becken, in denen das Wasser blau schimmert, und an den Rändern baumwollweiße Tropfsteine. Wer im Sommer früh aufsteht, kann sie mit etwas Glück menschenleer genießen.

Großer Ararat
(gegenüberliegende Seite unten)

Auf seinem Gipfel soll die Arche Noah am Ende der Sintflut angelandet sein, glaubt man dem Alten Testament. Tatsächlich ist der Große Ararat mit seinen 5137 m der höchste Berg der Türkei. Obwohl der ruhende Vulkan im Osten der Türkei liegt, ist er das Nationalsymbol des direkt benachbarten Armenien und hat sogar einen Streit der beiden Länder um seine Abbildung im armenischen Wappen hervorgerufen.

Kursunlu-Wasserfälle, Antalya

(oben links)

Strand und Meer sind die üblichen Assoziationen zu Antalya an der türkischen Südküste. Dabei hat das fast unbekannte Hinterland auch einiges an Naturschönheiten zu bieten – etwa die eindrucksvollen Kursunlu-Wasserfälle nur knapp 20 km entfernt. Besonders viel Wasser führen sie im Frühjahr, besonders erfrischend sind sie im Sommer, denn ein Bad unterhalb der Kaskade ist erlaubt.

Kappadokien

(oben Mitte)

Wie von einem anderen Planeten oder aus einem Science-Fiction-Film erscheint die Landschaft von Kappadokien: Unzählige mehr oder weniger spitze Kegel in verschiedenen Größen charakterisieren diese bergige Tuffstein-Landschaft. Ab dem 5. Jahrhundert schlugen die Menschen Höhlenwohnungen und Kirchen in den relativ weichen Stein. Diese faszinierende Landschaft gehört zum Welterbe der Menschheit.

Love Valley, Kappadokien

(oben rechts)

Die Erosion scheint ihren Schabernack mit den Assoziationen der Menschen zu treiben: Im Love Valley bei Göreme ist sie von der in Kappadokien vorherrschenden Kegelform abgewichen zugunsten schmal aufragender, phallusartiger Türme. Da es hier wenig regnet, verwittert der Tuffstein langsam und härteres Gestein bleibt zurück und bildet sogenannte Feenkamine.

ASIEN

Als größter Kontinent unserer Erde nimmt Asien inklusive aller seiner Inseln 33 % der Landfläche ein. Von den höchsten Bergen der Welt im Himalaja, über undurchdringliche Dschungel, fantastische Küstenlandschaften und wunderbare Strände bis zu Wasserfällen und Wüsten reicht die Palette der Landschaften. Schon die extremen landschaftlichen und klimatischen Unterschiede scheinen ein Naturwunder für sich zu sein und lösen manchmal große Überraschungen aus: Wer weiß schon, dass es innerhalb der Wüste Gobi zwischen Sommer und Winter Temperaturunterschiede bis zu 100 °C gibt? Die Ha-Long-Bucht in Vietnam, die indonesischen Vulkane, das Delta des Ganges oder die Mondberge in Turkmenistan – allein diese willkürliche, kleine Auswahl aus der Vielzahl der vorgestellten Naturschätze beweist, dass Abwechslung auf diesem Kontinent Trumpf ist.

Asien

Asien
FINNLAND
Archangelsk
Workuta
Obbusen
Jenissej
Ob
Jenissei
RUSSISCHE FÖDERATION
Jekaterinburg
Omsk
Nowosibirsk
Nishnij Nowgorod
Samara
Irtysch
WEISSRUSSLAND
POLEN
Semipalatinsk
Großer A
Wolga
UKRAINE
KASACHSTAN
Kasachische Steppe
Dsungarischer Alata
RUM.
Aralsee
Westlicher Hochgebirgskaukasus
Elbrus
USBEKISTAN
Almaty
BULG.
Bischkek
Yssykköl
Taschkent
KIRGIS.
Kysylkum
Pik Pobedy
GEORG.
Tiflis
ASERB.
Baku
TURKMENISTAN
ARM.
Jerewan
Mondberge
Karakum
Samarkand
Pik Lenin
Karakulsee
TÜRKEI
Kaspisches Meer
TADSCHIK.
Karakorum
Duschanbe
Nanga Parbat
Baltorogletscher
K2
Aschchabad
Band-e-Amir-Seen
Hindukusch
SYRIEN
Elbursgebirge
Drachental
Teheran
Kavir
Indus
Zederntal bei Bcharre
LIBANON
Beirut
Pigeon Rocks
Damaskus
Kabul
Islamabad
Euphrat
Bagdad
Lut
ISRAEL
IRAN
AFGHANISTAN
Jerusalem
Amman
Totes Meer
Höhlen von Petra
IRAK
Säulen des Salomon
Negev
Wadi Rum
JORDANIEN
PAKISTAN
Kuwait
Delhi
Thar
Keoladeo-Natio
LIBYEN
ÄGYPTEN
SAUDI-
BAHRAIN
Al Manamah
KATAR
Doha
Dubai
Abu Dhabi
Karachi
Musandam-Halbinsel
Riad
Maskat
V.A.E.
Ahmadabad
Nil
ARABIEN
OMAN
Rub al-Chali
Wüste Jiddat al-Harasis
Goa
ERITREA
JEMEN
TSCHAD
SUDAN
Kratersee
Aden
Golf von Aden
DSCHIBUTI
Coimbator
SOMALIA
ÄTHIOPIEN
ZENTRALAFRIK. REP.
Malediven
MALEDIVEN
UGANDA
KENIA
INDISCHE
DEM. REP.
RUANDA
BURUNDI
KONGO
TANSANIA
Tschagos-In.
SEYCHELLEN
SAMBIA
MALAWI
0
250
500
750
km

Lenadelta
Lena
Kamtschatka
RUSSISCHE FÖDERATION
Sachalin
Baikalsee
Tschita
Irkutsk
Amur
Hei Long Jiang
Nationalpark Sichote-Alin
Chöwsgöl Nuur
Terelj-Nationalpark
ar Nuur
Ulan-Bator
Harbin
Hokkaido
Shiretoko
Nationalpark Akan
Nationalpark Daisetsuzan
MONGOLEI
Wladiwostok
Changchun
Flaming Cliffs
de Berge
nke
Khongoryn Els
Eis in der Gobi
Shenyang
Fushun
Shirakami-Sanchi
Rikuchu-Kaigan-Nationalpark
Bandai
Honshu
Kegonfälle
Beijing (Peking)
NORDKOREA
JAPAN
Wüste Gobi
Badain Jaran – Singende Dünen
Badain Jaran – Wüstensee
Seoraksan-Nationalpark
Noto-Kongo
Thermalquellen bei Nagano
SÜDKOREA
Tokyo
erge des Singenden Sandes
Lössformationen am Huang He
Taiyuan
Fuji
Jiuzhaigou: Pearl Falls
Jiuzhaigou: Wuhua Hai
Huang He
Kalksinterterrassen von Huanglong
Shuho-do
Huanghe
Cheonjeyeon-Wasserfall
Hallasan
Thermalquellen von Beppu
Kitakyushu
Vulkan Aso
andaki-Tal
urna
natha-Nationalpark
Nanjing
Shanghai
Zedernwald von Yakushima
see
ng Lirung
Everest
n-Nationalpark
Wolong Nature Reserve
Chengdu
Wudang-Berge
Huangshan
Riukiu-In.
Wulingyuan
Wuhan
Lhasa
Lushan
Yarlung-Zangbo-Schlucht
Jangtsekiang
Yamdrok Tso
Shishapangma
Kangchenjunga
3 4
V R CHINA
Jangtsekiang
Vulkan-In.
Bhutan
Thimbu
Kaziranga-Nationalpark
6
Huangguoshu-Wasserfall
Wuyi-Berge
Yehliu-Nationalpark
Cherrapunji
Taroko-Schlucht
Yuanmou Tulin
Karstberge in Guangxi
Ganges
Dhaka
B.D.
Shilin
Guangzhou (Kanton)
Yushan
Tianliao Moon World
P A Z I F I S C H E R
Kalkutta
Ganges-Brahmaputra-Delta
Sundarbans
Mekong
Hongkong
Hanoi
Dau-Go-Höhle
Ha-Long-Bucht
MYANMAR
Berge bei Vang Vieng
Cuc-Phuong-Nationalpark
Marianen
Landschaft bei Chiang Mai
Mekong
Vientiane
Khao-Yai-Nationalpark
LAOS
Irawadidelta
Marmorberge
Luzon
Taalsee
Erawan-Wasserfall
Khonefälle
Guam
VIETNAM
PHILIPPINEN
Bangkok
Vulkan Mayon
Butterkugel
KAMB.
Strand von Hua Hin
Phnom Penh
O Z E A N
Tubbataha Reef Marine Park
Schokoladenhügel auf Bohol
Ko Samui
LANKA
THAILAND
Khao Sok
Felstürme von Phang Nga
Ko Phi Phi
a-Nationalpark
MIKRONESIEN
von Unawatuna
BRUNEI
Kinabalu
PALAU
Taman Negara
Gunung-Mulu-Nationalpark
Clearwater Cave
Tropischer Regenwald
Kuala Lumpur
MALAYSIA
Tobasee
SINGAPUR
Rafflesia, Gunung-Gading-Nationalpark
Sianok-Schlucht
Borneo
Sumatra
Molukken
Sulawesi
Gunung Dempo
Puncak Jaya
PAPUA-NEUGUINEA
Ujung-Kulon-Nationalpark
INDONESIEN
Krakatau
Jakarta
Neuguinea
O Z E A N
Surabaya
Gunung Bromo
Kawah Ijen
Gunung Batur
Kelimutu
Java
Gunung Agung
Lombok
Komodo
Port Moresby
Kokos-In.

Russland (asiatischer Teil)

Elbrus, Kaukasus
(oben links)

Lange Zeit galt der Elbrus als erloschen. Doch seit vor gut zwei Jahrzehnten eine Erwärmung der Quellen in der Nähe der Gipfel und auch ein höherer Chlorgehalt gemessen wurden, gehört er wieder zu den aktiven Vulkanen. Der höchste Berg des Kaukasus – Westgipfel 5642 m, Ostgipfel 5621 m – wäre auch der höchste Berg Europas, wenn man den Kaukasus nicht zu Asien rechnet. Ordnet man ihn Asien zu, behält der Montblanc seinen Titel als höchster Berg Europas.

Obbusen
(unten)

Unglaubliche 800 km weit reicht die Mündung des Ob ins flachwellige, von Tundra geprägte Landesinnere hinein. Dabei ist sie bis zu 70 km breit und deshalb dort, wo sie sich mit der Karasee vereinigt, selbst schon ein Meerbusen oder Golf. Nach und nach mischen sich das Süßwasser des Flusses Ob mit dem Salzwasser der Karasee, die zum Nordpolarmeer gehört.

Westlicher Hochgebirgskaukasus *(oben rechts)*

Das Gebiet der Ausläufer des äußerten westlichen Kaukasus in Südrussland, etwa 50 km nordöstlich des Schwarzen Meeres, gehört zu den wenigen großen Gebirgsregionen in Europa, die von menschlichen Eingriffen noch weitgehend unberührt sind. Seit 1999 ist die Region als UNESCO-Weltkulturerbe auf 2759 km^2 geschützt, denn viele Tier- und Pflanzenarten gibt es nur noch hier.

Jenissei, Sibirien *(oben)*

4092 km fließt der Jenissei durch Sibirien und zwar recht genau den 90. Längengrad entlang: Bis er in die Karasee mündet, hat er alle wichtigen sibirischen Landschaften durchquert und mit seinem Wasser beglückt: Sein Einzugsgebiet beträgt 2,58 Millionen km^2. Betrachtet man, wie viel Wasser er pro Sekunde führt, liegt er mit rund 75 000 m^3 nach dem Amazonas und dem Kongo weltweit an dritter Stelle.

Lenadelta, Jakutien *(Mitte)*

Wie ein verästelter Baum sieht eine Satellitenaufnahme des Lenadeltas aus dem Weltraum aus. Es sind über 150 kleinere Flussarme, die das Wasser des 4400 km langen Stromes – die Lena gehört zu den längsten Flüssen der Erde – in die Laptewsee führen, ein Randmeer des Nordpolarmeers. Ihr Delta gehört zu den größten der Welt und wurde wegen seines Vogelreichtums unter Naturschutz gestellt.

Kamtschatka *(unten)*

Die Halbinsel zwischen Beringstraße und Ochotskischem Meer ist die größte Ostasiens. Da sie aus erdgeschichtlicher Sicht noch sehr jung ist, gibt es hier tätige Geysire und 160 Vulkane, von denen noch 28 aktiv sind. Im Durchschnitt sollen sechs von ihnen pro Jahr ausbrechen. Außerdem bebt die Erde häufig. Man könnte sagen, der Planet Erde arbeitet hier heftig.

Nationalpark Sichote-Alin, Region Primorje *(oben)*

Die wunderschöne Bergwelt des Sichote-Alin gehört zu den ungewöhnlichsten und vielfältigsten Lebensräumen der Welt. Denn hier treffen Spezies aus der Taiga und den Subtropen aufeinander wie Luchs und Tiger. Das besondere Klima, die unterschiedlichen Höhenlagen und die eiszeitliche Geschichte sind für diese Besonderheit verantwortlich. Damit dieses Naturwunder erhalten bleibt steht es auf der UNESCO-Liste.

Großer Altai *(Mitte)*

In Südsibirien erhebt sich der Große oder Russische Altai, ein mittelasiatisches Hochgebirge, das sich nach Südosten im Mongolischen Altai und schließlich im Gobi-Altai fortsetzt. Auf russischem Gebiet stehen 16 000 km^2 unter Naturschutz, sodass ein Naturparadies mit weitgehend intaktem Ökosystem erhalten wurde: Hier leben 212 endemische, also nur hier vorkommende Pflanzenarten und über 70 Säugetierarten, darunter der seltene Schneeleopard.

Baikalsee *(unten)*

Das „Heilige Meer" nennen die Russen den Baikalsee und widmeten ihm viele Volkslieder. Er liegt im asiatischen Teil Russlands, in Sibirien, und ist mit 1637 m der tiefste See unserer Erde. Da er eine Fläche von über 30 000 km^2 bedeckt, beherbergt der Baikalsee etwa ein Fünftel der gesamten Süßwasservorräte des Planeten. Außerdem gilt er mit über 25 Millionen Jahren als der älteste aller Seen.

Kasachstan

Dsungarischer Alatau *(oben links)*

Bei Kasachstan denken die meisten Menschen spontan an eine weite Steppenlandschaft. Doch das Land hat auch große Anteile am mittelasiatischen Hochgebirge. So erreicht der Dsungarische Alatau im Südosten des Landes, wo er sich an der Grenze zu China entlangzieht, Höhen bis 4463 m. Der Name Alatau stammt aus dem Kirgisischen und bedeutet „Buntes Gebirge".

Kasachische Steppe *(oben rechts)*

Scheinbar grenzenlos und flach zieht sich die kasachische Steppe dahin und prägt das Land nachhaltig. Weit und breit ist kein Baum zu sehen, dafür zähe Grasarten, die Trockenheit gut ertragen können und genügsamem Vieh, wie beispielsweise Ziegen, schmecken. Dieses einzigartige Naturgefühl von Weite findet seine Grenze und seinen optischen Höhepunkt durch das Gebirge im Hintergrund mit den schneebedeckten Gipfeln.

Kasachstan/Usbekistan

Kysylkum *(Mitte rechts)*

„Roter Sand" lautet die Übersetzung des Namens Kysylkum oder Kizilkum und in manchen Regionen schimmert der Sand dieser rund 200 000 km² großen Wüste tatsächlich rot. Die Kysylkum, die im Tiefland von Turan und damit auf kasachischem, turkmenischem und usbekischem Staatsgebiet liegt, besteht aber nicht nur aus Sand, sondern in weiten Teilen auch aus Kies und Schotter sowie Steppe.

Aralsee *(unten rechts)*

Mit einer Fläche von 64 000 km² lag der Aralsee noch 1960 wie ein kleines Meer in der Turansenke auf dem Gebiet von Kasachstan und Usbekistan. Doch das einstmals intakte, fisch- und vogelreiche Ökosystem ist durch die Bewässerungsprojekte der Landwirtschaft zerstört worden. Der einst viertgrößte See der Erde schrumpfte mittlerweile auf „nur noch" 17 000 km² und zerfiel in mehrere Teile, deren Salzgehalte durch die Austrocknung so stark gestiegen sind, dass die Fische zumeist nicht überleben konnten.

Turkmenistan

Kaspisches Meer *(oben)*

Riesig groß und von großem Interesse: Mit einer Fläche von gut 400 000 km² handelt es sich beim Kaspischen Meer um den größten See der Erde, dessen Nutzung für Schifffahrt, Wasserkraft, Fischfang und Bewässerung schon immer interessant war. Seitdem aber bekannt ist, das unter dem Kaspischen Meer und in der Umgebung reichlich Erdöl und -gas liegen, wird das menschliche Begehren noch größer.

Mondberge, Kara-Kala *(Mitte)*

Die weißen, faltigen Hügel in der Region von Kara-Kala im Südwesten von Turkmenistan nahe der iranischen Grenze erinnern nicht nur durch ihre Form an Mondberge, sondern vor allem auch durch die Leblosigkeit der Landschaft. Die Berge waren vor 1,5 Millionen Jahren noch Meeresboden, der sich mit der Zeit gehoben hat.

Karakum *(unten)*

Weit wellt sich der Sand der Karakum, ohne sich in hohen Dünen aufzutürmen. Diese Wüste bedeckt etwa 90 % des Staatsgebiets von Turkmenistan und ist von einem sehr ausgeprägten Kontinentalklima gekennzeichnet. Die Sommer sind heiß, während die Winter kalt sind und dann meist sogar eine dünne Schneedecke liegt. Wilde Kamele, die sich von dem kargen Gras ernähren, sind keine Seltenheit.

Tadschikistan/Kirgisistan

Pik Lenin *(oben links)*

Der Pik Lenin ist mit 7134 m der höchste Gipfel des zentralasiatischen Alaigebirges, der teilweise auch auf kirgisischem Gebiet liegt. Seine wunderschöne Umgebung und die relativ leichten Routen machen ihn zu einem Lieblingsberg der Alpinisten – allerdings von der kirgisischen Seite aus. Er hieß früher Pik Kaufmann, sollte 2006 in Pik Unabhängigkeit umbenannt werden, trägt aber stattdessen nun den Namen Pik Abuali ibni Sino – der Berg eignet sich also auch gut als Beispiel für die Politik der Namensgebung.

Yssykköl *(oben rechts)*

„Heißer See" lautet die deutsche Übersetzung des kirgisischen Yssykköl und damit ist bereits eine wichtige Besonderheit des Sees verraten: Er wird durch heiße Quellen gespeist und friert deshalb auch bei niedrigsten Temperaturen im kirgisischen Hochland nie zu. Abgesehen davon handelt es sich nach dem Titicacasee um den zweitgrößten Gebirgssee der Welt. Er ist auch unter dem russischen Namen Issyk-Kul bekannt.

Pik Pobedy, Tianshan *(unten)*

Mit atemberaubenden 7439 m erreicht der Tianshan (auch Tienschan) im Pik Pobedy, der bei den Kirgisen Dschengisch Tschokusu heißt, seine größte Höhe. Fast noch eindrucksvoller ist jedoch die Fläche, die diese Gebirgskette bedeckt: Es sind mehr als 1 Million km², denn das Gebirge ist 2500 km lang und rund 400 km breit und reicht von China über Kasachstan und Kirgisistan nach Tadschikistan.

Libanon

Zederntal bei Bcharre *(oben)*

Kräftiges Dunkelgrün inmitten eines trockenen, unwirtlich erscheinenden Tales – schon das ist ein Wunder der Natur. Die Zedern im Libanon haben darüber hinausgehende Bedeutung: Zum einen ist die Zeder das Nationalsymbol des Landes und zum anderen ist sie der Baum, aus dem das teuerste Baumaterial der antiken Welt wurde. Zedern wurden auch beim Bau der ersten christlichen Klöster verwendet.

Pigeon Rocks, Beirut *(unten)*

Ein massiver natürlicher Felsbogen bewacht von einer davor aufragenden Felsnadel – die beiden Pigeon Rocks an der Mittelmeerküste bei Beirut bilden imposante Landmarken. Ein Spaziergang am Strand an dieser eindrucksvollen Kulisse entlang oder auch ein Sonnenuntergang mit Blick auf dieses Naturwunder gehört zu den schönsten Freizeitvergnügen in Beirut.

Israel

Totes Meer *(oben)*

Der Name ist Programm: Im Salzwasser der 55 km langen und 16 km breiten Senke wächst kaum Leben. Denn der Gehalt an Salz ist mit 30 % dafür deutlich zu hoch. Die Nordsee enthält beispielsweise nur 3,5 % Salz. Durch den hohen Salzgehalt trägt dieses Meer deutlich besser als andere: Man kann nicht darin untergehen. Das Tote Meer liegt über 400 m unter dem Niveau des Meeresspiegels und ist damit der tiefstgelegene See der Erde.

Säulen des Salomon, Negev *(Mitte)*

Wunderbar rot schimmern die Säulen des Salomon im Süden der Negev-Wüste. Die rund 60 m hohen Felsformationen sind das eindrucksvolle Ergebnis der über Millionen von Jahren andauernden Auswaschungen des Sandsteins. Die alten Ägypter haben in den Fels eine Treppe geschlagen, die zu einem Relief führt. Darauf ist Ramses III. zu sehen, der der Göttin Hathor ein Opfer darbringt.

Negev *(unten)*

Klein, aber oho: Die Wüste Negev, die 60 % von Israels Staatsgebiet einnimmt, bedeckt eine Fläche von rund 12 000 km². Das ist nicht viel verglichen mit anderen Wüsten, dafür bietet die Negev viel Abwechslung. Neben staubig-sandigen Ebenen ist sie vor allem im Süden durch Berge und Täler charakterisiert, die sich nach der Regenzeit für eine kurze Weile in blühende Landschaften verwandeln.

Pakistan

Indus *(oben)*

Wasser ist Leben! Dafür ist der Indus, der längste Strom des Indischen Subkontinents, ein vortreffliches Beispiel: Indien und Pakistan mussten ihre Wasserversorgung 1960 per Vertrag regeln und heutzutage speist der Indus in seinem Mittellauf das größte landwirtschaftliche Bewässerungssystem der Welt. Die Kanäle sind insgesamt 60 000 km lang!

Karakorum *(unten)*

Eine imposantere Grenzziehung könnte es kaum geben: Das Karakorum-Massiv, das zweithöchste Gebirge der Erde, bildet die nördliche Grenze Pakistans zu China. Im zweithöchsten Berg der Welt, dem K2, erhebt es sich bis auf 8611 m. Mit Broad Peak sowie Gasherbrum I und II verfügt es insgesamt über vier Achttausender. Trotzdem hat der Mensch dieses Gebirge schon in der Frühbronzezeit überwunden, wie Felszeichnungen am Karakorum Highway beweisen.

Baltorogletscher *(oben)*

Grau und gratig statt strahlend weiß präsentiert sich der Baltorogletscher und wirkt fast wie erstarrte Lava, nicht wie eine riesige Eisfläche. Seine graue Tarnung besteht aus Geröll, das von den Berghängen auf die Eisschicht fällt und sie fast komplett bedeckt. Der Baltorogletscher verläuft über 57 km zwischen den imposanten schneebedeckten Gipfeln der Siebentausender des Karakorum.

Nanga Parbat *(Mitte)*

Der höchste Gipfel im westlichen Himalaja gilt als der schönste, als der am schwierigsten zu besteigende und als der am besten erforschte. Der 8126 m hohe „Nackte Berg", wie der Name übersetzt heißt, wurde 1953 das erste Mal bezwungen. Doch viele Versuche vorher und nachher endeten tödlich. Besonders in sich hat es die südliche Rupal-Wand, die mit 4500 m als höchste Gebirgswand der Welt gilt.

K2 *(unten)*

Auf der Grenze zwischen Pakistan und China erhebt sich der K2 majestätische 8611 m hoch. Damit ist er der höchste Berg des Karakorum-Massivs und der zweithöchste Gipfel der Erde. Das K im Namen steht für Karakorum, die 2 für den zweithöchsten Gipfel dieses Gebirges – ein Messfehler, wie sich später herausstellte. Für viele Bergsteiger gilt der K2 als der schwierigste Gipfel unter den 14 Achttausendern.

Nepal

Kali-Gandaki-Tal *(oben)*

Einer der wichtigsten Flüsse in Nepal ist der Kali Gandaki, der Tibet mit Indien verbindet und über Jahrhunderte für den Handel vor allem mit Salz genutzt wurde. Unterhalb des 8167 m hohen Dhaulagiri-Gipfel bildet dieser Strom das tiefste Tal der Welt: Hier überragt der Gipfel das Flussbett um gut 5600 m, der Kali Gandaki fließt immer noch auf über 2500 m Höhe.

Annapurna *(unten links)*

Das imposante Annapurna-Massiv hat sich in den letzten beiden Jahrzehnten zum beliebtesten Trekkinggebiet des Himalaja entwickelt. Das liegt sicher auch an den großen Unterschieden zwischen der Nord- und Südseite: Auf der Südseite lassen die Monsunregen eine üppige Vegetation gedeihen, während die trockene Nordseite auf weiten Strecken wüstenartig ist.

Sagarmatha-Nationalpark *(unten rechts)*

Eine außergewöhnliche Landschaft mit dramatischen Berggipfeln, Gletschern und tiefen Tälern hat die UNESCO bereits 1979 als Sagarmatha National Park in die Liste des Weltnaturerbes aufgenommen. Damit werden seltene Tierarten wie Schneeleopard und Kleiner Panda geschützt. Das geschützte Gebiet rund um den Mount Everest umfasst 114 800 ha.

Phewasee, Pokhara *(oben)*

Der Blick über den Phewasee auf alle Gipfel des Annapurna in doppelter Ausführung, weil sie sich in der glatten Wasseroberfläche spiegeln, ist so einzigartig, dass man ihn mit Fug und Recht als Naturwunder bezeichnen kann. Doch so unberührt wie der See wirkt, ist er längst nicht mehr: Er wird für die Fischzucht und die Stromerzeugung genutzt, außerdem zur Bewässerung.

Langtang Lirung, Katmandu *(Mitte links)*

Ein vergängliches und dafür um so schöneres Naturwunder ist dieser einzigartige Sonnenuntergang im Himalaja: Der Gipfel des Langtang Lirung schaut als schwarzer Schatten aus dem Nebelmeer heraus, als wollte er den Vollmond begrüßen, der groß und hell am Abendhimmel steht und der Sonne nachschaut. Der Langtang erhebt sich 7234 m hoch im Norden von Katmandu.

Chitwan-Nationalpark *(Mitte rechts)*

Am Fuße des Himalaja erstreckt sich eine vom Menschen fast unberührte, wunderschöne Landschaft mit Hügeln, Wäldern, Seen, Flüssen und Überflutungsgebieten. Hier wächst das bis 8 m hohe Elefantengras, das Lebensraum für Tiger, Panzernashörner, Amphibien und Reptilien oder Vögel bietet. Per Kanu, auf dem Rücken eines Elefanten oder bei einer geführten Dschungeltour dürfen Besucher den Royal Chitwan National Park erkunden.

Mount Everest *(unten)*

Sagarmatha – Himmelskönig – nennen die Nepalesen ihn, bei den Tibetern heißt er Chomolungma – Mutter des Universums. Beide Namen sagen sehr viel mehr über den Mount Everest aus als der europäische nach einem britischen Chef-Geometer. Schließlich ist der Mount Everest mit 8850 m der höchste Berg der Welt. Der heilige Berg der Sherpas, der lange als unbezwingbar galt, ist inzwischen zu einem Touristenmagnet für Bergsteiger geworden.

Indien

Pangong Tso, Kaschmir

(oben links)

Dem Himmel so nah wie der Pangong Tso sind nur wenige große Seen auf der Erde – ein idealer Ort, um Gebetsfahnen für das Glück der Menschen aufzustellen, das der Wind von hier in die Welt trägt. Auf 4500 m Höhe erstreckt sich der See 135 km lang und nur 8 km schmal zu zwei Dritteln auf chinesischem Gebiet, während ein Drittel in Kaschmir liegt.

Nanda Devi

(oben rechts)

Göttin der Freude – Nanda Devi heißt der mit 7816 m höchste Berg, der sich komplett auf indischem Gebiet befindet. Seit 1982 steht der Berg unter Naturschutz und darf nicht mehr bestiegen werden – sehr zur Freude des Schneeleoparden und anderer seltener Tiere, die hier noch ein intaktes Ökosystem als Lebensraum finden. Außerdem wachsen zahlreiche Hochgebirgspflanzen in diesem Gebiet.

Kangchenjunga, Himalaja

(unten rechts)

Mit „Fünf Schatzkästchen des großen Schnees" – das bedeutet der Name sinngemäß auf Deutsch – sind die fünf Gipfel des dritthöchsten Berges der Erde trefflich beschrieben. Der höchste dieser Gipfel liegt 8586 m über dem Meeresspiegel, drei weitere sind auch Achttausender. Er ist den Bewohnern der Region heilig und die meisten Bergsteiger achten diesen Glauben und verzichten auf die letzten Schritte zum Gipfel.

Thar, Rajasthan *(unten links)*

Mit einer Kernfläche von rund 250 000 km² gehört die Sandwüste Thar, deren westlicher Teil in Pakistan liegt, zu den großen Wüsten Asiens. Von den bis zu 150 m hohen Dünen wandert ein Zehntel und nur ein sehr geringer Teil ist mit kargen Gräsern und Sträuchern bewachsen. Im Nordwesten schließt sich eine doppelt so große Fläche mit Dornsavanne an die Thar an.

Keoladeo-Nationalpark, Rajasthan *(oben links)*

Früher gingen hier die Maharadschas auf Entenjagd, heute dürfen Tausende von Vögeln, die aus Afghanistan, Turkmenistan, China und Sibirien kommen, ungestört und ungefährdet überwintern: Nur 50 km westlich von Agrar befindet sich bei Bharatpur eines der schönsten Vogelschutzgebiete der Erde. In dem Sumpfgebiet leben 364 Vogelarten.

Kanha-Nationalpark, Madhya Pradesh *(oben rechts)*

Hügel, Täler, Hochplateaus, Flüsse, Wälder und Grasflächen besitzt dieser Nationalpark im Hochland Zentralindiens. Damit bietet er zahlreichen Tieren einen wunderbaren Lebensraum, besonders großen Säugern wie Hirschen, Antilopen und vor allem Tigern. Eine Safari auf dem Elefantenrücken ist die beste Möglichkeit um die großen Raubkatzen in freier Wildbahn zu erleben.

Kaziranga-Nationalpark, Assam *(unten)*

Selbst in einem so riesigen Land wie Indien gibt es nicht mehr viele von menschlichem Einfluss unberührte Landschaften. Der Nationalpark Kaziranga im Herzen Assams gehört dazu, denn Teile der Region wurden bereits vor hundert Jahren unter Schutz gestellt. So konnten in dieser von Wäldern, Hochgräsern und Sümpfen geprägten Landschaft u. a. auch das Panzernashorn, der Asiatische Elefant und der Bengaltiger in größeren Zahlen überleben.

Goa *(oben rechts)*

Fantastische Strände und Palmenhaine, aber auch das direkt dahinter ansteigende Bergland der Westghats machen den kleinsten indischen Bundesstaat Goa zu einem Naturwunder, das jedes Jahr Tausende von Urlaubern anlockt. Entdeckt von den Hippies der 1970er-Jahre fanden Goas Traumstrände an der Westküste Indiens schnell den Weg in die Kataloge der großen Reiseveranstalter.

Cherrapunji, Meghalaya *(oben links)*

Die Wasserfälle bei Cherrapunji in Ostindien leiden nicht unter Wassermangel, denn sie liegen in einem der regenreichsten Gebiete der Welt: Der Ort Cherrapunji ist zweimal im Guiness-Buch der Rekorde vertreten: Hier fiel mit insgesamt 22 987 mm die größte Niederschlagsmenge in einem Jahr und mit 9299,96 mm auch in einem Monat. Beides geschah allerdings bereits 1861. Im normalen Jahresdurchschnitt beträgt der Niederschlag jedoch „nur" 11 430 mm.

Krishnas Butterkugel, Tamil Nadu *(unten links)*

Diesen gigantisch großen, kugelförmigen Gneisblock soll Gott Krishna einst aus Butter geformt haben, deshalb heißt er Krishnas Butterkugel. Er liegt in der Nähe des berühmten Tempelbezirks von Mamallapuram, das auch als Mahabalipuram bekannt ist. Entsprechend viel wird der Riesenfels besichtigt und fotografiert. Dabei ist es immer wieder faszinierend zu sehen, wie klein ein Mensch im Vergleich zum Stein ist.

Backwaters, Kerala *(unten rechts)*

„Kokosnussland" bedeutet das Wort Kerala sinngemäß. Der südwestlichste Bundesstaat Indiens liegt direkt am Indischen Ozean und ist ein Paradies für Naturliebhaber. Neben vielen Wildtieren und einer üppigen Pflanzenwelt sind die kilometerlangen Backwaters eine Attraktion. Diese Wasserstraßen sind mit Blumen bewachsen und durchziehen die gesamte Region.

Malediven

Insel, Malediven *(oben)*

Unterhalb der südwestlichen Küste Indiens zieht sich die Inselgruppe der Malediven über 760 km lang hin. Dabei beträgt die bewohnbare Fläche nur 300 km² und setzt sich aus 19 Atollen und 2000 Koralleninseln zusammen. Die vorgelagerten Riffe gehören zu den schönsten Tauchrevieren der Erde, während die Traumstrände mit dem türkisblauen Wasser einen perfekten Badeurlaub verheißen.

Sri Lanka

Yala-Nationalpark *(Mitte)*

Ein wahres Wunder an Vielfalt ist der älteste Nationalpark Sri Lankas: Er vereinigt ganz unterschiedliche Lebensräume: von Küstengewässern und Stränden über Feuchtgebiete und Monsunwälder bis zu Laub- und trockenen Dornwäldern. Da findet der Axishirsch ebenso seinen Platz wie Leoparden, Krokodile, Pythons und Pfauen. Im Winter kommen noch die Zugvögel aus den kalten asiatischen Gebieten hinzu.

Strand von Unawatuna *(unten)*

Wie ein perfekt geschwungener Halbmond zeigt sich der Strand von Unawatuna, nahe der historischen Stadt Galle: Der wunderbar weiße Sand liegt eingebettet zwischen dem grünen Gürtel der Palmen und dem türkisblauen Wasser des Indischen Ozeans. Die Natur, die dieses Strandwunder geschaffen hat, setzte ihm allerdings mit dem Tsunami 2004 schwer zu.

Bangladesch

Ganges-Brahmaputra-Delta *(oben)*

Mit einer Fläche von rund 80 000 km² ist das Delta von Ganges und Brahmaputra das größte der Welt. Zu vielen kleineren Flussarmen verzweigt sich der riesige Strom, bevor er in den Golf von Bengalen mündet. Diese Landschaft ist wegen der abgelagerten Sinkstoffe sehr fruchtbar, aber auch ständig von schweren Überflutungen bedroht.

Sundarbans *(unten)*

Mangroven und Wasser kennzeichnen die Sundarbans, die in Bangladesch unter Naturschutz stehen. Diese einzigartige Feuchtlandschaft ist jedoch viel größer, denn sie beginnt bereits südlich von Kalkutta in Indien. Die Mangroven halten mit ihren Luftwurzeln den Schlick fest und bieten dadurch Tieren mit amphibischer Lebensweise optimale Lebensbedingungen. Richtung Norden, wo es weniger nass ist, leben auch Tiger.

Mongolei

Char Nuur *(oben links)*

Die kargen, braunen Berge des Tobhata, der helle beigefarbene Sand und in der Mitte das grünblaue Wasser des Char Nuur – aus dem Weltraum betrachtet wirken der See im Westen der Mongolei und seine Umgebung besonders eng miteinander verzahnt. Und das sind sie auch, denn der Wasserspiegel ist von Regenfällen abhängig und verändert sich ständig. Vor gut 5000 Jahren stand noch die ganze Umgebung des Sees unter Wasser.

Chöwsgöl Nuur *(oben rechts)*

Eine wunderbare Kostbarkeit ist dieser große Süßwassersee in einem trockenen Land wie der Mongolei. Mit einer Länge von 136 km, einer durchschnittlichen Breite von 30 km und einer Tiefe bis zu 162 m ist er der zweitgrößte See des Landes und ein unverzichtbarer Lebensquell für die Umgebung, die als Nationalpark geschützt ist. Er soll über zwei Millionen Jahre alt sein und damit zu den 20 ältesten Seen der Erde gehören.

Terelj-Nationalpark, Ulan-Bator *(unten)*

Die einsame Weite der mongolischen Steppe und die Faszination eines Gebirges, das bis 1600 m aufragt, vereint der Terelj-Nationalpark. Das Gebiet wird auch die „Mongolische Schweiz" genannt, aber dieser Vergleich wird beiden Regionen nicht gerecht. Denn im Terelj-Nationalpark kontrastieren trockene Ebenen mit den wasser- und waldreichen Bergen und ihren markanten Felsformationen.

Khongoryn Els, Gobi-Gurvansaikhan-Nationalpark *(oben)*

Dieser größte Nationalpark der Mongolei – er umfasst eine Fläche von 27 000 km² – schützt ganz unterschiedliche Landschaften, die jede für sich schon faszinieren, aber erst recht in der Kombination. Vom Nordrand der Gobi mit den Khongoryn Els, den „Singenden Dünen", geht es direkt in die Steppe. Die östliche Hälfte des Parks prägen die Gurvansaikhan-Berge, deren Name übersetzt „Drei Schönheiten" bedeutet.

Eis in der Gobi *(Mitte)*

Bei einer Wüste wie der Gobi denkt jeder zunächst an Trockenheit und Hitze. Dass dies nur ein Teil der Wahrheit ist, beweist dieses Foto aus der Gobi: Das Wasser im Bereich der Steppe ist gefroren, denn es ist Winter und die Temperatur beträgt minus 30 °C! Die Temperaturdifferenzen im zentralasiatischen Hochland der Mongolei sind schon zwischen Tag und Nacht extrem, zwischen Winter und Sommer differieren sie jedoch um bis zu 100 °C!

Flaming Cliffs, Gobi *(unten)*

In der Sonne des Nachmittags leuchten die Hänge rund um das Tal von Bajanzag 80 km nördlich von Dalan Dzadgad rot wie Feuer und heißen deshalb Flaming Cliffs. Doch die glühenden Klippen sind nicht allein wegen ihres spektakulären Farbenspiels berühmt, sondern weil sie unendlich viele Fossilien – vor allem von Dinosauriern – beherbergen. Paläontologen kommen hier voll auf ihre Kosten.

China

Kanasisee, Burqin *(oben links)*

Reich und schön, geheimnisvoll und rätselhaft – so wirkt das Naturschutzgebiet von Kanasi und genau das bedeutet der Name auf Deutsch. Treffender hätte man es kaum sagen können, denn allein der türkisgrün schimmernde Kanasisee zwischen bewaldeten Hügeln präsentiert sich zu anderen Jahreszeiten und je nach Wetter auch in ganz anderen Farbnuancen. Er wird vom Kanasigletscher aus dem Altaigebirge gespeist.

Flammende Berge, Turfan *(oben rechts)*

Vor allem in der frühen Morgensonne offenbaren die Berge am Rand der Oase Turfan, warum sie „Flammende Berge" heißen: Dann leuchten sie wie Feuer und ihre wellige Oberfläche wirkt wie züngelnde Flammen – eines der eindrucksvollsten Naturwunder am nördlichen Rand der Wüste Takla Makan. Sie beeindrucken die Menschen seit Hunderten von Jahren, denn eine Route der Seidenstraße führte hier vorbei.

Himmelssee, bei Ürümqi *(unten links)*

Treffender könnte selbst ein Dichter diesen See nicht benennen: Er liegt in 1980 m Höhe vor dem Fünftausender Boda Feng mit seiner Schneekuppe und fängt mit der spiegelglatten Oberfläche das grandiose Bergpanorama und den Himmel ein. Der Anblick streichelt die Seele, vor allem wenn man zuvor in der Millionenstadt Ürümqi war.

Turfansenke, Xinjiang *(unten rechts)*

Mit 154 m unter der Höhe des Meeresspiegels ist die Turfansenke im Autonomen Gebiet Xinjiang die tiefste Depression Chinas und – nach dem Toten Meer – der zweittiefste Punkt der Erde. Die Turfansenke liegt in einem Becken, das von den östlichen Ausläufern des Tianshangebirges gebildet wird. Das Klima ist extrem heiß, aber der Boden fruchtbar und so wird mithilfe von Bewässerung in den Oasen viel angebaut.

Karakulsee
(oben links)

Im äußersten Westen Chinas glänzt der Karakulsee vor den imposanten Kulissen der Siebentausender des Pamirgebirges und des Mount Kongur. Der See selbst liegt auf dem Pamirplateau 3600 m hoch und am Ende der Wüste Takla Makan. Noch bietet er einsame Naturerlebnisse, aber die Verantwortlichen für den Tourismus in China haben die Magie des Karakulsees erkannt und ein erstes Resort für Besucher ist entstanden.

Wüste Gobi
(oben Mitte)

Sie bedeckt eine Fläche von rund 1,3 Millionen km^2 und ist damit nach der Sahara die zweitgrößte Wüste der Welt: die Gobi. Zwar liegt ihr größerer Teil in der Mongolei und nur ein kleinerer Teil im Norden Chinas, trotzdem ist die Shamo, wie die Chinesen die Sandwüsten nennen, auch hier ein Inbegriff der weiten, menschenleeren Landschaft. Sie ist so lebensfeindlich, dass auch die Seidenstraße nördlich und südlich an der Gobi vorbeiführte.

Berge des Singenden Sandes, bei Dunhuang *(oben rechts)*

Nur 5 km südlich der Oasenstadt Dunhuang liegen die Berge des Singenden Sandes: Diese 250 m hohen Dünen klangen schon für Marco Polo wie „verschiedene Musikinstrumente, besonders Trommeln“. Die Töne entstehen durch die Sandkörner, die schon bei leichtem Wind aneinander reiben. Damit auch das Auge nicht zu kurz kommt, hat die Natur den Mondsichelsee zwischen den Dünen platziert.

Takla Makan, Xinjiang *(unten)*

Sanddünen so weit das Auge reicht, manche niedrig und in Wellen, manche bis zu 100 m hoch. Mit einer Fläche von 300 000 km^2 gehört die Takla Makan zu den großen Sandwüsten der Erde. In dem extrem trockenen Klima wächst fast nichts, zumal die Temperaturunterschiede zwischen Tag und Nacht bis zu 70 °C betragen können. Berüchtigt ist der Kara Buran, ein schwerer, oft lang anhaltender Sandsturm, in dem schon viele Karawanen ums Leben gekommen sind.

Wüstensee, Badain Jaran
(unten links)

Wasser in der Wüste und das gar nicht so knapp: In der Badain Jaran gibt es über 140 Seen, die verstreut zwischen den riesigen Dünen liegen. Je nach Mineralgehalt schimmert das Wasser von Blau über Grün bis Rot. Sie werden durch Quellwasser gespeist, das sich als Grundwasser in den tieferen Bodenschichten gesammelt hat. Damit bilden sie eine gute Lebensgrundlage für Pflanzen, Tiere und Menschen.

Singende Dünen, Badain Jaran *(oben)*

Die Wüste Badain Jaran in der Inneren Mongolei ist eine Wüste der Superlative und Besonderheiten. Nicht genug, dass sie mit rund 49 000 km² die viertgrößte Wüste der Erde ist und ihre Dünen bis zu 450 m hoch aufsteigen sowie 5 km lang und damit die größten der Welt sind. Nein, sie besitzt viele Seen und ihre Dünen „singen". Zumindest empfinden das die Karawanenreisenden so. Tatsächlich rutscht der Sand ab und verursacht dabei tiefe Brummtöne.

Huang He
(unten Mitte)

Chinas zweitlängster Fluss – die Angaben schwanken zwischen 4845 km und 5464 km – heißt auf Deutsch Gelber Fluss und tatsächlich sieht er über weite Strecken gelb aus. Das liegt daran, dass er so viel Löss mit sich führt: Er gilt unter den großen Strömen der Erde als derjenige, der den höchsten durchschnittlichen Gehalt an Schwebstoffen hat.

Lössformationen am Huang He, Lanzhou *(unten rechts)*

Wie Ruinen von mittelalterlichen Ritterburgen erheben sich die zerklüfteten Lössfelsen am Ufer des Huang He bei Lanzhou. Löss entsteht aus Ablagerungen feinster Körnchen, die durch Kalk so fest verklebt wurden, dass auch hohe Steilwände wie hier am Gelben Fluss solide stehen bleiben. Eine Fahrt mit dem traditionellen Dampfboot wird hier zum unvergesslichen Erlebnis.

Pearl Falls, Jiuzhaigou

(oben links)

Im Norden der Provinz Sichuan schützt die UNESCO auf 72 000 ha die atemberaubende Landschaft rund um das Jiuzhaigou-Tal. Die umliegenden Berge erreichen Höhen bis 4800 m und bilden mit zahlreichen Wäldern, Karstgebieten, Seen und Wasserfällen einen einzigartigen Naturraum. So hat sich an der Sturzkante der Pearl Falls viel Kalk abgelagert und gibt ihr diese weichen Formen.

Wuhua Hai – Fünf-Blumen-See, Jiuzhaigou *(oben rechts)*

Ein Meer von Farben präsentiert das Naturschutzgebiet Jiuzhaigou in der Provinz Sichuan im Herbst. Denn schon die Seen sind durch die feinen Gesteinspartikel, die mit dem Wasser aus den Bergen kommen, und durch Algen sehr bunt. Wenn dann noch die Pflanzen ihre Chlorophyllproduktion einstellen und die übrigen Farbpigmente sichtbar werden, scheint es wie ein Aufbäumen gegen die Härten des Winters.

Kalksinterterrassen, Huanglong

(unten rechts)

Gelb schimmern die Ränder der Kalksteinbecken und bilden einen schönen Kontrast zum Grün und Blau des Wassers, das sie enthalten. Entsprechend heißt Huanglong auf Deutsch „Gelber Drachen" und das Charakteristikum für den Huanglong-Naturpark in der Provinz Sichuan sind die stark abschüssigen gelblichen Kalktuffflächen. In der bergigen Region lebt noch der seltene Riesenpanda.

Kailash, Tibet

(unten links)

Mit seiner markanten Spitze, die an eine Pyramide erinnert, ist der Kailash leicht im Westen des Transhimalaja zu erkennen. Der 6714 m hohe Berg ist der heiligste Berg der Buddhisten und Hindus. Deswegen wurde er noch nie bestiegen – schon das allein ist bemerkenswert. Dagegen gilt eine Umrundung des Berges auf einem 53 km langen Weg, der bis 5700 m hoch reicht, als bedeutendste Pilgerreise der Gläubigen.

Yamdrok Tso, Tibet
(oben rechts)

Ungefähr 120 km südlich von Lhasa liegt auf 4440 m Höhe der Yamdrok Tso, Tibets größter See. Mit seiner Fläche von 658 km^2 ist er auch Tibets größtes Frischwasserreservoir und hat ein Einzugsgebiet von 6100 km^2. Auf dem Weg nach Xigaze erfreut er mit seinem Türkis die Reisenden. Den Tibetern ist der See heilig und dementsprechend finden sich viele Klöster an den umliegenden Berghängen.

Tibetisches Hochplateau, Tibet
(oben links)

Es liegt fast 5000 m über dem Meeresspiegel und ist etwa so groß wie die Hälfte der USA: Das Tibetische Hochplateau gilt als das höchste Plateau der Welt. Wüstenhaft und trocken präsentiert es Permafrostböden, die ab einer gewissen Tiefe ganzjährig gefroren sind, und Salzseen, aber auch Süßwasserseen, Wälder – und als Kulisse die Berge von Himalaja, Karakorum und Pamir.

Shishapangma, Tibet
(unten links)

Mit 8027 m Höhe ist der Shishapangma der höchste Berg Chinas, der kleinste Achttausender und der vierzehnthöchste Berg der Welt. Sein Anblick fasziniert vor allem dadurch, dass der Shishapangma von Norden aus betrachtet unvermittelt aus der Steppenebene aufsteigt. So bedeutet sein Name auch sehr treffend „Bereich über der grasbewachsenen Ebene".

Yarlung-Zangbo-Schlucht, Tibet *(unten rechts)*

5382 m ist sie tief und 496,3 km lang. Damit ist die Schlucht des Yarlung Zangbo das größte und tiefste Flusstal der Welt. Entdeckt wurde sie bereits in den 1970er-Jahren, aber gründlich vermessen erst 1994. Bis dahin galten der Grand Canyon und die Colca-Schlucht in Peru als tiefste Flusstäler sowie Kali Gandaki in Nepal als tiefstes Gebirgstal. Der Yarlung Zangbo, auch als Yarlung Tsangpo bekannt, entspringt im Himalaja in Tibet und fließt außerhalb Chinas als Brahmaputra weiter.

Wolong Nature Reserve
(oben links)

Als Symbol und Sympathieträger des WWF ist der Große Panda weltbekannt. Die schwarzweißen Bären waren früher im Osten Chinas und in Myanmar weit verbreitet, wurden aber wegen ihres Felles fast ausgerottet. Sie leben nur noch an den subtropischen, dicht bewaldeten Berghängen von Sichuan, Gansu und Shanxi. Das Wolong Nature Reserve ist das größte Panda-Schutzgebiet. Doch trotzdem wird dieser einzigartige Naturraum zunehmend besiedelt und die Zahl der Pandas nimmt ab.

Wudang-Berge, Hubei
(unten Mitte)

Rau und zerklüftet präsentieren sich die Wudang-Berge bei der Stadt Shiyan: Auf nur 400 km^2 ragen 72 Gipfel – der höchste 1612 m – auf und 36 markante Felsen fesseln den Blick. Dazwischen immer wieder reizvolle Täler. Diese einzigartige Landschaft hat Besonderes im Menschen hervorgebracht: Die Wudang-Berge gelten als Geburtsort des Taoismus – viele kleine Klöster schmiegen sich an die Hänge – und des Wudang-Kampfstils.

Wulingyuan, Hunan *(unten links)*

Auf den ersten Blick fallen die zahlreichen Sandsteinpfeiler ins Auge, die bei Zhangjiajie in der Provinz Hunan bis zu 200 m hoch aufragen. Aber außer diesen etwa 3000 Felsnadeln gibt es in der Region auch zwei natürliche Brücken über tiefe Schluchten und gut 40 Tropfsteinhöhlen! Da verwundert es nicht, dass sich auch eine artenreiche Flora und Fauna angesiedelt hat.

Huangshan, Anhui *(unten rechts)*

In bizarren Formen ragen die Felsgipfel des „Gelben Berges", des Huangshan, bis zu 1849 m hoch auf. Da sie sehr steil sind, bilden sie tiefe, enge Täler, in denen sich an gut 250 Tagen des Jahres Nebel bildet. In Felsspalten wachsen uralte Kiefern und zahlreiche seltene Tier- und Pflanzenarten finden hier noch ihren Lebensraum. Für die Chinesen gilt der Huangshan als ideale Landschaft und entsprechend oft wurde er zum Thema der Künstler.

Lushan, Jiangxi *(oben)*

Maler haben sie auf Papier gebannt, Dichter haben sie besungen: Als eine der schönsten Landschaften in China gilt bis heute die Region um Lushan mit ihrer atemberaubenden Berglandschaft. In den Bergen haben sich im Laufe der Jahrhunderte zahlreiche buddhistische und taoistische Tempel und Klöster angesiedelt, sodass Lushan auch eine einzigartige Kulturlandschaft darstellt.

Huangguoshu-Wasserfall, Guizhou *(unten links)*

Im Südwesten Chinas befindet sich der größte Wasserfall des Landes und des asiatischen Kontinents: Der Baishui-Fluss fällt als Huangguoshu-Wasserfall über eine 101 m breite Kalksteinstufe 74 m hinab und ist schon von Weitem zu hören. Hinter dieser Wasserwand befindet sich eine Höhle im Fels, die schöne Ausblicke auf die Landschaft und den Fluss gewährt.

Jangtsekiang *(unten rechts)*

Einfach, aber treffend nennen die Chinesen ihn oft nur Chang Jiang „Langer Strom". Tatsächlich ist der Jangtse oder Yangzi Jiang, wie er auch genannt wird, mit rund 6300 km der längste Fluss Asiens und der drittlängste der Welt. Er entspringt im Südwesten Chinas und mündet bei Shanghai in das Gelbe Meer. Auf seinem Weg durch neun Provinzen wird er von 700 Nebenflüssen gespeist.

Yuanmou Tulin, Kunming

(oben links)

Nicht so populär wie der Steinwald von Shilin, aber genauso sehenswert ist der Erdwald von Yuanmou in der Provinz Yunnan. Erdbewegungen und Erosion haben hier ein steinernes Fantasiereich geschaffen, in dem menschenähnliche Skulpturen, steinerne Tiere, Burgen, Säulen und Vorhänge zu finden sind. Die größte Säule erreicht 40 m Höhe!

Shilin, Kunming *(oben rechts)*

Genau wie die Stämme der Bäume scheinen die Felsen steil in die Höhe zu wachsen. Deshalb heißt diese Karstlandschaft in der Provinz Yunnan südöstlich von Kunming auch Shilin, zu Deutsch „Steinwald". Ein Teil des Gebiets wurde durch Wege zugänglich gemacht und bei einer Wanderung durch die bizarren Felsgebilde blüht die Fantasie, angeregt durch die Namen, die die Chinesen den Karstformen gegeben haben.

Karstberge, Guangxi *(Mitte)*

Wer sie einmal gesehen hat, erkennt sie immer wieder: Die hütchenförmigen Karstberge um Guilin in dem Autonomen Gebiet Guangxi im Süden Chinas bilden zusammen mit den Flüssen und der Vegetation der Gegend ein malerisches Landschaftsbild, das weltweit einzigartig ist. Für diesen ungewöhnlichen Anblick hat es allerdings auch etwa 200 Millionen Jahre erdgeschichtlicher Entwicklung gebraucht.

Wuyi-Berge, Fujian *(unten)*

Grandiose Panoramen eröffnen sich vom Fluss der neun Windungen auf das Wuyigebirge: Es ragt zu beiden Seiten der 7 km langen Schlucht 1000–1500 m hoch nach oben – zum Teil in senkrechten Felstürmen. In dieser spektakulären Gegend, für die subtropischer Regenwald typisch ist, haben viele alte Pflanzen-, aber auch Tierarten überlebt, die nirgendwo sonst auf der Welt vorkommen.

Yehliu-Nationalpark, Taiwan

(oben rechts)

Großartige Kunstwerke präsentiert die Natur an der taiwanesischen Nordküste nicht weit von Taipeh entfernt. Hier gibt es Felsformationen, die in ihrer Vielfalt und ihren ungewöhnlichen Formen weltweit ihresgleichen suchen. Wind und Wasser haben ihre Meisterschaft beim Bildhauern unter Beweis gestellt und gleich ganze Flächen sowie riesige Skulpturen gestaltet.

Taroko-Schlucht, Taiwan

(Mitte links)

Tiefe Täler und schroffe Berge garantieren im Taroko-Nationalpark atemberaubende Ausblicke wie in die Schwalbenhöhlen, eine der Sehenswürdigkeiten des Parks. Taroko bedeutet „schön" oder „wunderbar" und tatsächlich gilt der Park im Landkreis Hualien, der unzählige Pflanzenarten und die meisten Tierarten auf Taiwan beherbergt, als einer der schönsten auf der Insel.

Tianliao Moon World, Taiwan

(Mitte rechts)

Mit ihren spitzen, grauen Graten und Rippen erinnert diese Felslandschaft in der Nähe der Großstadt Kaohsiung tatsächlich an eine Mondlandschaft. Zum Glück gibt es den blauen Himmel und die sattgrüne Vegetation, die diese abweisende, aber doch faszinierende Szenerie, die durch Regen und Überflutungen entstanden ist, wieder auf die Erde zurückholen.

Yushan, Taiwan *(unten)*

Elf Gipfel krönen den Yushan, der auch Jadeberg genannt wird. Der Hauptgipfel hat es mit 3952 m zwar nicht ganz unter die Viertausender geschafft, ist aber immerhin der höchste Berg Ostasiens. Er ist der Mittelpunkt des gleichnamigen Nationalparks, der neben Gipfeln auch mehrere schöne Wasserfälle und eindrucksvolle Schluchten und Täler bietet.

Südkorea

Seoraksan-Nationalpark
(Mitte links)

Warum der Seoraksan-Nationalpark ausgerechnet im Herbst die meisten Besucher anzieht, erklärt sich mit einem Blick auf das Bild fast von selbst: Bäume und Sträucher legen dann für den Abschied vom Sommer ihr buntestes Kleid an, die Flüsse führen reichlich Wasser, das in sehenswerten Kaskaden über Felsen hinabstürzt. Der Seoraksan ist der Hauptgipfel des Taebaekgebirges.

Cheonjeyeon-Wasserfall, Jeju-do *(unten)*

Die Vulkaninsel Jeju-do südlich der koreanischen Halbinsel gehört zu den beliebtesten Urlaubszielen von Südkorea und besitzt den einzigen Wasserfall Asiens, der direkt ins Meer mündet. Der Cheonjeyeon-Fall, der auch „Teich Gottes" genannt wird, beginnt in einer Höhle, wo das Wasser über eine erste Stufe hinabfällt. Erst nach zwei weiteren Stufen fließt das Wasser ins Meer.

Hallasan, Jeju-do
(Mitte rechts)

Mitten auf Jeju-do ragt der Vulkan Hallasan 1950 m hoch auf und ist von 368 sogenannten parasitären Kratern – Nebenkratern – umgeben. Die abwechslungsreiche Landschaft ist durch die unterschiedlichen Höhenlagen und das jeweils damit verbundene Klima geprägt. Sie wird mit ihren unglaublich vielen Tier- und Pflanzenarten seit 1970 im Hallasan-Nationalpark geschützt.

Hongdo
(ganz oben)

Spitze, schartige Felskegel mit grünen Mützen ziehen vor der Insel Hongdo die Aufmerksamkeit auf sich. Der Namen Hongdo bedeutet „Rote Insel" und stammt eventuell daher, dass die Felsen eine braunrote Farbe haben, die sich bei Sonnenuntergang in glühendes Rot verwandelt. Die gesamte Insel steht unter Naturschutz und lockt immer mehr Freunde urtümlicher Landschaften an.

Japan

Shiretoko, Hokkaido *(oben)*

Die wohl ursprünglichste und am wenigsten vom Menschen besuchte Gegend in ganz Japan ist vermutlich die Shiretoko-Halbinsel. Sie ist geprägt von einem vulkanischen Gebirge, das im Winter mit Schnee bedeckt ist, und von zerklüfteten Küsten. Da die Ökosysteme von Land und Meer auf Shiretoko in besonderer Weise miteinander verzahnt sind, hat die UNESCO die Halbinsel mit dem marinen Küstenbereich als Weltnaturerbe ausgewiesen.

Nationalpark Akan, Hokkaido *(Mitte oben)*

Vulkankegel, Seen und dramatische Szenerien am Himmel fügen sich im Nationalpark Akan zu so wunderschönen Panoramen zusammen, dass diese einzigartige Landschaft jedes Jahr fast sieben Millionen Besucher besichtigen. Denn sie entspricht anscheinend den japanischen Vorstellungen von Harmonie. Außerdem gibt es das geologisch spannende Thermalgebiet Kawayu Onsen mit dampfenden und stinkenden Fumarolen.

Nationalpark Daisetsuzan, Hokkaido *(Mitte unten)*

Vulkane mit Höhen über 2000 m, Seen und Wälder prägen das zentrale Hochland von Hokkaido und werden im größten japanischen Nationalpark Daisetsuzan geschützt. Besonders der Herbst bietet unvergessliche Impressionen aus buntem Laub an den Falten der Vulkanhänge oder mit tief hängenden Nebelbänken an den Seen. Beliebt sind auch gerade dann bei Naturfreunden die heißen Quellen.

Shirakami-Sanchi, Honshu *(unten)*

Völlig unbeeinflusst vom Menschen entwickeln sich seit Jahrhunderten die Buchenwälder in den Bergen des Shirakami-Sanchi im Norden Honshus. Damit das so bleibt, wird der Zugang zu einem kleinen Weltnaturerbe-Gebiet streng kontrolliert. Andere Bereiche sind besser zugänglich, darunter die wunderbaren Wasserfälle.

Rikuchu-Kaigan-Nationalpark, Honshu *(oben links)*

Felsen von wilder Schönheit prägen die Ostküste Tohokus und bieten auf einer Strecke von rund 180 km immer wieder großartige Panoramen und bizarre Gesteinsformationen. Besonders imposant sind die 200 m steil aufragenden Klippen, denen ab und an weiße Sandstrände als sanfte Gegenpole Kontra bieten. Diese besondere Küste ist als Nationalpark Rikuchu-Kaigan geschützt.

Bandai, Honshu *(oben rechts)*

Noch heute sieht man dem Vulkan Bandai an, dass der letzte Ausbruch 1888 nicht nur verheerende Folgen für die Umgebung, sondern auch für den Berg selbst hatte: Statt eines spitz zulaufenden Kegels sind die Kraterränder eingebrochen. Durch die Lavamassen entstand eine Hochebene und Flüsse wurden zu Seen gestaut. Diese wunderbare, waldreiche Landschaft steht heute als Bandai-Asahi-Nationalpark unter Schutz.

Kegonfälle, Honshu *(unten links)*

Unter den 48 Wasserfällen im Nikko-Nationalpark sind die Kegonfälle mit ihren 97 m Höhe die berühmtesten. Sie fließen in einem dichten, weißen Wasserschwall aus dem Chuzenjisee steil über Lavafelsen hinab und dann als Fluss Oshiri weiter. Im unteren Bereich der Fälle treten mehrere kleine Wasserläufe aus dem porösen Lavagestein aus und stürzen parallel zum Hauptfall herab.

Noto-Kongo, Honshu *(unten rechts)*

Eine raue Steilküste mit bizarren vorgelagerten Steinformationen erstreckt sich über 16 km an der westlichen Küste der Noto-Halbinsel zwischen Fuku-ura und Sekinohana. Sie heißt Noto-Kongo und bezaubert durch ihre Naturbelassenheit. Die lieblichere Ostküste mit ihren Sandbuchten wurde vom Tourismus vereinnahmt.

Thermalquellen, bei Nagano
(Mitte)

Die heißen Quellen in der Präfektur Nagano locken nicht nur Menschen, sondern auch Tiere an. Denn besonders im kalten Winter kommen auch Japanmakaken an die warmen Teiche und genießen oft für Stunden die warmen Temperaturen. Wenn sie heraussteigen, gefriert das Wasser in ihrem Fell binnen Minuten zu Eis. Den jungen Affen macht es genau wie Kindern viel Spaß, ins Wasser zu springen.

Fuji, Honshu
(oben)

Mit seiner schneebedeckten Kuppe und der vollendeten Kegelform eines Vulkans hatte es der Fuji leicht, zum Wahrzeichen Japans zu werden, das auch in aller Welt erkannt wird. Der 3776 m hohe Vulkan, auch Fujisan oder Fujiyama genannt, ist den Japanern heilig. Deshalb errichteten sie am Rand des 600 m breiten und 150 m tiefen Kraters viele Tempel, aber auch einige Herbergen und Hotels.

Shuho-do, Honshu *(unten)*

Japans größtes Karstplateau Akiyoshi-dai beherbergt die größte Kalksteinhöhle des Ostens. Shuho-do liegt 100 m unter der Erde und entwickelte sich in den vergangenen 300 000 Jahren. Das Grundwasser wusch den Kalkstein nach und nach aus. So entstand diese imposante Höhle, von der ein Kilometer für die Öffentlichkeit freigegeben sind, darunter auch die Hyakumai-zara, die „Höhle der 100 Platten".

Thailand

Landschaft bei Chiang Mai *(oben links)*

„Rose des Nordens" wird die Stadt Chiang Mai oft auch genannt, weil sie in einer so wunderschönen Landschaft liegt. Im Tal schlängelt sich der Fluss Ping und die Höhenzüge der umliegenden Berge sind mit Dschungel bewachsen. Hier wohnen noch sechs Bergvölker und leben ihren Alltag wie in früheren Zeiten. In Chiang Mai, der Stadt mit rund 200 buddhistischen Tempeln, ist dagegen westliche Hektik eingekehrt.

Khao-Yai-Nationalpark, Khoratplateau *(oben rechts)*

Berühmt für seine Wälder und die große Artenvielfalt ist der Khao-Yai-Nationalpark auf der südöstlichen Khorat-Hochebene. In Höhenlagen zwischen 600 und 1000 m, bei den vereinzelten Bergen auch bis zu 1350 m, existieren rund 2000 Pflanzenarten und unter den Tieren sind einige extrem vom Aussterben bedrohte Arten. Neben Trocken-, Regen- und Nebelwäldern gibt es auch Grasland und viele Wasserfälle.

Erawan-Wasserfall, Kanchanaburi *(unten links)*

Seinen Namen hat dieser Wasserfall nach dem mythischen Elefanten Erawan bekommen, der mindestens drei Köpfe, in manchen Darstellungen aber auch bis zu 33 gehabt haben soll und das Reittier von Indra – Gott des Regens und des Donners – war. Mit etwas Fantasie kann man die drei Köpfe in den rundlichen Felsen wiedererkennen, über die das Wasser rauscht.

Strand, Hua Hin *(unten rechts)*

Feinster, weißer Sand auf einer Länge von rund 3 km und davor das türkisblaue Wasser des Golfes von Thailand: Dieser Traumstrand hat aus dem verschlafenen Ort Hua Hin das älteste Seebad Thailands gemacht – geadelt durch die thailändische Königsfamilie. Sie hatte sich bereits 1926 hier einen Palast errichten lassen, um an diesem Strand einen standesgemäßen Urlaub zu verbringen.

Ko Samui

(oben links)

Weite, breite Strände mit feinem, hellem Sand und wunderbar klares Wasser, das mit seiner abwechslungsreichen Tier- und Pflanzenwelt zum Schnorcheln und Tauchen einlädt – Samui, die drittgrößte Insel Thailands ist eine Trauminsel schlechthin. Von „Aussteigern" entdeckt, wurde das Paradies in den letzten Jahrzehnten zum Pauschalreiseziel und die typischen Kokospalmen sind weitgehend verschwunden.

Khao Sok, Surat Thani

(oben Mitte)

Regenwald, einzelne kahle, steile Kalksteinfelsen, Wasserfälle, Stromschnellen und ein See mit Höhle sowie eine Höhle mit Tausenden von Fledermäusen – der Nationalpark Khao Sok im Süden Thailands gehört zu den schönsten des Landes. Wegen der imposanten Bergszenarien wird der Nationalpark, in dem viele sehr seltene Arten vorkommen, oft mit der Ha-Long-Bucht in Vietnam verglichen.

Ko Phi Phi

(oben rechts)

Zwei malerische Buchten im Doppelpack – nur durch eine schmale Landzunge getrennt. Ton Sai und Lo Dalam gelten damit als die schönsten Plätze auf der Trauminsel Phi Phi. Schon lange kein Geheimtipp mehr wurden sie entsprechend stark von Touristen heimgesucht – leider mit allen negativen Begleiterscheinungen des Tourismus. Durch den Tsunami 2004 wurden viele Hotels und Restaurants zerstört.

Felstürme, Phang Nga *(unten)*

Ein Naturerlebnis ersten Ranges bietet die Küste der thailändischen Provinz Phang Nga an der Westküste der Malaiischen Halbinsel: Dschungel, Mangrovenwälder und helle Kalkberge vereinen sich zu einer Sinfonie, die ihren Höhepunkt in den einzeln aus dem Meerwasser aufragenden Felstürmen findet. Eine Bootsfahrt durch diese Bucht ist ein Abenteuer aus Wasser und steilem Kalkstein.

Vietnam

Ha-Long-Bucht, Golf von Tongking *(oben)*

Eines der ungewöhnlichsten Panoramen bietet sich im Norden Vietnams: Rund 2000 Felsen ragen unvermittelt aus dem Meer auf, einige davon mehrere Hundert Meter hoch. Manche sind klein und felsig, andere groß und bewachsen. Sie alle stehen auf einem Kalksteinplateau, das langsam aber sicher immer tiefer im Meer versinkt und schon längst nicht mehr zu sehen ist.

Dau-Go-Höhle, Ha-Long-Bucht *(Mitte oben)*

Tropfsteine in Hülle und Fülle: Die Ha-Long-Bucht bietet nicht nur auf, sondern auch in der Erde viel Sehenswertes: in den Karstbergen gibt es zahlreiche interessante Grotten, Höhlen und Tunnel. Typisch für die Dau-Go-Höhle sind Hunderte eindrucksvoller Stalagmiten und Stalaktiten. Abgesehen davon beeindruckt ihre Größe: 3000 Menschen finden Platz.

Cuc-Phuong-Nationalpark, Provinz Ninh Binh *(Mitte unten)*

Das Schwemmland des Roten Flusses und die teilweise steil aufragenden Kalksteinberge sind charakteristisch für den ältesten Nationalpark Vietnams 100 km südlich von Hanoi. Die Berge sind mit Regenwald bedeckt und darin wachsen uralte Baumriesen, die es nirgendwo sonst mehr gibt. Abgesehen von etwa 2000 Pflanzen-, 137 Vogel-, 64 Säugetier- und 36 Reptilienarten existieren hier so viele Insektenspezies, dass manche noch gar nicht bekannt sind.

Marmorberge, Da Nang *(unten)*

Wer sich gewundert hat, woher die Paläste und Tempel Vietnams ihre schönen, glänzenden Marmorverkleidungen haben, findet bei Da Nang südlich von Hue die Antwort: Die Marmorberge liefern das begehrte Gestein und zwischen dem Grün der Vegetation leuchtet es immer wieder hell auf – so als rufe es geradezu danach abgebaut und zu etwas Schönem verarbeitet zu werden.

Philippinen

Taalsee
(oben links)

Ein Naturphänomen ganz besonderer Art ist der Taalsee: Er füllt den Kessel eines Vulkankraters und besitzt in seiner Mitte eine Insel, die ihrerseits ein Vulkan ist. Dieser Vulkan heißt Taal und hat ebenfalls einen Kratersee in der Mitte. Es handelt sich also um einen Vulkan im Vulkan mit je einem See im Krater. Das ist besonders eindrucksvoll aus der Luft anzusehen, aber auch vom Boden aus eine faszinierende Landschaft.

Vulkan Mayon, Bicol-Region
(oben Mitte)

Immer wieder – und trotz aller damit verbundenen Gefahren – faszinierend schön ist ein Vulkanausbruch. Vor allem aus der Entfernung bei heraufziehender Dämmerung betrachtet: Der 2462 m hohe Mayon im Südosten der philippinischen Hauptinsel Luzon, der wegen seiner perfekten Kegelform als einer der schönsten Vulkane der Welt gilt, ist sehr aktiv und brach in den letzten 400 Jahren über 50 Mal aus.

Schokoladenhügel, Bohol
(oben rechts)

Wenn sich das Gras während der Trockenzeit braun färbt, werden die Chocolate Hills auf der Insel Bohol ihrem Namen gerecht: Wie riesige Hügel aus Schokolade wirken die gleichförmigen Kalksteinhügel und prägen die ansonsten grüne Landschaft auf besondere Weise. Denn es gibt nicht nur zwei oder vier oder elf Hügel, sondern auf 100 km^2 weit über 1200, die zwischen 40 und 120 m hoch sind.

Tubbataha Reef Marine Park, Palawan *(unten)*

Als einzigartiges Beispiel eines Atolls mit einer extrem hohen Zahl unterschiedlicher Arten hat die UNESCO zwei Atolle in der Sulusee zum Weltnaturerbe erklärt. Denn Korallenriffe gehören zu den ältesten, aber auch empfindlichsten und gefährdetsten Ökosystemen der Welt und auch das Tubbataha-Riff war von zunehmender Überfischung bedroht. Hier gibt es allein fast 400 Korallenarten, von denen 85 % nirgendwo sonst vorkommen.

Malaysia

Taman Negara
(oben links)

Bereits vor 150 Millionen Jahren soll der Regenwald im Westen Malaysias entstanden sein. Damit gehört er zu den ältesten Wäldern der Welt. Das empfindliche Ökosystem wird im Nationalpark Taman Negara auf 2481 km² geschützt, denn nirgendwo sonst in Asien gibt es so viele Pflanzenarten wie im südostasiatischen Regenwald. Auch Tapire, Tiger oder das Sumatra-Nashorn konnten hier überleben.

Rafflesia, Gunung-Gading-Nationalpark *(oben rechts)*

Sie blüht nur kurze Zeit, dann aber richtig: Die Rafflesia bringt die größte Blüte der Welt mit einem Durchmesser von 1 m hervor! Sie prangt in auffallendem Rot und riecht recht penetrant, um Schmeißfliegen anzulocken. Die bis 900 m hohe, hügelige Landschaft des Gunung-Gading-Nationalparks im Distrikt Lundu gehört zu den handverlesenen Regionen der Erde, wo die anspruchsvolle Rafflesia die passenden Wachstumsbedingungen findet.

Gunung-Mulu-Nationalpark, Borneo *(unten)*

Als eine der interessantesten Karstlandschaften der Erde hat die UNESCO das Gebiet rund um den Berg Gunung Mulu im Bundesstaat Sarawak eingestuft. Der Berg ist 2377 m hoch und beherbergt in 17 Vegetationszonen 3500 Arten! Sie leben nicht nur im Regenwald am und um den Gunung Mulu, sondern auch in den zahlreichen Höhlen des Gebiets.

Clearwater Cave, Gunung-Mulu-Nationalpark *(oben)*

Riesige Höhlen prägen die Karstlandschaft rund um den Berg Gunung Mulu. Bis jetzt wurden rund 300 km davon erforscht. Die Clearwater Caves gehören mit einer Länge von 108 km zu den längsten Höhlensystemen der Welt. Manche ihrer Tunnel reichen über 350 m tief hinab und durch einige fließt ein unterirdischer Fluss. Die Höhlen bieten Fledermäusen und vielen spezialisierten Höhlenarten einen Lebensraum.

Kinabalu, Borneo *(unten)*

4095 m hoch erhebt sich der Kinabalu im Norden Borneos und ist damit der höchste Berg Südostasiens. Und er will es wohl auch bleiben, denn das geologisch betrachtet noch junge Granitmassiv wächst jedes Jahr um 5 mm. Durch das große Spektrum an Ökosystemen leben an seinen Hängen etwa so viele unterschiedliche Arten wie in ganz Europa. Viele sind endemisch, leben also nirgendwo sonst auf der Welt.

Indonesien

Tropischer Regenwald, Sumatra

(oben links)

Wie überall auf der Welt ist der tropische Regenwald auch auf Sumatra sehr gefährdet. Um dieses einzigartige Ökosystem als großflächigen Lebensraum für Tiere und Pflanzen zu erhalten, hat die UNESCO eine zusammenhängende Fläche von 2,5 Millionen ha unter Schutz gestellt. Dazu gehören auch drei bereits bestehende Nationalparks. Man hofft, damit die unglaubliche Vielfalt von bisher gezählten 10 000 Pflanzen-, 580 Vogel- und 200 Säugetierarten, darunter auch der Orang-Utan, zu retten.

Tobasee, Sumatra

(oben rechts)

Mit dem Superlativ, der größte Vulkanssee der Welt zu sein, darf sich der Tobasee schmücken. 30 km breit und 100 km lang liegt er im Norden Sumatras. Sehr interessant ist seine Entstehungsgeschichte: Er entstand vor rund 75 000 Jahren bei der Explosion des Supervulkans Toba. Von dieser Explosion vermuten Wissenschaftler, dass sie die größte eines Vulkans in den letzten 500 000 Jahren war.

Sianok-Schlucht, Sumatra

(Mitte rechts)

Ein grandioses Panorama bietet sich vom Hochland rund um Bukittinggi auf die Sianok-Schlucht. Die ist keineswegs schmal und eng wie viele Canyons, sondern besitzt einen weiten flachen Talboden, durch den sich malerisch ein Fluss schlängelt. Die Schlucht liegt auf einem tektonischen Grabenbruch, der die Insel längs durchquert, und wird durch 100 m hohe, fast senkrechte Felswände von der Umgebung abgegrenzt.

Gunung Dempo, Sumatra

(unten rechts)

3159 m hoch erhebt sich der Stratovulkan Gunung Dempo aus dem flachen Pasemah-Hochland im Süden von Sumatra, der zweitgrößten indonesischen Insel. Zwar ist die Landschaft längst nicht mehr unberührt, sondern wird teilweise für Tee- und Kaffeeplantagen genutzt, doch immer wieder fasziniert sie mit ihren tiefen Schluchten und den zahlreichen Wasserfällen.

Ujung-Kulon-Nationalpark
(oben)

Die Halbinsel Ujung Kulon bildet das gleichnamige Schutzgebiet mit den Inseln Peucang, Panaitan und Krakatau in der Sundastraße im Westen von Java. Die 1240 km^2 große Region interessiert Seismologen und Zoologen gleichermaßen: Während die einen den Vulkanismus erforschen, beobachten die anderen seltene Tiere wie das Java-Nashorn oder den Mähnenhirsch.

Krakatau *(Mitte oben)*

Eines der lautesten Geräusche, die Menschen je gehört haben sollen, verursachte der Vulkan Krakatau, als er 1883 explodierte: Noch in 4800 km Entfernung war die Explosion zu hören. Dabei wurde die Asche bis zu 80 km hoch in die Atmosphäre geschleudert und verteilte sich überall auf der Erde. In der Sundastraße zwischen Sumatra und Java ist nun nur noch ein 800 m hoher Rest des ehemals etwa 2000 m hohen Vulkans übrig, der allerdings noch aktiv ist.

Gunung Bromo, Java
(Mitte unten)

Der unvergessliche Blick über die karge Kraterlandschaft des Nationalparks Bromo-Tengger-Semeru will durch eine ebenso unvergessliche Wanderung verdient werden: Zuerst gilt es die Ebene aus feinem Vulkansand zu durchqueren, danach geht es über ein großes Gebiet aus erkalteter Lava. Erst dann erreicht der Pfad nach einer Weile den 2302 m hohen Gipfel und belohnt mit dem großartigen Panorama.

Kawah Ijen, Java *(unten)*

Der eisblaue Kratersee des Vulkan Ijen, der sich im Osten Javas 2386 m hoch erhebt, hat einen pH-Wert unter 1 und enthält Schwefel, Alaun und Gips. Nach starken Regenfällen hat dieses extrem saure Wasser beim Ablaufen in die Reis- und Zuckerrohrfelder am Fuße des Vulkans regelmäßig schwere Schäden angerichtet, bis eine Schleuse eingerichtet wurde, um das Wasser kontrolliert abzulassen.

Gunung Agung, Bali *(oben)*

Dieser Vulkan ist für die Balinesen der Sitz der Götter und damit das Zentrum ihrer Welt. Dass sie damit vielleicht nicht falsch liegen, scheint der Agung selbst bestätigt zu haben: Als er 1963 ausbrach und mehr als 1000 Menschen das Leben nahm und hundertmal so vielen das Obdach, ließ er den an seinen Hängen liegenden wichtigsten Tempel der Insel, den Pura Besakih, fast unberührt.

Gunung Batur, Bali *(Mitte)*

Der Gunung Batur ist mit 1717 m zwar nur der dritthöchste Vulkan der indonesischen Insel Bali, dafür war er im letzten Jahrhundert schon mehrmals tätig. Er ist ein noch junger Vulkan in einem wesentlich älteren Krater des Batur-Massivs. Direkt neben dem Gunung Batur liegt in der alten Caldera ein wunderbar türkisfarben leuchtender See, der auch Batur heißt.

Lombok *(unten)*

Flache, feine Strände, sanft umspült von klarem Meerwasser und Schatten spendende Palmen – was will das Urlauberherz mehr von dieser Welt? Lombok, die kleine Sundainsel im Osten Indonesiens, bietet neben der wunderbaren Natur an und vor der Küste – hier gibt es viele Vögel und Fische – auch ein interessantes Hinterland. Das Herz bildet der 3726 m hohe Vulkan Rinjani.

Gunung Kelimutu, Flores *(oben)*

Am schönsten präsentiert sich dieses Naturwunder aus der Luft. Denn in den Kratern des erloschenen Vulkans Kelimutu liegen drei Seen in direkter Nachbarschaft. Als wäre das nicht schon ungewöhnlich genug leuchten die Gewässer noch in unterschiedlichen Farben, nämlich in zwei Grüntönen und einer in Rot. Die Ursache dafür ist wesentlich unspektakulärer als der Anblick: Der Mineralgehalt des Gesteins ist jeweils unterschiedlich.

Komodo *(Mitte)*

Eine fantastische, raue Berglandschaft vulkanischen Ursprungs, Bereiche trockener Savanne, dorniger Strauchvegetation sowie erstklassige Strände charakterisieren diese kleine Sundainsel. Am bekanntesten jedoch sind ihre tierischen Bewohner, die Komodowarane *(Varanus komodoensis)*. Diese bis zu 3 m langen Riesenechsen, die auch Komododrachen genannt werden, leben nur hier und auf benachbarten Inseln und werden durch den Komodo-Nationalpark geschützt.

Puncak Jaya, Neuguinea *(unten)*

Mit 4884 m über dem Meeresspiegel ist der Puncak Jaya, der früher auch unter dem Namen seines Entdeckers als Carstenszspitze oder -pyramide bekannt war, der höchste Berg Ozeaniens – auch wenn die Provinz West-Papua auf Neuguinea politisch zu Indonesien gehört. Auf der Satellitenaufnahme sind die noch verbliebenen Gletscherreste der Berghöhen zu erkennen. In direkter Nachbarschaft befindet sich die größte Goldmine der Welt – die Grasberg-Mine.

AFRIKA

Mit Afrika verbinden wir vor allem das Wunder des „Lebens in der Wüste“ und kaum ein anderer Fluss wurde so häufig wie der Nil als Quell des Lebens bezeichnet. Dabei besitzt der Kontinent neben den extrem trockenen Landschaften in den Wüstengebieten Nordafrikas auch sehr regenreiche Urwaldgebiete, die u. a. den seltenen Berg- und Flachlandgorillas Lebensraum bieten. Ebenso beeindruckend sind die ausgedehnten Savannengebiete mit ihren großen Beständen an Wildtieren. In Afrika, das mit 30 Millionen km^2 ein Fünftel der irdischen Landfläche einnimmt, lässt sich gerade im Moment eine faszinierende Entwicklung der Natur und der Erdgeschichte beobachten: In der Afar-Senke befindet sich der derzeit aktivste Teil des Großen Afrikanischen Grabenbruchs, der sich vom Nahen Osten bis nach Südostafrika erstreckt. Nach Ansicht von Wissenschaftlern führt diese tektonische Aktivität in einigen Millionen Jahren zu einer Aufspaltung des Kontinents.

Afrika

GRIECHEN-LAND
Mittelmeer
ZYPERN
Madeira (Port.)
Kanarische Inseln (Span.)
La Palma
Gomera
Lanzarote
Fuerteventura
Gran Canaria
El Aaiún
West-Sahara (von Marokko verwaltet)
Oran
Algier
Annaba
Tunis
Lac Ichkeul
Schott Melghir
Schott el-Dscherid
TUNESIEN
Tripolis
Bengasi
MAROKKO
Todra-Schlucht
Gorges du Dadès
Atlas
Erg Chebbi
Béchar
Aurèsgebirge
ALGERIEN
Sahara
Oase
Sahara blühend
Großer Westlicher Erg
Fata Morgana, Sahara
Wadi Rayan
Kairo
Tademaït-Plateau
Saoura-Tal
Marsuk
LIBYEN
Weiße Wüste
ÄGYPTEN
Nil
Tassili n'Ajjer
Adrar Adjeloho
Ahaggar
Tadrart Acacus
Fessan
Wau en-Namus
Oase Dakhla
Libysche Wüste
Tamanrasset
Nationalpark Banc d'Arguin
Berge von Orida
Tibesti
MAURETANIEN
Nouakchott
Richat-Struktur
MALI
Aïr
Ténéré
Ennedi
Ounianga Serir
Timbuktu
NIGER
Djoudj-Nationalpark
Senegal
Lac Rose
Dakar
SENEGAL
Niger
Felsen von Bandiagara
Hand der Fatima
Banjul
GAMBIA
Fajarah Beach
SUDAN
TSCHAD
Niamey
BURKINA FASO
Ouagadougou
W-Nationalpark
El Obeid
Bamako
Bissau
GUINEA-BISS.
GUINEA
Bobo-Dioulasso
Kano
Zaria
Maiduguri
Ndjamena
BENIN
Mandaragebirge
Conakry
Freetown
SIERRA LEONE
ELFENBEIN-KÜSTE
Comoé-Nationalpark
Yamoussoukro
GHANA
TOGO
NIGERIA
Abuja
Oshogbo
Ibadan
Enugu
ZENTRALAFRIK. REP.
Monrovia
LIBERIA
Abidjan
Sekondi-Takoradi
Lomé
Porto Novo
Lagos
Benin
KAMERUN
Port Harcourt
Douala
Malabo
Yaoundé
Bangui
ÄQUAT.-GUINEA
Ubangi
Kongo
Kisangani
S. Tomé
S. TOMÉ U. PRINCIPE
Libreville
GABUN
Lopé-Okanda
KONGO
Mbandadaka
DEM. REP. KONGO
Virunga-Nationalpark
Murchison Falls
RUANDA
Bwindi-Im Nationalpark
Bukavu
BURUNDI
Bujumbura
Brazzaville
Kinshasa
Pointe Noire
Cabinda (zu Angola)
Matadi
Kikwit
Kananga
Mbuji-Mayi
Tanganjikasee
Luanda
Mweru-see
ATLANTISCHER OZEAN
Likas
Lubumbashi
Benguela
ANGOLA
SAMBIA
Kitwe
Lusaka
Sambesi
St. Helena (Brit.)
Mana-Pools-Nationalpark
Harare
Epupafälle
Ethosha-Pfanne
Versteinerter Wald
Chobe-Nationalpark
Victoriafälle
SIMBABWE
Lions Mouth
Okavangodelta
Bulawayo
Namib
Vingerklip
Spitzkoppe
Waterberg
Küstennebel der Namib
Skelettküste
Makgadikgadi-Salzpfanne
World's View, Matobo
Swakopmund
Windhuk
Kuiseb Rivier
BOTSUANA
Kalahari
Kruger-Nationalpark
Blyde River
Bourke's
Gaborone
Sossusvlei
Sesriem Canyon
NAMIBIA
Three Rondavels
Pretoria
Spielplatz der Riesen
Johannesburg
Fish River Canyon
Augrabies Falls
Vredefort-Krater
Royal-Natal-Nationalpark
Oranje
Maseru
Bloemfontain
LESOTHO
Tugela Falls
Durban
Drakensberge
SÜDAFRIKA
Cederberg Mountains
Boulders Beach
Tafelberg
Kapstadt
East London
De Hoop Nature Reserve
Walker Bay
Kap der Guten Hoffnung
0
500
1000
1500
km

Marokko

Atlas *(oben)*

Das Atlasgebirge in Nordwestafrika bildet die Wetter- und Klimascheide zwischen dem mediterranen Klima an der marokkanischen Mittelmeerküste und dem Wüstenklima der Sahara. Es steigt langsam vom Rifatlas an der Küste über den Mittleren Atlas im Zentrum Marokkos an bis zum 4165 m hohen Djebel Toubkal im Hohen Atlas im Süden des Landes. Von der Sahara betrachtet wirken die schneebedeckten Gipfel wie eine Fata Morgana.

Gorges du Dadès, Atlas *(unten)*

Der Fluss Dadès hat im Laufe der Jahrtausende ein weites Tal zwischen dem Hohen Atlas und der Sarhro-Gebirgskette geschaffen. Nähert man sich von den kahlen rötlichen Bergen aus, erscheint das Grün im Tal wie ein Wunder der Natur. Wie in allen Wüstenländern wird das karge Nass zur Bewässerung genutzt und die Dadès-Schlucht wurde zum fruchtbaren Ackerland.

Todra-Schlucht, Atlas *(oben links)*

Ihre Felswände ragen 300 m senkrecht hoch in die Luft und stehen an der schmalsten Stelle nur 10 m auseinander – nicht umsonst gehört die Todra-Schlucht zu den Highlights einer Marokkoreise. 600 m lang ist diese engste Stelle. Danach öffnen sich die Steilwände zu einem breiten grünen Tal, das einen reizvollen Kontrast zum vegetationsarmen Gebirge des Hohen Atlas bildet.

Erg Chebbi *(oben rechts)*

Marokkos Sandwüste, der Erg Chebbi, ist aufgrund seiner relativen Nähe zu den touristischen Orten an der Küste ein beliebtes Ausflugsziel. Im Erg Chebbi erheben sich die Dünen bis 100 m hoch, sodass schnell Sahara-Feeling aufkommt. Immerhin ist die marokkanische Sandwüste ein Ausläufer des Großen Westlichen Ergs in Algerien und damit der Sahara.

Blühende Wüste, Sahara *(unten links)*

Obwohl die größte Wüste der Welt ein sehr lebensfeindliches Gebiet ist, existiert hier trotzdem Leben. Besonders offensichtlich wird dies, wenn sich nach Regenfällen innerhalb von kurzer Zeit ein üppiger Blütenschleier über die sonst so leere Landschaft legt. Im Boden liegende Samen können viele Jahre überdauern und völlig vertrocknet wirkende Sträucher schlagen plötzlich aus.

Oase, Sahara *(unten rechts)*

Eingebettet wie in einem riesigen Nest aus Sanddünen liegt plötzlich mitten in der Wüste eine Oase. So eine grüne Zuflucht in einem lebensfeindlichen Gebiet scheint eines der größten Naturwunder überhaupt zu sein. Wieso wächst inmitten all dieses Sandes plötzlich etwas? Quellen oder hoch liegendes Grundwasser sind die Ursache für solch eine faszinierende Laune der Natur.

Algerien

Aurèsgebirge *(oben links)*

Gipsstrukturen im Sandstein faszinieren im algerischen Aurèsgebirge und wirken wie Baumstämme, aus denen eine Laubkrone erwächst, oder wie Säulen, die ein Dach tragen. Der Aurès ist mit 2328 m das höchste Massiv im Saharaatlas, jenem 950 km langen Gebirgszug in Marokko und Algerien, der die Nordgrenze der Sahara bildet. Obwohl der Aurès genauso lebensfeindlich wie die Wüste ist, leben einige Berberstämme dort.

Schott Melghir *(oben rechts)*

Im Süden des Atlasgebirges liegt das Schott Melghir (auch Melrhir geschrieben) 24 m unter dem Meeresspiegel. Damit belegt es den zehnten Platz auf der Top-Ten-Liste der Depressionen (Senken) der Erde. Dieser Salzsee, der sich wie alle Schotts durch Schmelzwasser aus dem Atlasgebirge bildet und zum Sommer hin austrocknet, nimmt eine Fläche von 6700 km² ein.

Großer Westlicher Erg, Sahara *(unten)*

Sand, Sand, Sand so weit das Auge reicht, in großen, weiten geriffelten Flächen und aufgehäuft zu Dünen – so stellt sich der Laie die Sahara vor. Doch Ergs, wie diese Sandmeere heißen, bedecken die riesige, trockene Fläche dieser Wüste nur zu 20 %. Die Dünen aus feinstem Sand werden im Großen Westlichen Erg durchaus bis zu 300 m hoch.

Tunesien

Lac Ichkeul, bei Bizerte *(oben)*

Hier nehmen im Winter Hunderttausende von Zugvögeln ihr Quartier und das ganze Jahr über wilde Büffel ihr Bad. Der Lac Ichkeul und seine Sumpfgebiete bilden das Zentrum des gleichnamigen 12 600 ha großen Nationalparks und nehmen zwei Drittel seiner Fläche ein. Der See ist der letzte verbliebene Rest einer Kette von Seen, die sich über Nordafrika hinzog.

Schott el-Dscherid *(Mitte)*

Dieser mit 7700 km^2 riesige Salzsee, der größte der Sahara, hat schon viele Tier- und Menschenleben gekostet. Denn wenn sein Wasser nach der Regenzeit verdunstet ist, sieht er aus, als hätte er eine feste Oberfläche, die man problemlos überqueren kann. Tatsächlich bildet sich aber mancherorts nur eine fragile Kruste aus Salz und Ton, unter der sich tiefer Schlick befindet.

Sahara *(unten)*

Meer ohne Wasser, Bahr bela ma, nennen die Karawanenführer die Sahara – und sie wissen genau, wovon sie sprechen: Mit einer Ost-West-Ausdehnung von etwa 6000 km und 2000 km von Norden nach Süden nimmt die Sahara fast ein Drittel des afrikanischen Kontinents ein. Sie ist damit die größte Wüste der Erde. Allerdings besteht sie nur zu einem Zehntel aus Sand und Dünen. Der Rest sind auch Gesteinsschutt, Geröll und Kies sowie Salzsümpfe, Pfannen und Gebirge.

Libyen

Um-el-Ma-See *(oben links)*

Umgeben von weiten Flächen goldschimmernden Sandes liegt der Um-el-Ma-See mit seiner glatten Wasseroberfläche wie ein Juwel in einem Schatzkästlein. Er ist einer von zwei Dutzend Seen, die mitten in den Dünen des Erg Ubari liegen und von einigen Palmen gesäumt werden. Diese weltweit einzigartigen Seen werden aus einer riesigen Wasserblase unter der Sahara gespeist, die sich an den Stellen, wo Seen entstehen, gestaut hat.

Tadrart Acacus *(oben Mitte)*

Beginnend mit einem kleinen Teil im südöstlichen Algerien setzt sich der Gebirgszug Tadrart Acacus im Südwesten von Libyen fort. Er ist vor allem wegen seiner Felsmalereien aus dem Pleistozän bekannt, die von der UNESCO zum Weltkulturerbe erklärt wurden. Aber auch die schroffe Gebirgslandschaft, deren Felsen sich aus dem Sand erheben, ist von herber Schönheit.

Fessan *(oben rechts)*

Im südwestlichen Libyen heißt die Wüstenlandschaft, die den Nordteil der Sahara darstellt, Fessan. Zwar gibt es auch Salzseen und vulkanische Gebirge, aber den größten Anteil an der Fläche des Fessan haben die Sanddünen. Hier leben lediglich Tuareg und Tubu in den Oasen und die Touristen kommen, um in der Steinwüste die Felszeichnungen zu besichtigen, die beweisen, dass auch dies irgendwann einmal ein fruchtbares Land war.

Wau en-Namus *(Mitte)*

Wasser mitten in der Wüste! Das erscheint manchen Reisenden als das achte Weltwunder. Allerdings handelt es sich um Salzwasser. Im Krater des Vulkans Wau en-Namus gibt es mehrere Kraterseen mit wunderbar blauem, aber auch mit rotem Wasser. Sie sind umgeben von Schilfgürteln und einzelnen Palmen. Dieses Naturwunder schätzen auch Zugvögel, die hier regelmäßig rasten.

Libysche Wüste *(unten)*

Sie gehört zu den größten Wüsten der Welt und fasziniert vor allem durch ihre riesigen Sand- und Dünenmeere – die Libysche Wüste. Ihre Fläche von 1,5–2 Millionen km^2 verteilt sich auf Libyen, Ägypten und den Sudan. Sie ist Teil der Ostsahara und gehört zu den trockensten Gebieten der Welt: Im Jahresdurchschnitt fallen nur 5 mm Niederschlag oder noch weniger!

Ägypten

Wadi Rayan, bei Fayum *(oben)*

Das Wadi Rayan bei Fayum steht auf der Top-Ten-Liste der Depressionen oder Senken unter dem Meeresspiegel hinter dem Death Valley auf Platz sieben: Es liegt 60 m unter dem Meeresspiegel. Das Tal ist rund 600 km^2 groß und nicht nur trocken wie die meisten Wadis, sondern es gibt Quellen, Seen und sogar Wasserfälle. Dementsprechend leben hier zahlreiche Pflanzen- und Tierarten.

Nil *(Mitte oben)*

Auf einer Länge von 6671 km durchfließt der Nil Afrika und ist damit der längste Strom des Schwarzen Kontinents. Rund 3 Millionen km^2 Land profitieren von seinem Wasser, bevor er nördlich von Kairo in einem riesigen Delta ins Meer mündet. Auf den letzten 2700 km wird er nicht mehr von anderen Flüssen gespeist, sodass man ihn mit Fug und Recht Lebensquell nennt.

Berg Sinai, Sinai-Halbinsel *(Mitte unten)*

Mosesberg heißt die deutsche Übersetzung des arabischen Namens Djebel Musa und es gibt auf der ganzen Welt keinen anderen Berg, der so eng mit dem Christentum verbunden ist wie der Sinai: Hier soll sich Gott offenbart und Moses die Zehn Gebote von Gott erhalten haben. Ob der 2285 m hohe Berg tatsächlich jener der Bibel ist, konnte bisher nicht bewiesen werden.

Ras Mohammed, Rotes Meer *(unten)*

Dort, wo sich der Golf von Sues und der Golf von Akaba an der Sinai-Halbinsel treffen, liegt das Naturschutzgebiet und Weltkulturerbe Ras Mohammed. Es ist ein wunderbares Tauchrevier, denn an den Korallenriffen gibt es über 1000 Fisch- und 150 Korallenarten. Manche der Korallenriffe sollen zwei Millionen Jahre alt sein. Auch die Küste, das bergige Hinterland und die Insel Tiran gehören zum Schutzgebiet.

Rotes Meer *(oben rechts)*

Das Rote Meer, das Afrika von Arabien trennt, ist ein einzigartiges Beispiel dafür, wie sich die Erde im Verlaufe der Jahrmillionen verändert: Jedes Jahr wächst es im Norden um 0,8 cm und im Süden um 1,6 cm, sodass es vermutlich irgendwann nicht mehr eine Meerenge, sondern ein Ozean sein wird. Es war im Laufe seiner Geschichte auch auf natürlichem Wege mit dem Mittelmeer verbunden und sogar bereits ausgetrocknet.

Weiße Wüste *(Mitte rechts)*

Eine weltweit einzigartige Landschaft ist die Weiße Wüste (as-Sahra al-baida) nahe der ägyptischen Oase Farafra. Sie überrascht durch schneeweiße Kalksteinformen, die aussehen, als hätte sie ein Künstler aus Gips hergestellt. Dass die ganze Region, die heute als Nationalpark unter Schutz steht, früher einmal von Meer bedeckt war, beweisen Abdrücke von Muscheln und anderen Meereslebewesen.

Oase Dakhla *(Mitte links)*

Wer das üppige Grün der Dattelpalmen und der Olivenbäume sieht, mag es kaum glauben: Die Oase Dakhla oder Dachla im Neuen Tal der Libyschen Wüste gehört zu den trockensten Gebieten der Erde. Lediglich 0,5 mm Niederschlag fallen hier im Jahresdurchschnitt. Die Vegetation verdankt ihr Überleben einigen Quellen – es gibt sogar einen See in der Oase – und dem unermüdlichen Kampf der Bauern gegen das Vorrücken des Sandes.

Arabische Wüste *(unten)*

Von Ägypten bis zum Sudan erstreckt sich die Arabische Wüste. Sie liegt zwischen dem Nil und dem Roten Meer und steigt im vulkanischen Gebirge auf 2187 m an. Während die trockene Hochebene am Nil in steilen Klippen abfällt, ist sie in der Nähe des Roten Meeres stark zerklüftet – eine unwirtliche und ausgesprochen trockene Gegend.

Mauretanien

Nationalpark Banc d'Arguin *(oben)*

Die mauretanische Atlantikküste ist eine Region faszinierender Kontraste: Die Lebensfeindlichkeit der Sahara und der Reichtum des Ozeans mit Delfinen und Schildkröten treffen hier aufeinander, allerdings gemildert durch eine Übergangszone. Die flachen Küstengewässer und die Sümpfe entlang der Küste sind eine wichtiges Winterziel für Zugvögel.

Richat-Struktur *(unten)*

Wie ein riesiges Auge mit 45 km Durchmesser schaut eine fast kreisrunde Gesteinsformation mit mehreren sehr gleichmäßig ineinander liegenden Ringen aus der Wüste Mauretaniens ins All hinein. Deshalb wird die Richat-Struktur auch Bull's-eye genannt oder Guelb er Richat. Es handelt sich nicht wie häufig vermutet um einen Meteoritenkrater, sondern um einen erhärteten vulkanischen Dom, der allmählich durch die Kräfte der Erosion freigelegt wurde.

Senegal

Djoudj-Nationalpark *(oben)*

Das Mündungsgebiet des Senegal-Flusses ist bekannt für Tausende von Pelikanen, so wie sie elegant auf diesem Bild fliegen. Doch außerdem leben in dem drittgrößten Vogelschutzgebiet der Welt rund 400 weitere Arten und zahlreiche Wintergäste aus dem kalten Norden machen hier Station. Wo Süßwasser ist, finden sich natürlich auch andere Tiere ein wie Krokodile, Gazellen oder Schakale.

Lac Rose, bei Dakar *(Mitte)*

Als hätte sich ein kleines Mädchen einen eigenen See gewünscht, schimmert der Lac Rose auf einer Fläche von 3 km^2 rosarot und bietet einen unvergesslichen, einmaligen Anblick. Cyanobakterien, auch Blaualgen genannt, sind dafür verantwortlich, denn sie enthalten rote Farbstoffe, die für sie lebensnotwendig sind. Der See, auch Lac Retba genannt, ist nur durch eine Düne vom Meer getrennt und sehr salzhaltig.

Gambia

Fajarah Beach, bei Serekunda *(unten)*

Obwohl Gambia für afrikanische Verhältnisse ein winziges Land ist – kleiner als so manche der afrikanischen Nationalparks –, verfügt es über einen Trumpf, der sticht: wunderbare Strände am Atlantik, von denen man träumt. Mit ihrem feinen Sand sowie einigen Felsen und Palmen, um dem Auge Abwechslung zu bieten, locken sie die sonnenhungrigen Touristen ins Land.

Mali

Niger *(oben)*

Er ist – nach Nil und Kongo – der drittlängste Fluss Afrikas, fließt durch mehrere westafrikanische Länder und ist der Lebensnerv von Mali: Mit seinem Wasser werden nicht nur die Felder bewässert und die Tiere getränkt, in seinen Fluten waschen die Frauen die Wäsche und die Männer fangen Fisch – mehr als 140 Arten leben dort – oder nutzen ihn als Verkehrsader.

Hand der Fatima, Hombori *(unten links)*

Wer von Gao nach Mopti fährt, kommt in der Nähe von Hombori an diesem exklusiv geformten Bergmassiv vorbei. Die Einheimischen sahen in den fünf Felstürmen die Finger der Fatima und gaben dem Gebirge den entsprechenden Namen. Die Hand der Fatima gilt allgemein als Schutz gegen den bösen Blick – etwas Sicherheit auf einer Reise durch die Wüste kann ja nie schaden.

Felsen von Bandiagara *(unten rechts)*

Sandige Plateaus und felsige Klippen charakterisieren das Bandiagara-Massiv, das sich über 170 km zwischen den Städten Bandiagara und Mopti erstreckt. Es ist zwar im Durchschnitt nur 100–500 m hoch, aber der Sandstein ist unregelmäßig durchbrochen von Schluchten und Tälern. Dadurch entsteht ein schattiges, feuchtes Mikroklima, das eine relativ üppige Vegetation fördert und die Berge zum Zentrum der alten Dogon-Kultur machte.

Niger

W-Nationalpark *(oben)*

Der ungewöhnliche Name dieses Nationalparks, der sich über Teile von Niger, Burkina Faso und Benin erstreckt, erschließt sich am besten mithilfe von Satellitenaufnahmen des Schutzgebiets. Darauf ist wunderbar zu erkennen, dass der Verlauf des Nigers in diesem Bereich die Form des Buchstabens W hat. Der Park vereint Buschland, Baumsavanne, Feuchtgebiete, Trockenplateaus und Galeriewälder und bietet entsprechend vielen Pflanzen und Tieren Lebensraum.

Aïr *(Mitte)*

Aus der Sahara oder genauer aus der Wüste Ténéré erhebt sich das Aïr-Gebirge durchschnittlich 700 m hoch, an manchen Vulkanstöcken gar bis zu 2310 m. Sein Nordteil und ein Bereich der Sahara wurden zum Weltnaturerbe ernannt – es handelt sich um das größte Schutzgebiet in Afrika. Die Westseite des Aïr dagegen ist stark zerklüftet. Die Berge sind eine Enklave des Lebens in der Wüste: Im Aïr wachsen viele Pflanzen und leben zahlreiche Vögel und Säugetiere.

Berge von Orida *(unten links)*

Völlig unvermittelt erheben sich massive, dunkle Felsblöcke aus der flachen, hellen Wüstenebene der Sahara: Gut 400 m hoch ragen die Türme und Zinnen aus Fels in den blauen Himmel hinein. Es handelt sich dabei um Zeugenberge, also Berge, die einer Schichtstufe vorgelagert sind und aus dem gleichen Gestein wie diese Geländestufe bestehen.

Ténéré *(unten rechts)*

„Land da draußen" nennen die Tuareg die Wüste Ténéré. Viele betiteln sie auch als „Wüste der Wüsten", denn ihre Sanddünen sind bis zu 100 km lang. Die gibt es vor allem im Süden, während der Norden eine reine Kieswüste ist und im Osten auch Oasen und Wasserlöcher vorkommen. Die westliche Grenze der Ténéré, die zur Sahara gehört, bildet das Aïr.

Tschad

Tibesti *(oben)*

Wie eine Felseninsel erheben sich die Berge des Tibesti aus dem Meer des Saharasands. Im Vulkan Emi Koussi hat das Gebirge mit 3415 m seinen höchsten Punkt und bildet das Pendant zum nur wenig niedrigeren Hoggar in Algerien. Das Tibesti ist so abgelegen, dass die Aktivität einiger seiner Vulkane erst 1970 durch Satellitenaufnahmen entdeckt wurde.

Ennedi *(unten links)*

Weitgehend unbekannt ist dieser Schatz, den die Sahara im Nordosten des Tschad hütet: Das Ennedi-Massiv ist ein Tafelbergland aus Sandstein, das bis zu 1450 m hoch ansteigt. Da das Sedimentgestein unterschiedlich hart ist, hatte die Erosion ein leichtes Spiel bei der Verwirklichung ihrer kreativen Ideen, etwa Felsen so abzuschleifen, dass sie modern gestalteten sitzenden Hunden gleichen.

Ounianga Serir *(unten rechts)*

Bei starkem Wüstenwind bleibt auch ein Salzsee nicht spiegelglatt, sondern gibt sich wild und rau. Dabei hat das der Ounianga Serir gar nicht nötig. Mit seinen bizarr geformten Inselbergen zieht er auch so die Aufmerksamkeit derer auf sich, die sich in diesen unbekannten Teil der Sahara verirren. Meist haben Reiher, Enten und andere Wasservögel den See für sich.

Äthiopien

Simien-Nationalpark *(oben)*

Imposant präsentiert sich die Bergwelt des Simien-Nationalparks, die im Gipfel Ras Dejen sogar 4545 m erreicht. Damit ist er nicht nur der höchste Berg Äthiopiens, sondern auch der siebthöchste auf dem afrikanischen Kontinent. Das Gebiet ist ein Rückzugsraum des seltenen Äthiopischen Steinbocks, das aber trotz Welterbe-Status durch fortschreitende menschliche Besiedlung weiterhin bedroht ist.

Tis-Issat-Wasserfälle *(Mitte links)*

„Wasser, das raucht" – das bedeutet ihr Name und das tun diese Wasserfälle tatsächlich, wenn sie weiß gischtend den Niveauunterschied des Geländes überwinden. Immerhin sind die Tis-Issat-Wasserfälle des Blauen Nils bei Bahir Dar am Tanasee die zweitgrößten Fälle des afrikanischen Kontinents. In vier Hauptströmen fließt das Wasser auf einer Breite von 400 m und fällt 42 m in die Tiefe.

Danakil-Wüste *(Mitte rechts)*

65 °C im Schatten können die Temperaturen in der Danakil-Wüste erreichen! Damit ist sie einer der heißesten Plätze der Welt. Trotzdem ist die Danakil-Wüste, die sich von Dschibuti nach Äthiopien erstreckt, ein belebtes Gebiet. Es gibt hier nicht nur fast 800 Pflanzenarten, sondern auch Menschen, die nomadisch lebenden Afar. Sie lassen ihre Ziegen das spärliche Gras am Lake Abbe fressen, einem Salzsee mit interessanten Felsformationen.

Afar-Senke *(unten)*

Ein einzigartiges Naturwunder passiert gerade in diesem Augenblick in der Afar-Region, die Teile von Äthiopien, Eritrea und Dschibuti umfasst: Dort entsteht ein neuer Ozean. Die Afrikanische und die Arabische Kontinentalplatte driften auseinander, sodass sich – zumeist verbunden mit vulkanischer Aktivität – schon zahlreiche Spalten und Schluchten geöffnet haben. Irgendwann wird sich der Erdboden dort so weit gesenkt haben, dass das Rote Meer und der Golf von Aden weiter vordringen.

Kenia

Turkanasee *(oben)*

Unter den großen Seen Afrikas ist der Turkanasee mit seiner Fläche von 6405 km² der salzigste. Und er wird zunehmend salziger. Das liegt daran, dass das frisch zugeführte Wasser des Flusses Omo nicht ausreicht, um das verdunstete Wasser zu ersetzen. Trotzdem bietet der See, der von aktiven Vulkanen umgeben ist, Pflanzen und Tieren eine gute Lebensgrundlage.

Uaso Nyiro, Samburu-Nationalreservat *(Mitte)*

Besonders wenn die Trockenzeit beginnt, zeigt sich, was für eine Bedeutung das Wasser des Uaso Nyiro im halbwüstenartigen Norden Kenias hat. Denn obwohl Tiere wie Gerenuk und Grevyzebra an die Trockenheit der Region angepasst sind, benötigen sie natürlich Wasser. Wegen der großen Artenvielfalt gilt das Samburu-Nationalreservat als eines der schönsten Kenias.

Bogoriasee *(unten)*

„Der wunderschönste Ort in Afrika", so nannte der Geologe John Walter Gregory 1892 den Bogoriasee. Mit den Bergen im Hintergrund, den brodelnden heißen Quellen und den sprühenden Geysiren ist er tatsächlich ein Faszinosum und macht deutlich, dass es sich um eine Region vulkanischen Ursprungs handelt. Das salzige Seewasser zieht riesige Schwärme von Rosaflamingos an.

Great Rift Valley *(oben links)*

Eines der bedeutendsten Naturdenkmäler der Erde ist das Great Rift Valley: Durch die Bewegung der Afrikanischen und Arabischen Kontinentalplatten entstand ein gigantisches Grabensystem, dass sich über 6000 km von Syrien im Norden bis Mosambik im Süden zieht. In Ostafrika spaltet es sich in zwei Teile. Von der Landstufe bietet sich ein großartiger Panoramablick über das Tal wie hier in Kenia.

Nakurusee *(oben rechts)*

Flach – an der tiefsten Stelle misst er nicht einmal 3 m –, salzig und voller Kleinstlebewesen ist der Nakurusee 140 km nordwestlich von Nairobi. Das macht ihn zu einem fantastischen Vogelparadies mit Pelikanen, Kormoranen, Störchen und Fischadlern. Besonders Flamingos finden hier mit ihren Stelzenbeinen und den langen Hälsen ihre Lieblingsnahrung – Ruderfußkrebse, Mückenlarven und Spirulina-Blaualgen.

Mount Kenia *(unten links)*

Er ist der zweithöchste Berg Afrikas und wird auch als Mount-Kenya-Massiv beziehungsweise in der Sprache der Massai als Kirinyaga bezeichnet. Trotz seiner Nähe zum Äquator ist der Gipfel zum Teil vergletschert, denn er erreicht 5199 m Höhe. Bereits ab 3300 m steht der Berg unter Naturschutz. Es regnet hier viel, sodass sich im tropisch-feuchten Klima auch in den Hochlagen eine artenreiche Vegetation entwickeln konnte.

Massai Mara *(unten rechts)*

Offenes, hügeliges Grasland, vereinzelt Akazien und vor allem die alljährliche „Great Migration" charakterisieren das Tierschutzgebiet Massai Mara in Kenia und machen es zu einem der bekanntesten in Afrika. Jedes Jahr am Ende der Regenzeit kommen riesige Tierherden aus der Serengeti in dieses Gebiet. Neben Antilopen und Zebras vor allem Millionen von Gnus – und der Spur dieser Grasfresser folgen die Raubtiere.

Hell's Gate *(oben links)*

Gigantische Felswände markieren das Tor zur Hölle, den Eingang in einen von Kenias Nationalparks, der seinen Namen zu Recht zu tragen scheint. Denn der Boden ist an manchen Stellen heiß und aus der Erde raucht es. Natürlich ist die Ursache sehr viel profaner als das Reich des Teufels: Das Great Rift Valley ist eines der vulkanischen Zentren der Erde, die bis heute viel Hitze erzeugen.

Watamu *(oben rechts)*

Südlich von Malindi zeigt sich Kenia von seiner wilden Wasserseite: Bei Watamu bricht die Küste steil ins Wasser ab und die großen Wellen lecken gierig gischtend am Ufer. Die Watamu Bay ist aufgrund einer besonderen Strömung sehr nährstoffreich und bietet unzähligen Meerestieren und -pflanzen einen Lebensraum. Sie ist inzwischen als Unterwasser-Nationalpark geschützt, darf aber betaucht werden.

Mount Longonot *(unten)*

Der 2776 m hohe Vulkan Mount Longonot besticht durch seinen fast kreisrunden Kraterrand und die v-förmigen Täler und Grate, die an ihm herunterlaufen. Während es aus den Fumarolen am Kraterrand noch gelegentlich raucht, ist der Boden des Kraters mit undurchdringlichem Wald bewachsen, in dem vor allem Zebras und Giraffen leben. Deshalb stehen der Longonot und seine engere Umgebung als Nationalpark unter Schutz.

Tsavo-Nationalpark *(Mitte)*

Der Tsavo National Park ist nicht nur der größte Nationalpark Kenias, sondern auch einer der größten der Welt. Die Straße von Mombasa nach Nairobi teilt ihn in einen Ost- und einen Westteil. In der atemberaubenden Landschaft lebt eine Vielzahl von Giraffen, Büffeln, Löwen und anderen Wildtieren. Eine Attraktion sind vor allem die „roten" Elefanten: Ihre Haut ist mit dem rötlichen Staub – er ist vulkanischen Ursprungs – der Landschaft bedeckt.

Tansania

Victoriasee *(oben)*

Seine Fläche ist so groß wie Schottland und verteilt sich zu ungefähr vier Zehntel auf Uganda, ein Zehntel auf Kenia und die restliche Hälfte gehört zu Tansania. Damit ist der Victoriasee in Ostafrika der größte See Afrikas und der drittgrößte der Erde. Er ist bis zu 85 m tief und besitzt einige Inseln. An seinen Ufern leben rund 30 Millionen Menschen.

Serengeti *(Mitte links)*

Die endlose Ebene – so die deutsche Übersetzung des Massai-Wortes „siringitu" – ist Schauplatz der Wanderung riesiger Tierherden: Eine Million Gnus und 200 000 Zebras wandern jedes Jahr von den nördlichen Hügeln zu den südlichen Ebenen und wieder zurück – über viele Hundert Kilometer und durch unterschiedlichste Landschaften. Damit sie die Strecke unbeschadet durch Menschen überstehen, steht die gesamte Serengeti inzwischen unter Naturschutz.

Lake Natron *(Mitte rechts)*

Als einer der bekanntesten Sodaseen der Welt liegt der Lake Natron im Großen Grabenbruch Ostafrikas. In seinem Wasser ist so viel Natriumkarbonat (Soda) gelöst, dass sich das Wasser leicht zähflüssig anfühlt. Da frisches Wasser schneller verdunstet als es nachkommt, ist das Wasser stark alkalisch. Das fördert das Wachstum vieler spezialisierter Kleinstlebewesen, die vor allem von Flamingos gerne gefressen werden.

Ol Doinyo Lengai *(unten)*

Er sieht aus wie ein Vulkan und ist auch einer, aber ein ganz besonderer: Der Lengai am Ostafrikanischen Grabenbruch in Tansania ist der einzige noch aktive Karbonatit-Vulkan der Welt. Karbonatite sind seltene Gesteine und die Karbonatitlava ist fast so dünnflüssig wie Wasser. Auch die Massai hatten erkannt, dass es sich um einen besonderen Berg handelt, und hielten ihn für den Sitz des Gottes Engai.

Ngorongoro *(oben links)*

Dieser riesige, eingebrochene Krater eines Vulkans hat einen Durchmesser von etwa 17–21 km und ist damit der größte geschlossene Krater der Welt. Er liegt mit seinem Boden auf 2380 m Höhe, während die Abbruchkante ihn um gut 500 m überragt. Im Krater lebt die vermutlich größte Wildtierpopulation der Erde, darunter die sehr seltenen Spitzmaulnashörner. Jedoch wird der wachsende Tourismus im Krater zunehmend zum Problem.

Selous-Wildreservat *(oben rechts)*

Die Sandbänke, Lagunen und Seen des Rufiji Rivers sowie die Vielfalt der umliegenden Landschaften mit Wäldern, Buschland und offenem Grasland kennzeichnen das Selous-Wildreservat. Dieses größte Wildschutzgebiet Afrikas umfasst eine Fläche von etwa 50 000 km^2 – das sind 5 % des tansanischen Staatsgebiets – und ist vom Menschen relativ unbeeinflusst.

Tanganjikasee *(unten rechts)*

670 km lang und 22–80 km breit ist der Tanganjikasee, der auf den Staatsgebieten von Burundi, der Demokratischen Republik Kongo, Sambia und Tansania liegt. Er ist damit der zweitgrößte See Afrikas und der sechstgrößte der Welt. Da er bis zu 1470 m tief ist, bestehen seine unteren Wasserschichten aus fossilem Wasser. Die Weltnaturschutzunion IUCN stuft ihn als einen der artenreichsten Lebensräume unserer Erde ein. In ihm leben beinahe 300 Fischarten, von denen nur wenige auch anderswo auf der Welt vorkommen.

Kilimandscharo *(unten links)*

Mit 5892 m ist der Kilimandscharo der höchste Berg Afrikas. Obwohl er so gleichmäßig und massiv geformt erscheint, wuchs er im Laufe der Erdgeschichte aus drei Vulkanen zusammen. Während an seinem Fuß bis etwa auf 3300 m Höhe tropische Regenwaldvegetation wächst, gibt es darüber Busch- und Strauchland bis in der Gipfelregion Firn, Schnee und Gletscher das Regime übernehmen.

Malawi

Malawisee

Noch immer auch bekannt unter dem Namen Njassasee nimmt der Malawisee mit seiner Länge von 560 km und 80 km Breite unter den Top Ten der größten Seen der Welt den neunten Platz ein. In seinen Gewässern wurden rund 1500 unterschiedliche Fischarten gezählt, die zum Teil zum Verzehr, aber auch für Aquarien gefangen werden. Um die Vielfalt zu erhalten, steht ein Teil des Sees unter Naturschutz.

Sambia

Victoriafälle

Mosi-oa-Tunya nennen die Einheimischen die Victoriafälle an der Grenze zwischen Sambia und Simbabwe. Das bedeutet „donnernder Rauch" und beschreibt sehr genau das, was Ohren und Augen von den imposanten Wasserfällen wahrnehmen, wenn man sich unterhalb der Sturzkante befindet. Denn auf einer Breite von 1700 m fallen pro Minute 500 000 m^3 Wasser in eine nur 50 m breite Schlucht 110 m tief hinab: Die aufsteigende Gischt sieht aus wie Rauch und das Ganze macht einen ohrenbetäubenden Lärm.

Mosambik

Sambesi

Dass Wasser nicht immer nur Leben bedeutet, stellte der Sambesi etwa beim großen Hochwasser 2001 unter Beweis. Der mit 2660 km viertlängste Fluss Afrikas, der in Sambia entspringt und die grandiosen Victoriafälle bildet, trat in Mosambik, wo er in den Indischen Ozean mündet, über die Ufer. 80 000 Menschen mussten ihre Orte verlassen, viele starben.

Simbabwe

Mana-Pools-Nationalpark

(oben links)

Der Sambesi und seine vier Becken, die auch in der Trockenzeit immer noch Wasser haben, sind das Herz dieses Schutzgebiets im westlichen Simbabwe. Sonne und Regen verändern diese Landschaft in stetem Wechsel: Während der Regenzeit erscheint sie als Seenlandschaft, in der Trockenzeit hingegen bleiben nur wenige Wasserlöcher, an denen sich die Tiere zum Trinken sammeln.

Balancing Rocks, Epworth

(oben rechts)

Nicht weit entfernt von Harare sind einige gigantische Felsbrocken aufeinander gestapelt und fallen erstaunlicherweise nicht um. So etwas gelingt fast nur, wenn die Natur der Handwerker war. In diesem Falle war die Erosionskraft des Windes ihr Hauptwerkzeug, das mithilfe von Sandkörnern weicheres Material weggeschliffen hat. Und der Wind tut dies weiterhin – bis die Brocken doch irgendwann umkippen.

World's View, Matobo Hills

(unten)

Einen schöneren Platz hätte niemand für Cecil Rhodes Grab finden können als zwischen den großen Granitkugeln. Zumal auch hier während eines Aufstands sein schlichtendes Treffen mit den Ndebele stattfand. Wie der Name schon vermuten lässt, bietet sich auf der Kuppe des Granithügels ein fantastischer Panoramablick auf das Umland mit noch viel mehr interessanten Felsformationen.

Seychellen

Coco de Mer, Praslin und Curieuse *(oben)*

Die Seychellen liegen vor Ostafrika und sind das einzige Gebiet der Erde, wo die Coco de Mer wächst. Sie wird auch Seychellennusspalme genannt, erreicht eine Höhe bis zu 40 m und bringt die größten Samen im gesamten Pflanzenreich hervor: Sie können über 20 kg wiegen und 50 cm Durchmesser erreichen. Nur taube Nüsse, die entsprechend leicht sind, können schwimmen, sodass sich die Coco de Mer nicht auf natürliche Art und Weise an anderen Küsten verbreiten konnte.

Vallée de Mai, Praslin *(Mitte)*

Klein, aber fein – diese Devise passt auf das Vallée de Mai hundertprozentig. Denn dieses Naturschutzgebiet gehört zwar zu den kleinsten der Welt, dafür beschützt es einen ganz besonderen Wald: Er soll als Primärwald schon zu Zeiten des Urkontinents Gondwanaland existiert haben. Außerdem wächst hier ein großer Hain mit Coco-de-Mer-Palmen.

Anse Marron, La Digue *(unten)*

Bizarre Felsformationen sind das Kennzeichen der recht kleinen Seychelleninsel La Digue. Am Strand Anse Marron gibt es nicht nur die dicken rundlichen Granitbrocken, sondern auch aufrecht stehende Steinscheiben. Bei Flut fließt das Wasser zwischen ihnen hindurch und jedes Mal werden sie eine unmerkliche Winzigkeit schlanker und glatter.

Anse Source d'Argent, La Digue

(oben links)

Ob er wirklich der schönste Strand der Welt ist, liegt im Auge des Betrachters. Aber mit Sicherheit gehört der Strand Anse Source d'Argent im Westen von La Digue zu den bekanntesten. Wäre die Anzahl der Werbefilme und Fotoshootings der Maßstab für Schönheit, läge dieser Strand klar vorn: Er bildet mit seinem flachen Wasser, feinen Sand, gesäumt von Palmen und Granitfelsen die perfekte Kulisse für die Traumfabrik.

Aldabra

(oben rechts)

Das größte Atoll im Indischen Ozean hat seine Ursprünglichkeit bis heute bewahren können, weil es schon lange unter strengem Naturschutz steht und nur per Bootsausflug besucht werden darf. 152 000 Riesenschildkröten leben hier. In der Lagune, die durch vier Inseln gebildet wird, ist der Unterschied zwischen Ebbe und Flut so groß, dass die kleinen Inseln an den Rändern unterhöhlt sind.

Coco

(unten)

Riesige Granitbrocken, nebeneinander und übereinander, sind auf dieser winzigen Seychelleninsel zu bestaunen. Sie stammen aus den Zeiten des Urkontinents Gondwana. Als er auseinanderbrach, bildeten die kleinsten Stücke die heutigen Granitinseln der Seychellen. Coco ist komplett von einem sehr fischreichen Korallenriff umgeben und steht unter Naturschutz.

Madagaskar

Allée des Baobabs, Affenbrotbäume bei Morondava *(oben)*

800 km vor der afrikanischen Ostküste liegt Madagaskar, die viertgrößte Insel der Welt. Sie besticht vor allem durch ihre reiche Flora und Fauna – zahlreiche Arten sind endemisch, leben also nirgendwo sonst auf der Erde. Die Vielfalt ist so groß, das längst nicht alle Arten erforscht sind und auch noch neue entdeckt werden. Und vor der buchtenreichen Küste liegen Korallenriffe, die zu den beliebtesten Tauchrevieren der Welt gehören.

Tsingy *(unten links)*

Schmal und spitz drängen sich Felsnadeln dicht aneinander und scheinen wie ein Steinwald nach oben zu wachsen. Dabei lassen sie den echten Bäumen kaum Platz. Diese Tsingy, wie die Felsnadeln genannt werden, bestehen aus Kalkstein, der von Wind und Wetter immer weiter abgeschliffen wurde und wird. Die schlanken Felssäulen sind teils einige Meter hoch und in einem Naturreservat geschützt.

Masoala *(unten rechts)*

Diese Halbinsel im Nordosten Madagaskars ist ein fantastisches Laboratorium für Biologen. Denn hier haben sich noch die alten tropischen Regenwälder erhalten, die sich recht ungestört entwickeln konnten, seit sich Madagaskar vor 60 Millionen Jahren von den übrigen Landmassen gelöst und ganz eigenständig entwickelt hat: 80–90 % aller Arten sind endemisch, existieren also nirgendwo sonst auf der Erde!

Isalo-Nationalpark *(oben)*

Mächtige Gebirge mit zerklüfteten Wänden und tiefen, teils bewaldeten Schluchten, aber auch flache Savannengebiete kennzeichnen den Isalo-Nationalpark im südlichen Hochland von Madagaskar. Typisch für die Region sind Pflanzen, die Trockenheit gut ertragen können. Dazu gehört die Gattung *Pachypodium*, übersetzt „dicker Fuß", deren Vertreter Wasser speichern können.

Andringitra-Nationalpark *(Mitte)*

Hohe Berge, tiefe Täler, Grotten und scharfe Grate charakterisieren den Andringitra-Nationalpark. Er gilt als das abwechslungsreichste Schutzgebiet auf Madagaskar mit feuchtem Regenwald in Höhen von etwa 650–800 m bzw. Bergwald in 1200–1625 m Höhe und einer Übergangszone dazwischen. Entsprechend groß ist die Artenvielfalt, darunter zahlreiche Orchideen.

Wand von Tsaranoro *(unten)*

Schroff und abweisend steigen die Wände von Tsaranoro auf und bilden einen harschen Kontrast zur landwirtschaftlich geprägten, eher lieblich wirkenden Ebene. Obwohl die Steilwände „nur" rund 800 m hoch sind, bilden sie für Bergsteiger eine echte Herausforderung und viele bevorzugen die einfachere Westseite zum Klettern. Egal, wie man hinaufkommt – oben wird man mit einem grandiosen Blick auf das Andringitra-Gebirge belohnt.

Réunion (französisches Überseegebiet)

Cascades de Trou de Fer *(oben)*

Ein einzigartiges Erlebnis bietet die Cascades de Trou de Fer: Sie stürzt rund 900 m (!) tief in das Höllenloch hinab und gehört damit zu den höchsten Wasserfällen der Erde. Wer ihn live sehen möchte, muss entweder eine beschwerliche Wanderung durch den Regenwald auf sich nehmen oder aber einen Hubschrauber mieten – auch beides auf La Réunion ein Erlebnis.

Piton de la Fournaise *(unten)*

Er war 2632 m hoch und ist einer der aktivsten Vulkane der Welt: Der Piton de la Fournaise im südöstlichen Teil von La Réunion ist seit 1640 gut 150-mal ausgebrochen. Erst im Frühjahr 2007 überraschte er die Vulkanologen mit einem besonders heftigen Ausbruch, bei dem die Lava 60 km/h schnell ins Meer floss. Innerhalb von vier Tagen vergrößerte die Lava die Insel um 7 ha. Der Vulkan selbst wurde kleiner, denn sein Hauptgipfel brach bei den starken Eruptionen zusammen.

Mauritius

Trois Mamelles *(oben)*

Mauritius wird von Bergen vulkanischen Ursprungs und Hochebenen geprägt. Als Reste ehemaliger Vulkankegel recken sich die Trois Mamelles („Drei Brüste") mit ihren spitzen Gipfeln besonders markant gen Himmel. Sie sind über und über mit Regenwald bedeckt, denn in den höheren Lagen von Mauritius regnet es so viel, dass er gut gedeiht.

La Roche qui pleure *(Mitte)*

Einen treffenderen Namen hätte niemand für diesen Felsvorsprung finden können: Die Wellen des Indischen Ozeans klatschen mit Wucht gegen die dunklen Basaltformationen und während sich das Meer langsam zurückzieht, tropft das Wasser vom Gestein und es sieht aus, als würde der Felsen weinen. Er gehört zur zerklüfteten Südküste von Mauritius.

Île aux Cerfs *(unten)*

Lange, weiße, feinsandige Strände, die flach ins Meer verlaufen, das seine Farbe von Helltürkis über Grün zu Blau verändert und Palmen als Farbkontrast und Schattenspender – die kleine Insel Île aux Cerfs vor der Ostküste von Mauritius ist ein Naturwunder, das dem Traum vom Urlaubsparadies sehr nah kommt. Mark Twain beschrieb es bereits 1897: „Es drängt sich einem der Gedanke auf, dass zuerst Mauritius und dann der Himmel erschaffen wurde."

Namibia

Epupafälle *(oben)*

Dort wo sich der Kunene, der 1200 km lange Grenzfluss zwischen Namiba und Angola, in mehrere kleinere Bachläufe teilt, die dann gleichzeitig in eine Schlucht stürzen, befinden sich die Epupafälle. Besonders eindrucksvoll sind sie, wenn es im Sommer stark geregnet hat und der Kunene sehr viel Wasser führt. Ob und wie lange die Wasserfälle noch als Naturwunder bestaunt werden können, ist unklar, weil Namibia dort einen Staudamm plant.

Etosha-Pfanne *(Mitte)*

„Großer, weißer Platz" bedeutet Etosha auf Deutsch und beschreibt trefflich das Aussehen der salzhaltigen Lehmpfanne. Sie ist etwa 5000 km^2 groß und gehört komplett zum gleichnamigen Nationalpark, der sich noch weiter gen Westen erstreckt. In regenreichen Jahren füllt sich die Etosha-Pfanne bis zu 10 cm hoch und lockt dann Massen von Flamingos und anderen Wasservögeln an. Für trockene Jahre wurden künstliche Wasserstellen angelegt, weil der Park eingezäunt ist und das Wild dem Wasser nicht hinterherwandern kann.

Namib *(unten)*

Fast schon legendär sind die Aufnahmen der Namibdünen mit ihrem spektakulären roten Leuchten bei einem bestimmten Stand der Sonne. Mit der sogenannten Düne 7 besitzt die Namib einen Superlativ, nämlich die größte Sanddüne der Erde. Außerdem ist die Namib eine der trockensten Wüsten der Welt, denn hier fallen im Durchschnitt nur 10–20 mm Regen jährlich.

Küstennebel der Namib *(oben links)*

Die Namib ist nach der Atacama die zweitgrößte Küstenwüste der Welt. Obwohl die Namib zu den trockensten Wüsten der Welt zählt, gibt es hier zahlreiche Tiere und Pflanzen. Sie alle profitieren vom feuchten, morgendlichen Küstennebel. Die Kälte des Benguelastroms trifft auf die Wärme der Wüste und es bildet sich Nebel, der vom Wind ins Landesinnere getrieben wird.

Skelettküste *(oben rechts)*

Die nördliche Küstenregion Namibias wird nicht ohne Grund mit dem gruseligen Namen Skelettküste betitelt: Viele Seeleute sind in diesem Küstenbereich des Atlantiks aufgrund der Strömung und des morgendlichen Nebels gestrandet. Da es hier nur Salzwasser und Sand gibt, sind sie verdurstet und ihre Gebeine sowie die Schiffswracks wurden später gefunden.

Lions Mouth, Twyfelfontein *(Mitte)*

„Gut gebrüllt Löwe", mag mancher denken, wenn er diese einzigartige Felsformation sieht. Tatsächlich scheint hier jemand den Kopf eines Löwen mit geöffneter Schnauze herausgemeißelt zu haben. Dieser Jemand war die Erosion, die manche Felsen im Damaraland besonders bizarr gestaltet hat. Berühmter als für ihre Formen sind die Felsen von Twyfelfontein allerdings für ihre Felszeichnungen.

Versteinerter Wald, bei Khorixas *(unten)*

Sie sehen aus wie alte Äste und Baumstämme – und sie sind es auch, allerdings viel älter, als man denkt: Der versteinerte Wald in der Nähe von Khorixas war vor 240–300 Millionen Jahren lebendig – eine faszinierende Vorstellung. Verschüttet und von der Luft abgeschlossen wurden die Zellen nach und nach durch chemische Prozesse durch Jaspiskristalle ersetzt und zeigen heute noch die gleiche Struktur wie die Bäume damals.

Spitzkoppe, Damaraland
(Mitte oben)

Das „Matterhorn Namibias", wie die Spitzkoppe aufgrund ihrer Form auch gerne genannt wird, ist ein 1728 m hoher imposanter Inselberg aus Granit. Neben den niedrigeren Gipfeln in direkter Nachbarschaft gibt es außerdem einige Granitfelsen mit runden Kuppen, die von Weitem wie traditionelle Hütten aussehen und deshalb Pondok, „Grashütte", heißen.

Waterberg
(Mitte unten)

Nördlich von Windhuk erhebt sich aus der flachen Ebene sehr unvermittelt der Waterberg – mit 200–400 m ein nicht besonders hoher Tafelberg, aber doch unübersehbar. Auf seinem etwa 43 ha großen Plateau, das unter Naturschutz steht, gibt es genügend Feuchtigkeit. Deshalb wächst hier eine üppige Vegetation, die zahlreichen seltenen Tierarten wie der Elenantilope als Lebensgrundlage dient.

Vingerklip, bei Outjo *(oben links)*

Er sieht aus wie die Ruine eines alten, hohen Gebäudes, doch der steinerne Finger ist eine natürliche Felsformation aus Kalkstein. Völlig senkrecht weist er 35 m hoch gen Himmel. Er bietet einen spektakulären Blick auf die Tafelberge der Umgebung und ist ebenso wie sie ein von der Erosion übrig gelassener Rest eines ehemaligen Hochplateaus.

Kuiseb Rivier *(unten)*

Was die Araber als Wadi und die Australier als Creek bezeichnen, ist für den südafrikanischen Raum der Rivier – ein Flusslauf, der zeitweilig austrocknet. Der Kuiseb im Khomas-Hochland ist einer der stärksten Riviere Namibias, denn er führt oft jahrelang kein Wasser, manchmal nach dem Regen nur eine Woche, manchmal aber mehrere Monate. Das Ergebnis ist eine imposante, fast kahle Canyon-Landschaft.

Sesriem Canyon *(oben links)*

Nur 4 km entfernt vom Ort Sesriem hat der Fluss Tsauchap eine enge, schmale Schlucht in das Gestein gefressen. Obwohl er nur Wasser führt, wenn es in den Naukluft-Bergen geregnet hat, ist der Canyon bereits 30 m tief. Seinen Namen erhielt er, weil die frühen Siedler sechs Riemen aneinanderknoten mussten, damit sie aus dem tief gelegenen Tsauchap Wasser schöpfen konnten.

Sossusvlei *(oben rechts)*

Die Dünenlandschaft des Sossusvlei, einer Salz-Ton-Pfanne in der Namib-Wüste, gehört zu den meistfotografierten in Namibia, denn hier befindet sich die höchste Düne der Welt, Düne 7, und hier leben trotz der extremen Trockenheit nicht nur Käfer oder Reptilien, sondern auch Säugetiere. Wer viel Glück hat, sieht Oryxantilopen auf ihrer Wanderung zum Wasserloch.

Spielplatz der Riesen, bei Keetmanshoop *(Mitte)*

Dass Riesen nicht mit kleinen Holzklötzchen auskommen, wenn sie etwas bauen möchten, sondern große Steinklötze benötigen, liegt auf der Hand. Warum sie aber nach dem Spiel nicht aufräumen, kann man nur erahnen. Vermutlich gab es wichtigeres zu tun... Doch letztlich handelt es sich nur um Doleritfelsen, die durch die Erosion wieder freigelegt wurden.

Fish River Canyon *(unten)*

Atemberaubend präsentiert sich der größte Canyon Afrikas und der zweitgrößte Canyon der Welt: Der Fish River Canyon ist 60 km lang, bis zu 27 km breit und 549 m tief. Dieses geologische Naturwunder entstand nicht allein durch die Wasserkraft des Fish Rivers, sondern auch durch Verwerfungen der Gesteinsschollen. Am Grunde des Canyons, der unter Naturschutz steht, leben Antilopen und Leoparden.

Botsuana

Chobe-Nationalpark *(oben)*

Benannt nach dem Fluss Chobe, der den Nationalpark im Norden begrenzt, werden hier auf fast 11 000 km² sehr unterschiedliche Landschaften und damit eine große Vielfalt an Tieren und Pflanzen geschützt: Im Südwesten gibt es noch Dünen der Kalahari und daran schließt sich die Strauchvegetation an, in der Mitte beherrschen Baumsavannen und Pfannen die Landschaft. Hier hält sich das Wasser lange und lockt große Herden von Büffeln und Elefanten an.

Okavangodelta *(Mitte oben)*

Eine Flussmündung ganz besonderer Art stellt das Delta des Okavango dar. Der Fluss, der aus dem Hochland von Angola über 1800 km südöstlich fließt, mündet nicht ins Meer, sondern versickert quasi am nördlichen Rand der Kalahari. Zuvor verzweigt er sich aber im Okavangobecken zu einem weiten Sumpfgebiet, das unzähligen Tieren einen geschützten Lebensraum bietet.

Makgadikgadi-Salzpfanne *(Mitte unten)*

Weltweit einzigartig ist die Landschaft im Makgadikgadi-Gebiet mit ihren zahlreichen Salzpfannen. Sie ist etwa so groß wie Belgien und durch das Austrocknen des Makgadikgadi-Ursees entstanden. Übrig blieb eine steppenartige, salzige Fläche, die nach Regenfällen zu überraschendem Leben erwacht: Algen und Kleinkrebse werden durch nur wenige Zentimeter Wasser „aufgeweckt“ und dienen Millionen von Flamingos als Nahrung.

Kalahari *(unten)*

Eine gigantisch große Beckenlandschaft, die gut 1 Million km² bedeckt und sehr trocken ist – das ist die Kalahari. Je nach Region fallen von Süden nach Norden im Jahr zwischen 200 und 600 mm Regen. Aber neben Sandgebieten, Salzpfannen und Trockensteppen gibt es auch Feuchtgebiete mit einer Vielzahl von Wildtieren. Das Fantastische an der Kalahari ist ihre Vielfalt.

Südafrika

Augrabies Falls, Provinz Nordkap *(oben)*

Die tosenden Wassermassen des Oranje, die auf einer Breite von 150 m in eine 56 m tiefe Schlucht stürzen, gaben dem Augrabies-Wasserfall seinen Namen: Das Wort „Aukoerebis" aus der Sprache der Khoekhoe bedeutet „Ort des großen Lärms". Auch die Schlucht ist spektakulär: 18 km lang und bis 200 m tief. Das ganze Gebiet entlang des Oranje, das auch sehr auffällige Felsformationen und eine reiche Tierwelt umfasst, steht unter Naturschutz.

Kruger-Nationalpark *(Mitte)*

Die Big Five – Elefant, Nashorn, Büffel, Löwe, Leopard – sowie 142 weitere Säugetierarten, rund 114 Reptilien- und 500 Vogelarten sowie eine reichhaltige Flora auf einer Fläche von etwa 20 000 km²: Der Kruger-Nationalpark ist nicht nur ein Wunder der Artenvielfalt, sondern auch der zweitgrößte Nationalpark der Welt. Hier kommen selbst die erfahrensten Wildbiologen noch ins Staunen.

Blyde River Canyon *(unten links)*

Der rund 60 Millionen Jahre andauernden Arbeit des Flusses Blyde verdankt Afrika eines der atemberaubendsten Panoramen des Kontinents: Der Blyde River Canyon schneidet sich auf einer Strecke von 26 km zwischen 350 m und 800 m tief in den Fels hinein. „Fluss der Freude" heißt der Blyde River, weil die Frauen der Vortrekker ihre bei der Suche nach dem Weg vermissten Männer hier wiederfanden.

Bourke's Luck Potholes, Blyde River Canyon *(unten rechts)*

Thomas Bourke, Landvermesser eines Unternehmens, fand an der Stelle, wo der Blyde River und der Treur zusammenfließen, Gold, viel Gold. Und so wurden diese tiefen Felskessel, die das Wasser in Jahrmillionen gebohrt hat, nach ihm benannt. Bourkes Glück war jedoch nicht von Dauer: Er wurde um seinen Anteil am Goldfund geprellt.

Vredefort-Krater *(oben)*

Etwa 120 km südwestlich von Johannesburg befindet sich ein Naturwunder ganz besonderer Art: Beim Vredefort-Krater handelt es sich um den vermutlich größten Einschlagkrater auf der Erde. Ein Asteroid mit gut 10 km Durchmesser soll vor zwei bis drei Milliarden Jahren eingeschlagen sein. Was wir heute sehen sind die Reste der Folgen des Aufpralls – immerhin ein Ring mit einem Durchmesser von 50 km.

Three Rondavels, Blyde River Canyon *(Mitte oben)*

Was die Erdgeschichte hier in Millionen Jahren geschaffen hat, gehört zu den abwechslungsreichsten Panoramen auf dem gesamten afrikanischen Kontinent: Sie sehen aus wie die Rundhütten (auf Afrikaans „Rondavels") der einheimischen Bevölkerung und deshalb werden die drei runden Berge mit den leicht spitz zulaufenden Kuppen „Three Rondavels" genannt.

Drakensberge *(Mitte unten)*

Fast 3500 m Höhe erreichen die Drakensberge und galten damit lange als schwer zu überwindende Barriere innerhalb Südafrikas. Heutzutage sind sie mit ihren schroffen Felsen und der imposanten Landschaft ein geschätztes Wandergebiet für Naturfreunde. An vielen Stellen sind Felszeichnungen der San, der Buschleute, zu finden, eines Volkes, das hier über viele Jahrtausende hinweg lebte.

Amphitheater, Royal-Natal-Nationalpark *(unten)*

Im Halbrund ragt diese massive Felswand über rund 5 km hinweg 1000 m hoch auf und wirkt tatsächlich wie die Überreste der Publikumsränge eines Amphitheaters für Riesen. Es ist die Hauptattraktion des Royal Natal National Parks in den Drakensbergen. Seine Anziehungskraft wird durch die Tugelafälle gesteigert, die in fünf Stufen insgesamt 950 m tief von der Kante der Felswand fallen und damit die zweithöchsten Wasserfälle der Welt sind.

Tugela Falls, Royal-Natal-Nationalpark *(oben links)*

Mit 948 m Gesamthöhe sind die Tugelafälle nach den Angel Falls in Venezuela die zweithöchsten Wasserfälle der Welt. Die schmalen Wasserfälle des Flusses Tugela bringen zunächst einige Hundert Meter Kaskaden hinter sich, bevor sie 614 m am Stück hinabstürzen. Dieses imposante Naturwunder ist bei einer Wanderung vom Fuß des Sentinel Peak aus am besten zu bestaunen.

iSimangaliso Wetland Park (ehemals Greater St. Lucia Wetland Park) *(oben rechts)*

Parallel zur südafrikanischen Ostküste bei Durban erstreckt sich 50 km lang und 15 km breit mit dem St.-Lucia-See der größte See Südafrikas und eines der wichtigsten Feuchtgebiete des Kontinents. Lediglich eine Dünenkette trennt ihn vom Indischen Ozean, es sind jedoch die zweithöchsten bewaldeten Sanddünen der Erde. Das Gebiet ist ein idealer Lebensraum für Pelikane und andere Wasservögel sowie für Flusspferde und Krokodile.

Cederberg Mountains *(Mitte)*

Nirgendwo sonst wächst die *Widdringtonia cedarbergensis*, eine der wenigen Arten der Afrikazypressen, die diesem etwa 100 km langen Gebirgszug 220 km nördlich von Kapstadt den Namen Cederberg Mountains gegeben hat. Abgesehen von diesem besonderen Baum gibt es hier auch viele markante Felsformationen. Am Parkhuis Pass scheint der „Kopf des Soldaten" darauf zu achten, dass alles mit rechten Dingen zugeht.

Tafelberg *(unten)*

Mit seiner markanten Form unverkennbar signalisiert der Tafelberg den Seeleuten bis heute schon von Weitem, dass die Südspitze Afrikas erreicht ist. Denn der tatsächlich südlichste Punkt des Schwarzen Kontinents, Kap Agulhas, ist keine so hervorstechende Landmarke. Der 1802 m hohe Berg, dessen Gipfel ein ebenes Plateau ist, hüllt sich gern in Wolken – das Tischtuch der Tafel.

Boulders Beach, Simon's Town
(oben links)

Wer vermutet hat, dass sich Pinguine nur in kalten Regionen mit Schnee und Eis aufhalten, wird am Südende von Afrika eines Besseren belehrt. Am Boulders Beach, der nach den gewaltigen Granitfelsen dort benannt wird, siedelt eine Kolonie Brillenpinguine. Die Vögel leben dort das ganze Jahr über und vermehren sich unabhängig von der Jahreszeit, sodass auch fast immer Jungvögel dabei sind.

De Hoop Nature Reserve
(oben Mitte)

Im Osten Buchten, die von Felsklippen gesäumt werden, und im Westen weiße Sanddünen kennzeichnen dieses UNESCO-Weltnaturerbe, das bis 5 km ins Meer hinein reicht. So wird das Aufzuchtgebiet der Glattwale geschützt. An der Küste erstreckt sich das Naturreservat über 45 km entlang. Das De Hoop Vlei im Westen gilt als eine der größten Brackwasser-Lagunen im Süden Afrikas.

Walker Bay, bei Hermanus
(oben rechts)

Rau und felsig, unterbrochen von einigen Stränden ist die Walker Bay an der Südküste für sich genommen schon von besonderem Reiz. Doch zu einem in Afrika einzigartigen Anziehungspunkt wird sie durch die Wale: Sie kommen jedes Jahr zahlreich in die Bucht, um sich zu paaren und ihre Kälber hier aufzuziehen. Von der Küste aus kann man sie beobachten, ohne sie zu stören.

Kap der Guten Hoffnung *(unten)*

Als die europäischen Entdecker den Seeweg nach Indien suchten, waren sie bereits froh, wenn sie es von Europa bis zu diesen schroffen Klippen geschafft hatten. Sie waren daher guter Hoffnung, auch den Rest des Weges zu finden und zu bewältigen und tauften das Kliff dementsprechend. Der Erste, dem es mit Erfolg gelang, das Kap zu umfahren, war 1488 Bartolomeu Dias.

NORD- UND MITTELAMERIKA

Amerika gilt als das Land der unbegrenzten Möglichkeiten – das scheint nicht nur für Menschen, sondern auch für die Natur und ihre Schönheiten zu gelten. Denn was Eiszeit und Erosion hier geschaffen haben, ist so atemberaubend, dass es in zahlreichen Nationalparks vor allzu großen Besuchermassen geschützt werden muss. Während im Norden vor allem die durch das immer wärmer werdende Klima vielfach abschmelzenden Gletscher und die durch Fjorde geprägten Küsten faszinieren, sind es im Westen und Osten die Gebirgszüge der Rocky Mountains und der Appalachen, die Tafel- und Tiefländer einschließen. Im Süden verengt sich der Kontinent zu einem Zipfel, der eine Landbrücke nach Südamerika bildet. Östlich von Mittelamerika locken die zahlreichen Traumstrände und Tauchreviere der Karibik. Und jede dieser Landschaftsformen ruft auf ihre besondere Weise Be- und Verwunderung hervor.

Nord- und Mittelamerika

Grönland (autonome Nation des Königreichs Dänemark)

Grönländisches Inlandeis *(oben)*

Mit einer Gesamtfläche von mehr als 2 Millionen km^2 ist Grönland, das eine autonome Nation von Dänemark bildet, die größte Insel der Welt. Doch davon sind etwa sechs Siebtel mit Eis bedeckt, und zwar mit einer Schicht, die an manchen Stellen 3,4 km dick ist! Vor allem an der Westseite enden mächtige Gletscherströme, die ins Meer kalben und für riesige Eisberge sorgen.

Ilulissat-Eisfjord, Diskobucht *(Mitte)*

Über 40 km Länge und 7 km Breite erstreckt sich der Ilulissat-Eisfjord an der grönländischen Diskobucht. An seinem Ende befindet sich einer der aktivsten Gletscher der Welt, wenn nicht sogar der aktivste: Der Sermeq Kujalleq fließt täglich etwa 20 m und entlässt entsprechend viele Eisberge ins Meer – 35 km^3 pro Jahr.

Gestrandeter Eisberg, bei Qasigiannguit *(unten)*

Im Westen Grönlands bei Qasigiannguit, auf Dänisch Christianshåb, konkurrieren die bizarren Formen von Eisbergen und Felsen um Aufmerksamkeit. Da kann es im Sommer auch gelegentlich passieren, dass ein Eisberg durch die Strömung des Wassers in Richtung Ufer getrieben wird und vor der Küste strandet.

Kanada

Yukon River, Yukon/British Columbia *(oben links)*

Obwohl der Yukon als fünftlängster Fluss Nordamerikas von seiner Quelle im kanadischen British Columbia bis zum Mündungsdelta am Beringmeer im US-amerikanischen Alaska 3185 km lang ist, überspannen ihn auf der gesamten Strecke nur vier Brücken. Schon von Indianern und Goldsuchern als Transportweg genutzt, bietet er heute Kanutouristen ein besonderes Abenteuer.

Kluane Icefield, Yukon *(oben rechts)*

In dieser kanadischen Hochgebirgswelt befindet sich das größte zusammenhängende Eisfeld außerhalb der Polarregion. Riesige Gletscherströme fließen die Berge hinab und das Eis ist oft mehrere Hundert Meter dick. Obwohl es im Sommer am Tag 25 °C warm werden kann, herrscht nachts meist Frost. Außerdem entstehen mitten im Eis Staubstürme, weil der Wind viel Staub von den Bergen herunterweht.

Pingos, bei Tuktoyaktuk, Northwest Territories *(unten)*

Vor allem aus der Luft bieten die sogenannten Pingos in der ansonsten flachen kanadischen Tundra einen wunderbaren Anblick. Es handelt sich um rundliche Bodenerhebungen von 5–50 m Höhe und 40–1000 m Durchmesser, die im Inneren einen jährlich wachsenden Eiskern besitzen und so die überlagernden Bodenschichten anheben. Von außen sind sie mit der kargen Vegetation der Region bewachsen.

Hay River, Northwest Territories *(oben links)*

Mit Wucht bahnt sich der Hay River seinen Weg durch den Canyon und stürzt im Twin Falls Gorge Park gleich zweimal imposant eine Geländestufe hinab: Die Alexandrafälle sind 33 m hoch und die Louise-Wasserfälle erreichen ungefähr die halbe Höhe. Für das Volk der Dene ist das Gebiet heilig, weil in den Fällen die Geister von Großmutter und Großvater leben und die Region beschützen.

Rocky Mountains *(oben rechts)*

Vom nördlichen Alaska durch den Nordwesten Kanadas bis nach New Mexico in den USA zieht sich dieses rund 4500 km lange Faltengebirge, das Höhen bis 4000 m erreicht. In Kanada ist der Mount Robson (siehe Bild) mit 3954 m der höchste Berg, in den USA ist es der 4402 m hohe Mount Elbert, dessen Gipfel überhaupt der höchste der Rockies ist. Allein in Kanada stehen 23 000 km^2 der Rocky Mountains unter Schutz.

Nahanni National Park, Northwest Territories *(unten links)*

Ungebändigt fließt der namensgebende Nahanni River durch die spektakuläre Landschaft der Mackenzie Mountains und bildet das Zentrum dieses Weltnaturerbes. Neben imposanten Schluchten und großen Wasserfällen gibt es ein großes System aus Kalksteinhöhlen sowie heiße Quellen, Wälder, Tundravegetation und eine große Artenvielfalt. Trotz seiner Schönheit ist dieser Park recht unbekannt und wenig besucht.

Helmcken Falls, British Columbia *(unten rechts)*

Erloschene Vulkane, Mineralquellen, dichte Wälder und viel Wasser kennzeichnen den Wells Gray Provincial Park im Herzen des kanadischen Bundesstaates British Columbia. Während die Seen zum Kanu fahren und Angeln verlocken, präsentiert sich der Murtle River spektakulär: Er stürzt in den Helmcken Falls über eine Stufe 137 m tief hinunter und ist damit Kanadas immerhin viertgrößter Wasserfall.

Takakkaw Falls, British Columbia *(oben links)*

Berühmt für seine Wasserfälle ist der Yoho National Park. Er liegt in den kanadischen Rocky Mountains und ist für dortige Verhältnisse mit gut 1300 km^2 eher klein. Dafür bezaubert er mit weiten Nadelwäldern, klaren Bergseen wie dem Emerald Lake, steilen Gipfeln und engen Schluchten – beste Voraussetzungen also, Wasser auch tief hinabstürzen zu lassen.

Kootenay National Park, British Columbia *(oben rechts)*

Nur wenige Landschaften bieten so viel Abwechslung wie der 1406 km^2 große Nationalpark im Südwesten Kanadas, den der Kootenay River durchfließt: Das Spektrum reicht von gletscherbedeckten Gipfeln bis zu so trockenen Regionen, dass sogar Kakteen gedeihen. Trotz solcher Highlights wie dem engen Sinclair Canyon oder den Radium Hot Springs ist dieses Gebiet relativ unbekannt.

Jasper National Park, Alberta *(unten)*

Als größter Nationalpark in den Rocky Mountains hat der Jasper National Park eine sehr facettenreiche Landschaft zu bieten. Die Palette reicht von Gletschern über Berge und Wälder bis zu Seen und heißen Mineralquellen. Die Pflanzen- und Tierwelt sind genauso vielfältig: Elche und Wapitis leben hier ebenso wie Luchse, Wölfe, Schwarz- und Grizzlybären.

Spirit Island, Maligne Lake, Alberta *(oben)*

Diese kleine Insel inmitten des wunderschönen Hochgebirgssees gehört zu den bekanntesten Fotomotiven Kanadas und ist eines der Highlights im Jasper National Park. Wer Zeit und Muße hat, sich hier ungestört von den zahlreichen Besuchern in die Natur zu vertiefen, wird sie als Wunder und Quelle der Kraft wahrnehmen.

Athabasca-Gletscher, Alberta *(Mitte)*

Aufgrund seiner Nähe zum Icefield Parkway kann sich der Athabasca-Gletscher rühmen, einer der meistbesuchten Gletscher Nordamerikas zu sein. Mit einem speziellen Bus darf er auch befahren werden. Damit bekommt der Besucher einen kleinen Einblick in die Columbia Icefields, die größten nichtpolaren Eisfelder Nordamerikas. Sie sind rund 320 km^2 groß und zwischen 100 m und 365 m dick.

Banff National Park, Alberta *(unten)*

Ältester Nationalpark Kanadas, zweitältester Nordamerikas und drittältester der Welt – mit diesen Attributen schmückt sich Kanadas vielleicht schönster, auf alle Fälle meistbesuchter Nationalpark. Schroffe Gipfel, gleißende Gletscher, heiße Schwefelquellen und grüne Bergwiesen locken jährlich gut fünf Millionen Besucher. Sie bringen die Natur und ihren Schutz an ihre Grenzen, denn im Sommer konzentrieren sich die Touristen an wenigen Stellen.

Peyto Lake, Alberta *(oben links)*

Einen wunderbaren Anblick im Banff National Park bietet der Peyto Lake vor der Kulisse der Rocky Mountains. Dieser Gebirgssee ist berühmt für sein leuchtend türkisfarbenes Wasser. Es stammt von den umliegenden Gletschern. Dieses Schmelzwasser bringt feinste Festteilchen mit, die sich am Grund des Sees ablagern und für die Farbe verantwortlich sind.

Lake Louise, Alberta *(oben rechts)*

Mit seiner türkisblauen Farbe fiel es dem Lake Louise leicht, zum Star unter den nordamerikanischen Seen aufzusteigen. Diese einzigartige Färbung verdankt er dem Steinmehl, das vom Schmelzwasser der Berge hinabgespült wird und sich auf dem Grund ablagert. So hat sich also der 3464 m hohe Mount Victoria seinen einzigartigen Spiegel selbst geschaffen.

Mount Assiniboine, Alberta *(Mitte)*

Das Matterhorn Nordamerikas wird Mount Assiniboine oft genannt, denn beide Berge haben die markante Pyramidenform gemeinsam. Der Berg gehört zu dem Bereich der Rocky Mountains, der von der UNESCO geschützt wird, aber auch eine beliebte Region für Wanderer und Wintersportler darstellt. Kein Wunder, ist es doch ein herrliches Stück Erde mit vielen Tieren und Pflanzen.

Waterton Lakes National Park, Alberta *(unten)*

Der Upper, Middle und Lower Waterton Lake sind die drei Seen, denen dieser 1895 gegründete Nationalpark im Süden Kanadas seinen Namen verdankt. Er liegt direkt an der Grenze zum US-amerikanischen Montana und bildet seit 1932 zusammen mit dem dortigen Glacier National Park den grenzübergreifenden Waterton-Glacier International Peace Park und steht damit nicht nur für Naturschutz, sondern auch für den Frieden zwischen beiden Ländern.

Dinosaur Provincial Park, Alberta *(oben rechts)*

Rund 200 km östlich von Calgary liegt eine malerische Berglandschaft, die kanadischen Badlands mit dem Red Deer River. Schon sie allein ist ein Besuch wert, aber es sind die besonderen Fossilien, die Besucher aus aller Welt anlocken: Nirgendwo sonst auf der Erde wurden so viele Überreste von Dinosauriern gefunden wie hier, allein 35 unterschiedliche Arten dieser ausgestorbenen Riesenechsen.

Head-Smashed-In Buffalo Jump, Alberta *(oben links)*

Mit dieser zunächst unscheinbar wirkenden Felsklippe, die in einer grasigen Ebene liegt, hat es etwas ganz Besonderes auf sich: Wissenschaftler konnten nachweisen, dass die Indianer der Region bereits vor 5000 Jahren diesen Abgrund zur Bisonjagd nutzten. Und zwar, indem sie die Tiere über den Felsen trieben, sodass sie zu Tode stürzten oder sich schwer verletzten. Die Abbruchkante steht unter dem Schutz der UNESCO.

Huronsee, Ontario *(Mitte)*

Mit 59 600 km^2 liegt der Lake Huron auf Platz fünf der Top Ten der weltgrößten Seen. Etwas mehr als die Hälfte seiner Fläche befindet sich auf kanadischem Staatsgebiet, der Rest gehört zum Staat Michigan in den USA. Er ist bis zu 229 m tief, zählt zu den Großen Seen (Great Lakes) und verbindet sie miteinander. An seinem Ostufer liegen unzählige Inseln, die ein beliebtes Feriengebiet sind.

Laurentides, Québec *(unten)*

Ein Highlight im Herbst sind die Laurentinischen Berge, die sich oberhalb von Québec 200 km gen Norden ziehen. Fast komplett mit Wald bedeckt leuchten sie in allen Farbtönen zwischen Grün und Rot, gelegentlich durch Seen oder Flüsse unterbrochen. Der größte Teil des Gebiets ist nicht erschlossen und steht unter Naturschutz, sodass sich Tiere und Pflanzen ungestört entwickeln können.

Western Brook Pond, Neufundland *(oben)*

Dieser fantastische Fjord mit seinen Wasserfällen und steilen Felswänden gehört zum Gros Morne National Park an der Westküste Neufundlands. Vor Jahrmillionen stießen hier die Nordamerikanische und die Eurasische Kontinentalplatte aneinander. Dabei wurde ein Stück des Erdmantels herausgebrochen und hochgedrückt, der sich als Berg offen präsentiert – allerdings verändert durch Eiszeit, Wind und Wetter.

Bay of Fundy, New Brunswick/Nova Scotia *(Mitte)*

Ein Naturphänomen ganz besonderer Art hat die Fundybai am Atlantik im südöstlichen Kanada zu bieten: Hier gibt es die stärksten Gezeiten der Erde. Der Tidenhub, also der Unterschied des Wasserstands zwischen Ebbe und Flut, beträgt 14 m, bei Springflut sogar 21 m. Beim Hinein- und Hinausfließen wäscht das Wasser auch den Sockel kleiner Inseln nach und nach weg, sodass sie bei Ebbe aussehen wie Pilze.

Bonavista Bay, Neufundland *(unten)*

Raue Klippen, die mit ihren vorgelagerten Felsköpfen die Buchten vom offenen Meer abschirmen, kennzeichnen die Bonavista Bay an der kanadischen Nordostküste. Hier leben zahlreiche Meeressäugetiere, denn die Küstengewässer sind sehr fischreich. Der Küstenstreifen entlang der Bonavista Bay und das hügelige Hinterland mit seinen dichten Wäldern und Feuchtgebieten werden im Nationalpark Terra Nova geschützt.

USA

Mount McKinley, Alaska

(oben links)

Denali – „Der Große" oder „Der Hohe" nannten die Indianer ihn und trafen damit den Nagel auf den Kopf: Als Teil der Alaska-Kette ragt der Denali 6198 m hoch auf und ist damit der höchste Berg Nordamerikas. Im deutschsprachigen Raum hat sich die Benennung nach dem 25. US-Präsidenten durchgesetzt, während die Amerikaner inzwischen wieder den alten Indianernamen benutzen.

Portage-Gletscher, Alaska

(oben rechts)

Dramatisch wirkt die Landschaft rund um den Portage-Gletscher fast bei jedem Wetter. Der Gletscher, der sich in den vergangenen 100 Jahren um gut 5 km zurückgezogen hat, mündet in den Portage Lake. Dabei brechen kleinere und größere Stücke von der Eiszunge ab, schwimmen als Eisberge und Eisschollen im See und bilden häufig wunderbare Szenarien.

Glacier Bay, Alaska

(unten)

Nicht umsonst heißt diese tief eingeschnittene und vielarmige Bucht Gletscherbucht: Hier münden mehrere Gletscher aus den umliegenden Bergen und Eisfeldern. Sie gelten als Reste der letzten Eiszeit und werden durch Schmelzen immer kleiner – vor gut 200 Jahren war noch die komplette Bucht mit Eis bedeckt. Wissenschaftler vermessen heute genau die Veränderungen der Gletscher und erforschen ihre Auswirkungen.

Mendenhall-Gletscher, Juneau, Alaska *(oben)*

Wie ein weißes Band aus Eis zieht sich der Mendenhall-Gletscher auf bis zu 2,4 km Breite vom Juneau Icefield hinunter. Da er nur 21 km vom Zentrum Juneaus, der Hauptstadt des Bundesstaates Alaska, entfernt endet, ist er ein beliebtes Ausflugsziel. Denn die Eismassen sind bis zu 67 m hoch und bieten einen imposanten Anblick – besonders wenn im Sommer die Natur in seinem Umfeld ergrünt.

Olympic National Park, Washington *(unten rechts)*

Drei sehr unterschiedliche Landschaftsformen vereint der Olympic National Park auf der Olympic-Halbinsel im Westen Washingtons: die Strände des Pazifischen Ozeans mit wunderbaren Felsformationen, üppigen Regenwald der gemäßigten Breiten und die gletscherbedeckten Olympic Mountains. Diesen sehr unterschiedlichen Lebensräumen entsprechend gibt es eine große Vielfalt an Pflanzen und Tieren.

Mount Rainier, Washington *(unten links)*

Majestätisch erhebt sich der Mount Rainier als höchster Berg der Cascade Range südöstlich von Seattle 4395 m hoch. Mit seiner gleichmäßigen Form prägt der Vulkan, von dem 26 Gletscher hinabfließen, das Gesicht der Landschaft. Dass er keineswegs immer so friedlich daliegen muss, zeigt er gelegentlich durch Rauchwolken an, denn er ist ein aktiver Vulkan.

Mount Saint Helens, Washington *(oben links)*

Dass er nicht so harmlos ist, wie er aussieht, stellte der Vulkan Saint Helens 1980 unter Beweis: Bei einem Ausbruch verwüstete er die umliegende Landschaft und verlor selbst seinen nördlichen Gipfel, der durch die Explosion abrutschte. Dadurch ist der Vulkan nur noch 2530 m hoch, statt zuvor 2948 m. Seitdem war er immer wieder aktiv. Die Region um den Vulkan steht inzwischen unter Naturschutz.

Craters of the Moon National Monument, Idaho *(unten links)*

Unwirtlich wie diese vulkanische Landschaft stellten sich ihre Namensgeber den Mond vor und sogar Astronauten des Apollo-Raumfahrt-Programms übten hier. Vor rund 2000 Jahren gab es die letzten Eruptionen, die für das größte Basaltgebiet des US-amerikanischen Festlands verantwortlich sind. Die bizarre, wilde Landschaft übt eine eigenartige Anziehungskraft aus.

Painted Hills, Oregon *(oben rechts)*

Östlich der Cascade Range im Tal des John Day Rivers prägen die Painted Hills mit ihren sanft gewellten Hügeln und den zwischen Gelbbraun und Rot changierenden Farben auf wundersame Weise die Landschaft. Ursache für die Farbenpracht sind die in den Gesteinen enthaltenen Mineralien. Außerdem trägt das Licht je nach Tageszeit und Wetter sehr zur Bandbreite des Spektrums bei.

Crater Lake mit Wizard Island, Oregon *(unten rechts)*

Zu jeder Jahreszeit ist der Crater Lake, Zentrum und Namensgeber des Crater Lake National Parks, eine wahre Augenweide. Dafür sorgt auch das kleine vulkanische Wizard Island. Der See im Krater des erloschenen Vulkans Mazama besteht aus Regen- sowie Schmelzwasser und ist mit 594 m der tiefste See der USA und der siebttiefste der Welt. Außerdem soll er die beste Wasserqualität auf dem nordamerikanischen Kontinent haben.

Glacier National Park, Montana *(oben)*

Die Gletscher verliehen dem 1910 begründeten Nationalpark seinen Namen, doch prägen sie ihn nur noch in geringem Maße, denn sie schmelzen: Gab es 1850 auf diesem Gebiet noch 150 Gletscher, so sind es derzeit nur noch 27. Sie nehmen nur noch ein Drittel der damaligen vergletscherten Fläche ein. Berechnungen zufolge können die Gletscher in gut 20 Jahren komplett geschmolzen sein, wenn das Tempo so weitergeht.

Hoodoo, Montana *(unten links)*

Wie ein Totempfahl reckt sich die rote Felssäule bei Sweetgrass in Montana in den Himmel – ein sogenannter Hoodoo. Sie besteht aus Kalkstein und wurde über Jahrmillionen vor allem vom Wind so geformt. Er trägt die weichen Gesteinsschichten zuerst ab, während die härteren länger Stand halten. Eine feste Schicht am oberen Ende schützt vor Verwitterung von oben.

Yellowstone National Park, Wyoming *(unten rechts)*

Durch die vulkanischen Aktivitäten im Yellowstone National Park gibt es unzählige heiße Seen und blubbernde Schlammlöcher. Viele Pflanzen vertragen das heiße, schwefel- oder silikathaltige Wasser nicht und sterben ab, wenn sie damit in Kontakt kommen. Dafür hat sich etwas entfernt davon – durch den seit fast anderthalb Jahrhunderten andauernden Naturschutz – eine unglaubliche Vielfalt an Flora und Fauna erhalten.

Old Faithful, Wyoming

(oben links)

In den Rocky Mountains liegt mit dem bereits 1872 gegründeten Yellowstone National Park der älteste Nationalpark der Welt. Dieses Gebiet ist nach wie vor von Vulkanismus geprägt und bietet einzigartige und äußerst unterschiedliche Naturschauspiele. Dazu gehören auch über 300 Geysire. Während Old Faithful wegen seiner Regelmäßigkeit bekannt ist, gilt der Steamboat-Geysir als der höchste der Welt.

Mammoth Hot Springs, Wyoming *(oben rechts)*

Im Norden des Yellowstone National Parks, direkt an der Grenze zu Montana, fließt heißes Quellwasser über Stufen ins Tal hinab. Im Laufe der Zeit haben die ausgefallenen Kalkanteile hier große Terrassen und Becken gebildet. Darin siedeln Algen und Bakterien und sind für das reiche Farbenspiel in den Becken verantwortlich, das von Temperatur und Sonneneinstrahlung abhängt.

Firehole River am Midway Geyser Basin, Wyoming

(unten links)

Kalt verlässt er seine Quelle im Madison Plateau, warm vereinigt er sich mit dem Gibbon River bei Madison Junction zum Madison River, denn unterwegs hat der Firehole River Energie getankt, als er das Upper, Midway und Lower Geyser Basin durchflossen hat. Allein das Midway Geyser Basin, das kleinste der drei Hauptgeysirbecken, gibt pro Minute 15 000 l heißes Wasser an den Fluss ab.

Fishing Cone, Wyoming *(unten rechts)*

Wie ein Minivulkan oder der Schornstein eine Unterwasserhütte wirkt dieses dampfende Loch. Es handelt sich um das Austrittsloch des Geysirs Fishing Cone. Er erhielt seinen Namen, weil sich ein Fischer verbrannte, als das heiße Wasser plötzlich 12 m hoch schoss. Denn manche der 300 Geysire im Yellowstone National Park liegen unter Wasser, vor allem im West-Thumb-Geysirbecken.

Grand Prismatic Spring, Wyoming *(oben links)*

Der Name dieser heißen Quelle im Yellowstone National Park ist tatsächlich Programm: Nicht nur, dass sie einen Durchmesser von stolzen 91 m vorweisen kann und damit die drittgrößte heiße Quelle der Welt ist, sondern sie besticht auch durch eine wunderbare Farbenpracht und kann sicher mit der eines Prismas mithalten.

Teton Range, Wyoming *(oben rechts)*

Wenn sich im Herbst die Blätter bunt färben, entfaltet das Gebiet rund um die Teton Range ihren ganzen Charme. Dann kontrastiert das schroffe Grau der Felsen, die sich ohne Vorgebirge unmittelbar aus der Ebene in Höhen von 2000 m erheben, mit dem Laub und die ganze Szenerie spiegelt sich im klaren Wasser der Seen. Der höchste Gipfel Grand Teton ragt 4198 m auf.

Tower Fall, Wyoming *(Mitte)*

Einen unvergesslichen Eindruck hinterlässt der Wasserfall des Tower Creek: Umrahmt von hoch aufragenden Felsspitzen fällt er über 40 m senkrecht in die Tiefe und scheint die Gegensätze unten und oben, flüssig und fest, die durch Wasser und Stein symbolisiert werden, aufzuheben. Die Felsen bestehen aus erodiertem Vulkangestein.

Wind River Range, Wyoming *(unten)*

Wunderschön und dafür erstaunlich unbekannt sind die bis 4000 m hohen Wind-River-Berge. Dabei gehören sie zu den attraktivsten Bereichen der Rocky Mountains wie der Red Canyon auf dem Foto beweist. An dieser durch eine rotes Band charakterisierten Steilwand können an den unterschiedlichen Gesteinen die Erdzeitalter abgelesen werden.

Firehole Canyon, Wyoming
(oben)

Ein einzigartiges Panorama bietet der Firehole Canyon im Flaming Gorge State Park. Das Wasser des Green River wird von einer fantastischen Bergszenerie am Ufer gesäumt: Wie die Schichten einer Torte liegen die Gesteine der letzten 40 Millionen Jahre offen. Fossilien urzeitlicher Tiere und Pflanzen kommen genauso oft vor wie alte indianische Felszeichnungen.

Castle Gardens, Wyoming
(Mitte links)

Bizarre Felsfiguren empfangen die Besucher in Castle Gardens südlich von Riverton. Sie allein sind als Naturwunder schon faszinierend. Doch die Steine bieten auch eine menschliche Dimension: Die Indianer haben auf diesen Steinen unzählige Petroglyphen, also Felsritzungen, hinterlassen, die Geschichten erzählen oder Götter beschwören und heute als historisches Erbe geschützt werden.

Thermopolis, Wyoming
(Mitte rechts)

Am Fuß der Owl Creek Mountains liegt die größte heiße Mineralquelle der Welt: Thermopolis mit den Rainbow Terraces. Die Mineralien im herabfließenden Wasser, aber auch Algen und Plankton haben sich an dieser Sinterstufe abgelagert und bilden einen bunten Absatz geprägt von bizarr-rundlichen Formen. Je nach Wetter und Sonnenlicht entstehen dabei ganz wunderbare Farbeffekte.

Hells Half Acre, Wyoming
(unten)

Auch mit Hells Half Acre hat sich die Natur eine geologische Besonderheit einfallen lassen: Mitten in einer flachen Ebene fällt plötzlich eine Schlucht ab. Sie ist geformt wie ein Hufeisen und angefüllt mit Felstürmchen und -säulen, die von einem ehemaligen Nebenarm des Powder Rivers geformt wurden. Der Canyon wirkt so unirdisch, dass er als Kulisse für die Szenen auf einem anderen Planeten im Film „Starship Troopers" diente.

Pictured Rocks, Michigan *(oben)*

Das Südostufer des Oberen Sees präsentiert mit seiner pittoresken Felsküste einen echten Hingucker: Hier hat sich das Land aus dem See gehoben und zeigt seine rötlich glänzenden Kanten gekrönt von grünem Wald. Deutlich zeichnen sich die Schichten des Felsaufbaus ab und an manchen Stellen wurden einige Schichten vom Wasser ganz weggespült und bilden Tore.

Tahquamenon Falls, Michigan *(Mitte oben)*

Auf einer Breite von 60 m rauscht das Wasser des Tahquamenon Rivers gut 20 m tief hinab. Besonders reizvoll ist dabei der Farbkontrast des grünlichen Flusswassers oberhalb des Wasserfalls und des hell aufgischtenden Wassers beim Herunterstürzen. Es sind die herabgefallenen Nadeln der Hemlocktannen, die diese Färbung des Wassers verursachen.

Michigansee, Michigan/ Wisconsin *(Mitte unten)*

Wer an seinen Ufern steht, glaubt sich am Meer, so riesig ist die Wasserfläche des Michigansees – 57 800 km^2. Er gehört zu den Great Lakes, den fünf großen zusammenhängenden Seen in Nordamerika, und liegt als Einziger komplett in den USA. An seinem Ufer findet man die sogenannten Petoskey-Steine, versteinerte Korallenskelette, deren wabenförmiges Muster erst sichtbar wird, wenn die Steine feucht werden.

Sleeping Bear Dunes, Michigan *(unten)*

An einen schlafenden Bären erinnerte die markanteste Düne dieses Schutzgebietes am Ostufer des Michigansees. Inzwischen ist sie durch den Wind ganz verändert, aber der Name blieb. Denn nach einer Sage der Indianer floh eine Bärenmutter mit ihren Jungen vor einem Feuer in den See. Doch die beiden Jungen ertranken und bildeten zwei Inseln, während die Bärin am Ufer liegend nach ihnen Ausschau hielt und vom Sand bedeckt wurde.

Niagarafälle, New York/Ontario *(oben)*

„Donnerndes Wasser" nennen die Indianer den Niagara zu Recht, denn wenn auf US-amerikanischer Seite das Wasser des Flusses auf einer Breite von 350 m 51 m tief herabstürzt, ist der Lärm ohrenbetäubend. Auf der kanadischen Seite sind die Fälle sogar mehr als doppelt so breit, nämlich 790 m, und mit 49 m beinahe genauso tief. Die Niagarafälle gehören zu den Highlights eines Amerikabesuchs.

Mittlerer Fall des Genesee River, New York *(Mitte)*

Grand Canyon des Ostens nennen die Amerikaner die Schluchten des Genesee Rivers in seinem Mittellauf. Über drei große Wasserfälle rauscht der Fluss durch die Schlucht, deren Wände bis zu 200 m hoch sind. Der mittlere, 30 m hohe Wasserfall ist nach Ansicht der Seneca-Indianer so schön, dass die Sonne jeden Tag ein wenig im Zenit verweilt, um ihn anzuschauen.

Indian Summer, Neuenglandstaaten *(unten)*

Wenn im Herbst das Blut erlegter Bären in die Erde fließt und von den Baumwurzeln bis in die Blätter transportiert wird, färben sich die Blätter rot. So erklärt eine indianische Legende die bunte Färbung des Laubs im Indian Summer. Biologisch betrachtet ist es genau umgekehrt: Wenn die Tage kürzer werden, kappen die Bäume die Saftzufuhr in die Blätter. Dadurch baut sich das für die Grünfärbung verantwortliche Chlorophyll ab und andere Stoffe übernehmen das Regime und die Färbung der Blätter.

Redwood Trees, Kalifornien

(oben)

Sie wachsen von San Francisco bis hinauf nach Oregon und werden bis zu 110 m hoch und über 1000 Jahre alt: die roten Riesen, die Redwood Trees oder Mammutbäume. Da ihr rotes Holz sehr hart und schwer entflammbar ist, war es bis in die 1920er Jahre beliebtes Bauholz. Um zumindest einige der Redwood-Bäume für die Nachwelt zu erhalten, wurden sie im gleichnamigen Nationalpark unter Schutz gestellt.

Point Reyes, Kalifornien

(Mitte)

212 km/h Windgeschwindigkeit! Mit diesem Rekordwert kann sich das Kap der Halbinsel Point Reyes rühmen, der windigste Punkt an der nordamerikanischen Pazifikküste zu sein. Außerdem bildet sich hier besonders oft Nebel – es soll der Ort mit dem zweithäufigsten Nebel in Nordamerika sein. Tiere und Pflanzen wie Seeregenpfeifer und Knöterich, die das aushalten, sind es wert, in einem Nationalpark geschützt zu werden.

The Lone Cypress, Kalifornien

(unten)

Wie der Titel eines Gemäldes klingt der Name dieses Naturwunders und es sieht so aus, als hätte ein romantischer Maler die Zypresse absichtlich auf die Felsen gestellt mit dem Meer im Hintergrund, um das perfekte Motiv zu erhalten. Auf der Monterey-Halbinsel am 17 Miles Drive gehört Cypress Point zu den beliebtesten Aussichten und die Zypresse zu den meistfotografierten Bäumen der Welt.

Big Sur, Kalifornien *(oben links)*

Henry Miller hat diesen wunderbaren Küstenabschnitt zwischen Carmel und San Simeon berühmt gemacht. Immer neue Ausblicke bietet dieses buchtenreiche Ufer, wo „sich Berge und Ozean zum Rendezvous treffen. Das ist die schönste Begegnung von Land und See, die es auf der Erde gibt." Treffender kann man es kaum ausdrücken als Robert Louis Stevenson, der sich hier für seinen Klassiker „Die Schatzinsel" inspirieren ließ.

La Brea Tar Pits, Los Angeles, Kalifornien *(unten links)*

Asphalt wird nicht nur künstlich für den Straßenbau hergestellt, sondern kommt auch als Naturprodukt vor. So gibt es im Becken von Los Angeles große Mengen unterirdischen Asphalts, die im Hancock Park an die Oberfläche vordringen. Dabei haben sie viele Tiere aus dem Pleistozän, die in ihnen versunken sind, wieder ans Tageslicht gebracht, darunter Mammuts, Säbelzahnkatzen und Höhlenbären.

San-Andreas-Verwerfung, Kalifornien *(oben rechts)*

Als hätte ein Riese mit einem Messer einen Schnitt gezogen, teilt die San-Andreas-Verwerfung Kalifornien in zwei Teile – mit dem Ergebnis, dass San Francisco und Los Angeles nicht auf derselben Kontinentalplatte liegen: San Fran liegt auf der Nordamerikanischen, L. A. dagegen auf der Pazifischen Platte. Die beiden Platten gleiten aneinander vorbei und dadurch entsteht die Verwerfung, die 1100 km von San Francisco bis nach Mexiko reicht.

Yosemite National Park, Kalifornien *(unten rechts)*

Mit seinen steil aufragenden, bis zu 3500 m hohen Bergen, den glasklaren Gebirgsseen, Wasserfällen und Flüssen sowie den mit dichtem Grün bewachsenen Hochplateaus gilt der Yosemite National Park als einer der schönsten der USA. Er erstreckt sich an den Westhängen der Sierra Nevada über 3081 km² und ist mit rund drei Millionen Besuchern pro Jahr einer der meistbesuchten Parks der Welt.

El Capitan, Kalifornien

(oben)

Fast 1000 m hoch erhebt sich mit dem „Kapitän", El Capitan, der größte Granitmonolith der Welt im Yosemite National Park. Seine geraden Steilwände wirken auf Kletterer wie ein Magnet, obwohl es auch einen verhältnismäßig bequemen Wanderpfad zum Gipfel des Berges in 2307 m Höhe gibt. Besonders imposant wirkt El Capitan von Westen aus mit dem Merced River im Vordergrund.

Yosemite Falls, Kalifornien

(unten links)

Die Yosemite Falls lassen ihr Wasser 739 m tief hinabstürzen und gelten als die höchsten Wasserfälle Nordamerikas. Sie gehören zu den Highlights im Yosemite National Park, die jeder sehen will. Dabei sind auch die unbekannteren Regionen des UNESCO-Weltnaturerbes mit ihrer vielfältigen Vegetation und Tierwelt sehr reizvoll, denn durch die unterschiedlichen Höhenlagen gibt es im Park fünf Ökosysteme.

Mono Lake, Kalifornien

(unten rechts)

Gleich zwei fantastische Naturschauspiele auf einmal bietet der Mono Lake, ein mit 200 km^2 riesiger Salzsee: Aus dem See ragen bizarr geformte, an Korallen erinnernde Kalksteinsäulen heraus. Sie bildeten sich unter Wasser und tauchten erst in den 1960er-Jahren nach einer Absenkung des Wasserspiegels auf. Zum anderen machen hier jedes Jahr im Frühjahr und im Herbst Hunderttausende von Zugvögeln Rast.

General Grant Tree, Sierra Nevada, Kalifornien *(oben links)*

Schon die Namensgebung zeigt, mit welchem Respekt die Amerikaner den größten unter den Riesenmammutbäumen begegnen: Der mit 83,8 m höchste heißt General Sherman und der zweithöchste General Grant. 2005 war er 82 m hoch, bei einem Durchmesser von 8,85 m. In seinem hohen Alter von etwa 1650 Jahren wächst solch ein Baum nicht mehr, sondern wird durch Stürme oder Blitzeinschlag höchstens kleiner, da sie Teile abbrechen oder einen Baum auch ganz fällen.

Devils Postpile, Sierra Nevada, Kalifornien *(Mitte links)*

Schmale, schlanke Basaltsäulen recken sich eng aneinandergedrückt dunkel in den blauen Himmel der Sierra Nevada. Die Basaltsäulen sind 20 m hoch und besitzen eine sehr regelmäßige sechseckige Form. Sie entstanden, als die Lava eines Vulkanausbruchs vor etwa 100 000 Jahren sehr langsam und gleichmäßig abkühlte. Eiszeit und Erosion haben die Säulen von der Seite und von oben freigelegt, sodass sie wie eine Klippe aussehen.

Sierra Nevada, Kalifornien *(Mitte rechts)*

Spektakuläre Panoramen bietet die Sierra Nevada mit ihrer imposanten Bergwelt immer wieder, denn einige Gipfel sind Viertausender. Dieses 600 km lange Hochgebirge durchzieht als Ausläufer der Cascade Range Kalifornien und ein Stück von Nevada. Zahlreiche Nationalparks und gute Wintersportbedingungen ziehen viele Besucher an.

Death Valley, Kalifornien *(unten)*

Bis zu 57 °C können die Temperaturen hier im Sommer erreichen und weit und breit gibt es nirgendwo Wasser. Das wurde im 19. Jahrhundert vielen Goldgräbern und Abenteurern zum Verhängnis – das Tal des Todes trägt seinen unheilvollen Namen durchaus zu Recht. Gut ausgerüstet ist eine Fahrt durch die trockene Wüstenlandschaft ein einzigartiges Erlebnis.

Badwater, Death Valley, Kalifornien *(oben links)*

86 m unter dem Meeresspiegel! Damit ist Badwater der tiefste Punkt Nordamerikas. Und mit einer Durchschnittstemperatur von 50 °C auch der heißeste. Da mag sich schon mancher über das Wasser gefreut, aber dann bei einem Schluck enttäuscht festgestellt haben, dass es nicht trinkbar ist. Denn Badwater ist eine Salzwasserquelle – schlechtes Wasser eben.

Wandernde Steine, Racetrack Playa, Kalifornien *(Mitte links)*

Wer aufmerksam durch das Death Valley fährt, wird vielleicht auf dem Boden lange Spuren entdecken, die irgendwo im Nichts enden. An ihrem Ende liegt ein Stein und die Spur kann nur von ihm stammen. Aber wie kommt er dahin? Dies ist eines der ungelösten Rätsel der Naturwissenschaft: Bis zu 300 kg (!) schwere Steine bewegen sich bis zu 1 km weit ohne äußerlich sichtbare Einwirkung. Einer unbewiesenen Hypothese zufolge bringen starke Winde während Regenperioden die Steine auf der feuchten Oberfläche voran.

Mojave-Wüste, Kalifornien *(oben rechts)*

Als großes Trockengebiet liegt die Mojave-Wüste im Südosten Kaliforniens. Charakteristisch sind weite, meist ausgetrocknete Salzseen, eine karge Vegetation mit Kakteen, niedrigem Buschwerk sowie Sanddünen und felsigen Bergen. Früher wurden in der Mojave-Wüste Gold und Borax abgebaut. An diese goldenen Zeiten erinnert Calico – heute eine Geisterstadt.

Blühende Mojave-Wüste, Kalifornien *(unten)*

3000 Sonnenstunden pro Jahr, Temperaturen um 40 °C ab April und 100–150 mm Niederschlag im Jahresdurchschnitt – mit diesen Eckdaten ist die Mojave-Wüste ausreichend als lebensfeindliche Region gekennzeichnet. Aber wenn der Regen kommt, dann lebt die Wüste nicht mehr wie sonst nur versteckt: Sie zeigt sich in einer Farbenpracht, wie man sie sich schöner kaum ausdenken könnte.

Joshua Tree National Park, Kalifornien *(oben)*

Riesige Granitfelsen in fantastischen Formen und auf unglaubliche Art und Weise aufgestapelt sind die geologische Besonderheit des Joshua Tree National Parks. Es handelt sich um sogenannten Monzogranit, der durch Erdbewegung und Erosion über die Jahrtausende so geformt wurde. Auf Kletterer üben diese Felsen eine besondere Anziehungskraft aus.

Joshua Trees, Kalifornien *(Mitte)*

Sie recken ihre Arme in den Himmel wie Josua im Alten Testament – das fand zumindest eine Gruppe von Mormonen, die den Riesen-Baumyuccas ihren Namen gab. Die Joshua Trees *(Yucca brevifolia)* gehören zu den Agavengewächsen und werden bis zu 12 m hoch. Selbst außerordentliche Trockenheit macht ihnen nichts aus und so erreichen sie ein Alter von mehreren Hundert Jahren.

Fly Geyser, Nevada *(unten)*

Einzigartig unter den Geysiren der Welt ist der Fly Geyser bei Gerlach in der Black Rock Desert: Aus drei riesigen Felsen spritzt aus mehreren Löchern heißes Wasser hoch in die Luft. Und das in einer ansonsten trockenen Gegend. Der Geysir befindet sich auf dem Privatgrund der Fly Ranch und kann nur mit Erlaubnis besichtigt werden.

Pyramid Lake, Nevada
(oben links)

Umgeben von eintöniger wüstenhafter Steppenlandschaft bietet der Pyramid Lake nördlich von Reno dem Auge doppelte Abwechslung: Zum einen durch die spiegelnde Weite seines Wassers und zum anderen durch den extravagant geformten Felsen. Der See gehört zu den größten Seen der USA und ist ein Relikt der Eiszeit, als noch fast ganz Nevada von einem riesigen See bedeckt war.

Lake Tahoe, Nevada/Kalifornien
(oben rechts)

Sein wunderbar blaues Wasser ist ebenso berühmt wie die Kulisse der Sierra Nevada an seinen Ufern: Der Lake Tahoe liegt etwa 1900 m hoch in den Bergen und ist einer der höchstgelegenen Seen Nordamerikas, außerdem mit 501 m der zweittiefste See der USA. Romantische Buchten wie die Emerald Bay (Foto) ziehen im Sommer viele Touristen an, bieten aber außerhalb der Saison Gelegenheit, die Seele baumeln zu lassen.

Valley of Fire, Nevada
(unten rechts)

Die Sandsteinformationen im Valley of Fire, 80 km im Nordosten von Las Vegas, wirken so fremd und futuristisch, dass sie als Kulisse für den Star-Trek-Film „Treffen der Generationen" dienten. Sie sind aus versteinerten Wanderdünen entstanden. Das Gebiet ist seit 1935 geschützt, denn hier gibt es außerdem noch versteinerte Bäume und alte indianische Felszeichnungen.

Great Basin National Park, Nevada *(unten links)*

Im Schatten des Wheeler Peaks schützt dieser Nationalpark einige der langlebigsten Pflanzen der Erde: Die Langlebige Kiefer *(Pinus longaeva)* erreicht Wuchshöhen von bis zu 15 m, und tatsächlich sollen hier einzelne Exemplare über 4000 Jahre alt sein. Sie gehören zu den ältesten bekannten Lebewesen der Erde.

Elephant Rock, Valley of Fire, Nevada *(oben links)*

Besondere Formen von Felsen fordern immer die Fantasie der Menschen heraus. Beim Elephant Rock jedoch benötigt niemand viel Einfallsreichtum, um auf Anhieb den langen Rüssel, den Kopf und den großen Körper zu erkennen. Da fällt es fast schon schwer, allein die Erosion als Ursache anzuerkennen. Das Valley of Fire erhielt seinen Namen aufgrund des vorherrschenden roten Sandsteins.

Snow Canyon State Park, Utah *(oben rechts)*

Verglichen mit den anderen Canyons in Utah handelt es sich bei der Landschaft am Snow Canyon und dem West Canyon nordwestlich von St. George eher um eine sanfte Hügellandschaft. Die Felswände steigen nicht besonders steil oder hoch auf, dafür sind sie schön rund geschliffen. Es handelt sich um Navajo-Sandstein. Der Snow Canyon erhielt seinen Namen übrigens nicht nach dem Schnee, sondern nach einem Bewohner der Region.

Cedar Breaks National Monument, Utah *(Mitte)*

Rot und rau – mit diesen beiden Adjektiven kann das Cedar Breaks National Monument kurz und treffend gekennzeichnet werden. Das mit 25 km^2 recht kleine Schutzgebiet umfasst nur zwei große Hänge im Westen des Markagunt Plateaus, die aber besonders schön sind: Der von Mangan und Eisen rot gefärbte Kalkstein ist zu Rippen, Säulen und Schluchten erodiert und leuchtet je nach Sonnenlicht mal stärker oder schwächer.

Checkerboard Mesa, Utah *(unten)*

Ein Highlight im Zion National Park ist Checkerboard Mesa: Durch waagerechte und senkrechte Rinnen, die ein Ergebnis der Erosion sind, ist der Tafelberg auf der Nordseite komplett mit einem Schachbrettmuster bedeckt. Die horizontalen Linien sind älter und durch Sand entstanden, den der Wind über den Fels geblasen hat. Die vertikalen entstanden später durch herabrinnendes Regen- und Schmelzwasser.

Fisher Towers, Utah *(oben links)*

Nicht weit entfernt von Moab zieht eine imposante Felsformation, die schon in zahlreichen Westernfilmen als Kulisse diente, die Aufmerksamkeit auf sich. Die höchste Felsnadel im Tal des Colorado Rivers, der Titan, reckt sich 274 m hoch in den Himmel. Gut 25 Meilen zieht sich diese Wand aus Sandstein dahin und kann auf einem Wanderweg erkundet werden.

Double Arch, Utah *(oben rechts)*

Eines der fantastischsten Naturwunder, das nicht nur Geologen begeistert, ist der Arches-Nationalpark in Utah nahe der Stadt Moab. Die Erosion hat hier so gründliche Arbeit geleistet, dass unzählige Bögen aus Sandstein entstanden sind. Wie viele ist nicht klar, denn Wind, Wasser, Frost und Hitze arbeiten weiter am Stein und so verändert sich die Zahl der Bögen: Alte stürzen ein und neue kommen hinzu.

Delicate Arch, Utah *(Mitte)*

Wie ein modernes Kunstwerk präsentiert sich der Delicate Arch. Der Torbogen aus Stein ist 14 m hoch und ein interessanter Blickfang vor den La Sal Mountains im Hintergrund. Seine Form ist so markant, dass sie die Autokennzeichen des US-Bundesstaates Utah ziert. Überlegungen, den Bogen mit Kunststoff zu überziehen, um ihn vor weiterer Erosion zu bewahren, wurden zugunsten des Naturschutzes verworfen.

Balanced Rock, Utah *(unten)*

Wenn ein großer Felsen von einer Felsnadel balanciert wird, ist es nur eine Frage der Zeit, bis dieses fragile Gebilde zusammenbricht. Trotzdem wird sich niemand davorsetzen und zuschauen, denn die Erosion hat es nicht eilig. Der Balanced Rock ist ein Beispiel dafür, was häufig aus den Felsbögen im Arches-Nationalpark wird, wenn sie einstürzen.

Canyonlands National Park, Utah *(oben)*

Nicht zu verwechseln mit dem Grand Canyon National Park ist dieses Schutzgebiet in Utah bei Moab: Hier haben Colorado und Green River tiefe Schluchten und spitze Felsnadeln aus dem Stein geschliffen. Island in the Sky heißt die Hochebene im Norden zu Recht, denn hier haben die Flüsse Felsinseln aus dem Colorado-Plateau gefräst, deren Sandsteinkanten steil abfallen.

Colorado National Monument, Colorado *(unten)*

Ein Felsplateau mit tief eingeschnittenen Schluchten, hohen Steinsäulen und steilen Bergwänden – das ist das Colorado National Monument im Westen des gleichnamigen Bundesstaates bei Grand Junction. Im Gestein sind Eisen und verschiedene Mineralien eingeschlossen, sodass die Felsen von Rot über Purpur bis zu Braun schimmern. Die Pflanzen runden das Farbspektrum mit ihrem Grün ab.

Goosenecks State Park, Utah *(Mitte)*

Wie eine Reihe elegant gebogener Gänsehälse mäandert der San Juan River durch das felsige Hochplateau bei Mexican Hat nahe der Grenze zwischen Utah und Arizona. Damit das so bleibt ist das Gebiet als Goosenecks State Park geschützt. Denn diese bis zu 450 m tiefen, sehr ebenmäßig entwickelten Schluchten mit ihren rotbraunen Felswänden gehören zu den schönsten in Nordamerika.

Garden of the Gods, Colorado *(oben links)*

Wunderbare, rote Formationen aus Sandstein regen im Garten der Götter, der am Stadtrand von Colorado Springs liegt, die Fantasie an. Die ungewöhnlichen und steilen, teilweise bizarren Felsformationen mit Namen wie „Kissing Camels" oder „Weeping Indian" sind bei Kletterern und Wanderern sehr beliebt, werden aber nach Regenfällen glitschig und gefährlich.

Great Sand Dunes, Colorado *(oben rechts)*

Auf gut 80 km² verteilen sich am Fuße der San-Juan-Berge Sanddünen, die bis zu 230 m hoch und damit die größten in Nordamerika sind. Ihre Entstehung geht rund 12 000 Jahre zurück auf Sandablagerungen des Rio Grande und seiner Nebenflüsse. Dieser Sand wurde vom Wind durchs Tal geweht und erst am Gebirge aufgehalten. Dort türmte er sich mit der Zeit zu Dünen auf, die bis heute durch den Wind ihr Aussehen verändern.

Grand Canyon, Arizona *(Mitte links)*

Fünf Millionen Menschen besuchen jedes Jahr dieses einzigartige Naturwunder, den Grand Canyon. Der Colorado River hat diese bis 1800 m tiefe Schlucht im Laufe von Jahrmillionen in das Coloradoplateau geschnitten, und zwar auf einer Länge von 350 km zwischen 6 km und 29 km breit. Je nach Tageszeit und Lichtverhältnissen bezaubern die unterschiedlichen Gesteinsschichten mit einem Farbspiel, das alle Nuancen zwischen Grau, Braun, Gelb und Rot zeigt.

Antelope Canyon, Arizona *(unten rechts)*

Nicht weit entfernt vom künstlich aufgestauten Lake Powell bei Page liegen im Reservat der Navajos zwei kleine, aber feine Canyons: Der Upper und der Lower Antelope Canyon. Die Erosion hat aus dem Sandstein enge Schluchten herausgewaschen, deren unregelmäßig geformte Wände in Kombination mit dem Lichteinfall auf den farbigen Sandstein fantastische Anblicke bieten.

Vermilion Cliffs, Arizona
(oben links)

Zwar wüstenhaft und lebensfeindlich, dafür aber wie zum Ausgleich sehr farbenfroh schlängeln sich die Vermilion Cliffs durch den Nordosten Arizonas bis nach Utah. Sie bilden mit dem gleichnamigen Canyon die Paria Canyon-Vermilion Cliffs Wilderness, die seit 1984 als National Monument geschützt wird. Ein Fünftel dieser fantastischen Landschaft liegt in Utah, der Rest in Arizona.

Buckskin Gulch, Arizona
(oben rechts)

Mit gleich drei Superlativen kann Buckskin Gulch in den Vermilion Cliffs aufwarten: Es ist der längste, der tiefste und der engste „Slot Canyon" der Welt. Über 21,6 km zieht sich die Schlucht und ist bis zu 244 m tief. Die Wände haben im Durchschnitt oben und unten einen Abstand von nur 3 m, streben jedoch an manchen Stellen so sehr zueinander, dass sich ein Mensch gerade noch durchzwängen kann.

Coyote Buttes, Arizona
(Mitte)

Dynamisch und lebendig wirken diese Sandsteinwirbel, als wären sie mitten in einer energischen Bewegung eingefroren. Es handelt sich um versteinerte Sanddünen in der Paria Canyon-Vermilion Cliffs Wilderness. Das National-Monument ist ein Paradies für Naturfreunde und -fotografen, das allerdings nur eingeschränkt zugänglich ist.

The Wave, Arizona *(unten)*

Die größten Überraschungen bietet die Natur immer dann, wenn sie die Grenzen aufzuheben scheint wie bei der Felsformation The Wave in der Paria Canyon-Vermilion Cliffs Wilderness: Der bunte Sandstein, ein hartes, festes Material, hat eine Wellenform angenommen und wirkt, als wäre er flüssig und könne wie Wasser gleich davonschwappen. In der Natur hängt eben doch alles eng zusammen.

Horseshoe Bend, Arizona *(oben links)*

Wie ein Hufeisen ist diese fantastische Schlucht des Colorado Rivers geformt und erhielt entsprechend ihren Namen. Der Fluss bildet nahe der Stadt Page eine enge Schleife, die von einer hohen Klippe aus einen spektakulären Anblick bietet. Auf dem Colorado-Plateau hat der Fluss viele beeindruckende Landschaften geschaffen, darunter als bekannteste den Grand Canyon.

Monument Valley, Arizona *(oben rechts)*

Einzelne Felsen, Pfeiler und kleinere Tafelberge aus rotem Sandstein erheben sich majestätisch aus der flachen, kargen Ebene wie Monumente. Als Symbol von Wildheit, Einsamkeit, Einzigartigkeit und Kraft bildeten sie die Kulisse zahlreicher Westernfilme, vor allem von John Ford, und unzähliger Werbespots für alle möglichen Produkte. Trotzdem übertreffen sie in natura alle Erwartungen.

Totem Pole, Arizona *(Mitte)*

Säulenartige Felsenformationen wie der Totem Pole ragen im Monument Valley aus der flachen rötlichen Ebene, als könnten sie den Elementen auf alle Ewigkeit trotzen. Doch als Produkt der Elemente werden sie ihnen irgendwann in Tausenden von Jahren auch wieder zum Opfer fallen. Denn die natürlichen Kräfte von Wind und Wasser wirken weiter und werden nach wie vor erst den weichen, dann den harten Gesteinen zusetzen.

Canyon de Chelly, Arizona *(unten)*

Im Nordosten von Arizona liegt der Canyon de Chelly auf dem Gebiet der Navajos und bildet zusammen mit dem benachbarten Canyon del Muerto das Canyon de Chelly National Monument. Der charakteristische rote Sandstein der Region bricht hier steil ab und bildet Höhlen und Vorsprünge. In beiden Canyons siedelten schon vor etwa 1000 Jahren Menschen, denn die steilen Felswände boten Schutz.

Spider Rock, Arizona *(oben)*

In der Mythologie der Navajos war dieser rote Felsturm der Wohnort der Spinnenfrau, die den Menschen das Spinnen beibrachte. Inmitten des Canyons de Chelly aufragend bietet die schlanke Felsnadel mit ihren 243 m Höhe einen imposanten Anblick. Der Canyon bildet dazu mit seinen gut 300 m hohen, rot leuchtenden Steilwänden die passende Kulisse.

Painted Desert, Arizona *(Mitte)*

Als Erdgeschichte in Farbe lässt sich die Painted Desert charakterisieren: Was hier in Rot, Ocker, Braun und Rosa so farbenfroh leuchtet, sind die Mineralien unterschiedlicher Gesteinsschichten, die sich in Millionen von Jahren abgelagert haben. Nachdem sich das Colorado Plateau gehoben hatte, konnte das Wetter die Schichten teilweise abtragen, sodass sie heute zu sehen sind.

Barringer-Krater, Arizona *(unten)*

An diesem 167 m tiefen und 1186 m weiten Krater wird deutlich, dass unser Planet Erde Teil eines größeren Ganzen, eines Sonnensystems und des Universums ist: Vor 50 000 Jahren schlug in Zentralarizona ein Meteorit ein. Er selbst verdampfte zwar durch die Aufprallenergie, verursachte jedoch dieses riesige Loch. Zum Glück verdampfen fast alle herabregnenden Meteoriten als Sternschnuppen und erreichen die Erde nicht.

Carlsbad Caverns, New Mexico
(oben)

Superlative der besonderen Art haben die Carlsbad-Höhlen im Süden von New Mexico zu bieten. Sie sind nicht nur das bekannteste Höhlensystem Amerikas und eines der größten der Welt, hier gibt es außerdem die mit 487 m unter der Erde liegende tiefste bekannte Kalksteinhöhle der Welt und mit dem Big Room einen der größten Höhlenräume: In ihm könnten 14 Fußballplätze untergebracht werden.

White-Sands-Wüste, New Mexico *(unten links)*

Schneewehen so weit das Auge reicht trotz glühender Hitze? Nein, die White-Sands-Wüste besteht aus feinem weißen Gipssand. Ausgerechnet aus Gips, der normalerweise mit Wasser feste Formen bilden würde, aber da es hier so trocken ist, werden größere Gipsgebilde durch Wind und Wetter fein zu Sand gemahlen. Der Wind bläst die Sandkörner zu Dünen auf – und sorgt für die perfekte Illusion einer Schneewehe.

Palo Duro Canyon, Texas *(unten rechts)*

Der Grand Canyon von Texas – so wird der Palo Duro Canyon auch gerne genannt, denn er ist der zweitgrößte Canyon der USA: 193 km lang, bis 244 m tief und im Durchschnitt 10 km breit, manchmal aber auch bis viermal breiter. Er beeindruckt nicht nur mit den unterschiedlichen Farbschichten des Gesteins, sondern auch durch die imposanten Formationen wie den Leuchtturm.

Meramec Caverns, Missouri

(oben rechts)

Tropfsteine auf fünf Ebenen gibt es im großartigen Höhlensystem der Meramec Caverns. Doch die Höhlen bei Stanton sind weniger wegen ihres Charakters als Naturwunder berühmt, denn durch ihre Geschichte: Während des Bürgerkriegs wurden hier Waffen versteckt und Jesse James soll sich mit seiner Bande in den unterirdischen Räumen und Gängen versteckt haben.

Big Bend National Park, Texas

(Mitte oben)

Stabil und doch gleichzeitig fragil wirkt dieses Fenster aus Felsen, bei dem man sich fragt, ob der obere waagerechte Stein nicht doch herunterrutschen wird. Besser man steckt den Kopf nicht hindurch … Doch diese ist nur eine von vielen spektakulären und sehr unterschiedlichen Felsformationen im Big Bend National Park im Süden von Texas nahe der Grenze zu dem Nachbarland Mexiko.

Santa Elena Canyon, Texas

(Mitte unten)

Bis zu 500 m hoch ragen die Felswände der Chisos Mountains am Santa Elena Canyon über dem Rio Grande auf. Da wird eine Kanufahrt schnell von einem reinen Naturerlebnis zu einem spirituellen Erlebnis: Das Gefühl, dass der Mensch nur ein Sandkorn im Universum ist, drängt sich auf, die Endlichkeit des eigenen Lebens wird greifbar – schon mancher ist hier zum Philosophen geworden.

Mammoth Cave, Kentucky

(unten)

Dieses Höhlensystem ist so groß und verzweigt, dass Besucher nur einen winzigen Bruchteil des Labyrinths aus Gängen, Räumen und Hallen besichtigen können und auch erst knapp die Hälfte erforscht wurde: Die Mammoth Caves sind insgesamt etwa 500 km lang und damit die längsten unter den bekannten Höhlen der Erde. Selbst wenn man die Höhlen auf Platz zwei und drei der Top Ten zusammenlegen würde, wäre Mammoth Cave immer noch 62 km länger.

Natural Bridge, Shenandoah Valley, Virginia *(oben)*

Wie ein Eisenbahntunnel wirkt diese immerhin 70 m hohe natürliche Felsbrücke. Da sie an den Seiten und auch auf ihrem Rücken mit Bäumen dicht bewachsen ist, fällt sie kaum auf. Berge mit wunderbaren Panoramen und schattige Eichenwälder sind typisch für das Shenandoah Valley. Es umfasst einen Teil der Blue Ridge Mountains und beinhaltet eine vielgestaltige Tier- und Pflanzenwelt.

Okefenokee-Sumpf, Georgia *(unten rechts)*

„Zitternde Erde" bedeutet Okefenokee auf Deutsch und tatsächlich wirkt der Boden zwar fest, ist es aber nicht, denn er besteht aus Torf. Das Okefenokee National Wildlife Refuge umfasst eine 2000 km^2 große Fläche, die zu weiten Teilen aus Sumpf besteht. Zwischen Zypressen finden Krokodile, Schlangen, Raubkatzen und unzählige Kleintiere einen geschützten Lebensraum.

Luray Caverns, Shenandoah Valley, Virginia *(unten links)*

Im Shenandoah Valley im Norden des US-Bundesstaates Virginia liegen die Luray Caverns. Hier haben sich in den Jahrmillionen der Erdgeschichte in mehreren Hohlräumen wie verzaubert wirkende Formationen von atemberaubender Schönheit gebildet. Dazu gehört die Halle der Kaskaden mit der fantastischen Diamanten-Kaskade, einem riesigen Tropfstein, der wie ein Wasserfall aus Diamanten aussieht.

Mississippidelta, Louisiana *(Mitte)*

Messe Sepe, „Vater der Wasser" oder „Großer Fluss", nannten die Indianer den mit 4074 km drittlängsten Fluss der Welt sehr treffend. Der Mississippi mündet mit fünf Hauptarmen in den Golf von Mexiko, und zwar mit einem riesigen Delta, das sich jedes Jahr um etwa 88 m weiter in den Golf vorarbeitet. Dieses angeschwemmte Land ist sehr fruchtbar und das Wasser voller Nährstoffe und entsprechend fischreich.

Everglades, Florida *(oben)*

Auch wenn die Sümpfe der Everglades den zahlreichen Besuchern riesig erscheinen, sind große Teile im Norden längst für die Landwirtschaft trockengelegt. Nur weil der Süden des Gebiets bereits 1947 unter Naturschutz gestellt wurde, blieb dieses feuchte Ökosystem erhalten. Hier wachsen Mangroven sowie zahlreiche Gräser und leben Pelikane, Schlangen, Alligatoren und Pumas.

Dry Tortugas, Florida *(Mitte)*

Sieben kleine Inselchen aus Sand oder Korallen im Golf von Mexiko am Ende der Florida-Keys-Inselkette bilden die Dry Tortugas. Sie haben ihren Namen nach den Schildkröten bekommen und dem Fehlen von Süßwasser. Sie sind inklusive der umliegenden Riffe und Gewässer wegen ihrer fantastischen Unterwasserwelt geschützt. Die Inseln selbst befinden sich in ständigem Wandel, denn durch tropische Stürme werden die Küstenlinien ständig verändert.

Riesenwellen, Hawaii-Inseln *(unten)*

Vor der Küste der hawaiianischen Insel Oahu bilden sich riesige Wellen, die zu den größten der Welt zählen. Nur die besten Surfer wagen sich hier noch aufs Board, um die Wellen abzureiten, denn sie sind so groß wie ein mehrstöckiges Haus. Wellenreiten ist übrigens keine Erfindung unserer Zeit, sondern wird auf Hawaii schon seit Jahrhunderten ausgeübt: He'e nalu, wie die Ureinwohner es nennen, war vor allem eine Beschäftigung der Stammeshäuptlinge.

Hawaii Volcanoes National Park, Hawaii *(oben)*

Die Hawaiianer verdanken ihren Vulkanen alles: ihren Bundesstaat, das fruchtbare Land und auch die vielen Touristen, die kommen, um sich der Faszination der Feuer speienden Berge hinzugeben. Und so ist es nur logisch, dass auf der Hauptinsel Hawaii das gesamte Gebiet vom Pazifik bis zum Gipfel des mit 4169 m höchsten Vulkans des Archipels unter Schutz gestellt wurde.

Mauna Loa, Hawaii *(Mitte)*

Der Mauna Loa auf Big Island Hawaii ist nicht nur einer der größten aktiven Vulkane der Welt – er misst stattliche 4169 m. Betrachtet man seine Größe vom Meeresboden aus, gehört er mit gut 9000 m zu den größten Einzelbergen der Erde. Da auf seinem Gipfel die Luft besonders klar ist, gibt es hier Forschungsstationen für Klima und Astronomie.

Thurston Lava Tube, Hawaii *(unten)*

Eine riesige Röhre aus Lavagestein hat der Mauna Loa auf Hawaii bei einem seiner Ausbrüche geschaffen. Ein solcher Tunnel entsteht, wenn die Oberfläche der Lava abkühlt, sie im Inneren aber noch weiterfließt. Da die erstarrte Decke die noch heiße Lava nicht so schnell abkühlen lässt, fließt sie weiter und es können lange Tunnel entstehen. Ein Prozess der an anderen Stellen auf Hawaii noch andauert.

Kilauea, Hawaii *(oben links)*

Wenn der Vulkan Kilauea auf Big Island Hawaii des Nachts bei einem Ausbruch den Himmel in unheimliches Lilarot taucht, kann sich niemand der Faszination entziehen, die diese sichtbare geballte Kraft der Erde ausübt. Und so zieht dieser Schildvulkan, der zu den aktivsten Vulkanen der Welt gehört, nicht nur Vulkanologen magisch an, sondern auch viele Touristen.

Molokai *(Mitte)*

Einst nannte man sie nur die „Vergessene Insel", heute reüssiert sie unter dem Beinamen die „Freundliche Insel": Molokai gehört zum Hawaii-Archipel und soll der Geburtsort der Hulagöttin Lana sein. Hier schmiegen sich die Berge harmonisch um die Kurven kleiner Sandbuchten und lassen auch noch grüne Farbtupfer in Form von Bewuchs zu. In so einer schönen Landschaft werden die Menschen fast automatisch freundlich.

Oahu *(unten)*

Bei der Betrachtung dieser vielgestaltigen Küste von Oahu mit den Stränden, dem türkisblauen Wasser und den vorgelagerten Riffen wird auf Anhieb klar, warum diese Insel zu den beliebtesten des Hawaii-Archipels gehört. Oahu beherbergt mit Honolulu zudem die Metropole der Insel und bietet erlebnishungrigen Touristen neben Natur auch Kultur und alle erdenklichen Formen von Vergnügung.

Haleakala, Maui *(oben rechts)*

Er ist 4 km breit und 12 km lang. Damit ist der Krater des Haleakala auf der Hawaii-Insel Maui einer der größten der Welt. Im Krater sind einige Aschenkegel, „Cinder Cones", entstanden, die fast 250 m hoch sind. Der ganze Vulkan nimmt rund drei Viertel der Insel ein und ist 3055 m hoch. Doch es geht von ihm keine Gefahr mehr aus, weil er erloschen ist.

Polihale Beach, Kauai *(oben)*

Egal, ob er sanft und ruhig im warmen Abendlicht daliegt und in orangeroten Farbtönen schimmert oder ob er sich wild und rau in Gischt und kühle Farben kleidet, der Strand Polihale ruft immer Staunen und Begeisterung hervor. Über 10 Meilen erstreckt er sich, bis er von den Felsen der Na Pali Coast begrenzt wird. Beim Gehen über den Sand entstehen Geräusche, die an Bellen erinnern, und so wird er auch Barking Sand Beach genannt.

Farngrotte, Kauai *(Mitte)*

Ein Hochzeitspaar ganz umrahmt von Grün – solche Hochzeitsfotos gibt es in Nordamerika zuhauf: Die Fern Grotto auf der Hawaii-Insel Kauai, deren Eingang komplett von Farnen umwuchert ist, ist so ein wunderbar romantischer Ort in der Natur, dass viele Paare sich nach ihrer Hochzeit hier fotografieren lassen. Die Grotte ist nur mit dem Boot vom Wailua River aus zu erreichen – noch eine Besonderheit, die gut zum Heiraten passt.

Wailua Falls, Kauai *(unten links)*

Auch wenn die Wailua Falls „nur" 24 m in die Tiefe fallen, ist dies ein ganz besonderer Ort. Denn hier, wo das „heilige Wasser" – so die deutsche Übersetzung von Wailua – als Doppelwasserfall herabstürzt, mussten sich früher die hawaiianischen Männer behaupten, die nach Höherem strebten: Wenn sie Häuptling eines Dorfes werden wollten, mussten sie als Mutprobe von der Felsplattform herunterspringen.

Na Pali Coast, Kauai *(unten rechts)*

Bis zu 1000 m hoch steigen die Klippen auf Kauai, der ältesten Insel des Hawaii-Archipels, schroff vom Meer aus auf und bieten, unterbrochen von Wasserfällen und Schluchten, spektakuläre Blicke. Die eröffnen sich allerdings nur zu Fuß oder mit dem Hubschrauber, denn dieser Teil der Nordküste von Kauai ist nicht verkehrstechnisch erschlossen, sondern Naturschutzgebiet.

Mexiko

Baja California *(oben)*

Im „Heißen Ofen" („calida forna"), wie die Entdecker die Baja California nannten, bei Temperaturen bis über 40 °C wachsen vor allem Agaven und Kakteen. Als wäre das nicht bereits genug Wunder der Natur, gibt es in dieser Region gut 100 unterschiedliche Kakteenarten, von denen etwa die Hälfte endemisch ist, also nirgendwo sonst wächst. Ein seltenes Glück ist es, sie nach Regenfällen blühen zu sehen.

Cabo San Lucas, Baja California *(Mitte)*

Fulminant endet die Halbinsel Baja California nach 1150 km zunächst in einem Gebirge und dann als Cabo San Lucas in großartigen Felsformationen im Meer. Die ständig heranrollende Brandung hat den Felsbogen El Arco ausgewaschen. Der imposante Anblick ist bei Touristen beliebt, die im Ort Cabo San Lucas mit seinen Sandstränden und den hervorragenden Wassersportmöglichkeiten ihren Urlaub genießen.

Barranca del Cobre, Chihuahua *(unten)*

Atemberaubend sind die Szenerien, die sich bei der Besichtigung der Barranca del Cobre, der Kupferschlucht, eröffnen. Auf einem Areal von rund 25 000 km² befindet sich eines der größten Schluchtensysteme von Nordamerika. Die kupferfarbenen Felswände ragen bis 1800 m hoch auf und sind insgesamt gut 50 km lang. Außerdem gibt es einige Wasserfälle.

Vulkan Colima, Jalisco *(oben)*

Mit seiner fast gleichmäßigen Kegelform fügt er sich harmonisch in die Landschaft ein, als könnte er kein Wässerchen trüben. Tatsächlich jedoch gehört der Colima laut UN zu den 16 gefährlichsten Vulkanen der Welt! Obwohl er sehr aktiv ist, leben im Umkreis von 40 km gut 300 000 Menschen, von denen viele in den letzten Jahren immer wieder evakuiert wurden, weil mit einem Ausbruch zu rechnen war.

Vulkan Paricutín, Uruapan *(Mitte)*

Beim Dorf Paricutín tat sich am 20. Februar 1943 Seltsames: Mitten in einem Feld machte die Erde ein dumpfes Geräusch und am nächsten Tag war dort ein 10 m hoher Vulkankegel, der am 22. Februar schon 50 m hoch war. Er wuchs weiter und bescherte der Umgebung Ascheregen und Lavaströme, die auch das Dorf begruben. Seit 1952 ist er 424 m hoch, inklusive Hochplateau stolze 3170 m, und hat seine Aktivität eingestellt.

Nevado de Toluca, Toluca *(unten)*

„Nackter Mann" – Xinatécatl – nannten die Ureinwohner den Nevado de Toluca und das ist angesichts der nackten, fast vegetationslosen Steinoberfläche des Vulkans sicher nicht verkehrt. 80 km westlich von Mexico City befindet sich dieser mit 4680 m vierthöchste Berg des Landes. Eine Lavakuppel teilt seinen Krater in zwei Seen, die Sonne und Mond heißen.

Popocatepetl *(oben)*

Weithin leuchtet die Schneekuppe des Vulkans Popocatepetl und weist den Weg zu Mexikos Hauptstadt, in deren Südosten er liegt. Mit 5452 m ist er der zweitgrößte Vulkan des Landes und seit 1992 wieder der „Rauchende Berg", so die Übersetzung des Namens, nämlich zunehmend aktiv. An seinem Fuße gibt es mehrere Klöster, denn die Missionare wählten ihn als Ausgangspunkt für die Christianisierung.

El Árbol del Tule, Oaxaca *(unten)*

Ihr Alter wird auf gut 2000 Jahre geschätzt! Damit gilt diese Mexikanische Sumpfzypresse *(Taxodium mucronatum)* in dem Örtchen Santa Maria del Tule als eines der ältesten Lebewesen unseres Planeten. Dass ihr Umfang 54 m beträgt, macht sie außerdem zu einem der dicksten Bäume der Welt. Vermutungen, der Stamm dieser Mexikanischen Sumpfzypresse sei vielleicht aus mehreren eng beieinanderstehenden Bäumen zusammengewachsen, wurden mittels DNA-Tests widerlegt.

Cenote Ik Kil, Yukatan *(oben links)*

Steil und 25 m hoch aufragende Höhlenwände, azurblaues, glasklares Wasser und plötzlich scheinen die Strahlen der Mittagssonne von oben herab: Der Besuch des Cenotes Ik Kil nah bei Chichén Itzá ist ein atemberaubendes Naturerlebnis. In Yukatan gibt es rund 3000 Cenotes, also Schächte, die durch den Einsturz der Decke über Höhlen entstanden sind. Für die frühen menschlichen Kulturen waren diese Riesenbrunnen ein Grund sich niederzulassen.

Agua Azul, Chiapas

(unten)

Inmitten tropischer Vegetation, etwa 60 km südlich von Palenque, rauscht über eine Strecke von gut 7 km das Wasser des Río Yax über Felsentreppen hinab in Bassins und weiter über noch mehr Stufen. Dabei leuchten die Cascadas de Agua Azul wunderbar türkisblau und bieten immer wieder neue, begeisternde Ansichten. Seine Färbung erhält das „Blaue Wasser" durch den hohen Kalkanteil.

Sian Ka'an, bei Tulum

(oben rechts)

„Geschenk des Himmels" oder „Wo der Himmel geboren wird" bedeutet Sian Ka'an auf Deutsch. Der Name dieses fantastischen Naturschutzgebiets stammt aus der Sprache der Maya, die einst in dieser Region wohnten und anscheinend ihren Wert schon zu schätzen wussten. Denn hier an der karibischen Küste Mexikos leben allein über 100 Säugetier- und 340 Vogelarten.

Guatemala

Vulkan Santiaguito *(links)*

Normalerweise passieren geologische Veränderungen so langsam, dass die üblichen Zeitbegriffe menschlichen Denkens nicht ausreichen, um sie zu erfassen. Doch in vulkanisch so aktiven Zonen wie in Guatemalas Sierra Madre reicht manchmal auch ein Menschenleben aus, um die Entstehung eines Vulkans zu erleben: Der aktive Vulkan Santiaguito wächst seit 1922 an der Flanke „seiner Mutter" Santa Maria kontinuierlich.

Lago de Atitlán *(rechts)*

Ob er wirklich der schönste See der Welt ist, wie Alexander von Humboldt meinte, mag jeder selbst beurteilen. In jedem Fall ist der 1560 m hoch in den Bergen liegende Atitlánsee ein Highlight auf einer Reise durch Guatemala. Denn er wird gesäumt vom namengebenden Vulkan Atitlán sowie von den beiden Vulkanen Tolimán und San Pedro – alle drei über 3000 m hoch.

Belize

Küste von Belize *(links)*

Vor Belize liegt das zweitgrößte Korallenriff der Erde und es gibt rund 1000 vorgelagerte kleine Inseln und Atolle. Fische und Vögel finden hier einen einzigartigen Lebensraum, der inzwischen auch von der UNESCO als Weltkulturerbe für schützenswert erklärt wurde. Denn Belizes Inselwelt ist bei Tauchern, Seglern und Surfern beliebt.

Great Blue Hole *(rechts)*

Das große blaue Loch sieht bereits aus der Luft fantastisch aus, doch von besonderem Reiz ist es für Taucher: Bei einem Durchmesser von 300 m und 145 m Tiefe fallen seine Wände fast senkrecht ab und bieten Pflanzen und Tieren einen einzigartigen Lebensraum. Entstanden ist es durch den Einsturz von Kalksteinschichten über einem Höhlensystem. Und so bietet es in 33 m Tiefe den Zugang zu den Höhlen.

Honduras

Roatan, Islas de la Bahía

Fantastische weiße, feine Sandstrände von Palmen und türkisblauem Meer gesäumt und paradiesische Tauchgewässer – all das bieten die Islas de la Bahía nur 30 km vor der karibischen Küste von Honduras. Roatan ist die Hauptinsel der Bay Islands, wie diese Inselkette auch genannt wird. Die Inseln liegen im zweitgrößten Barriereriff der Welt und sind sowohl aus Korallen als auch aus Vulkanen entstanden.

Nicaragua

Nicaraguasee

Weit wie über ein Meer schweift der Blick, doch dass Rinder daraus trinken, spricht für Süßwasser. Mit 8157 km² ist der Nicaraguasee der größte von allen mittelamerikanischen Seen, der zehntgrößte der Welt und ein riesiges Süßwasserreservoir. Ein Stück weit bildet sein Ufer die Grenze zwischen Nicaragua und Costa Rica. Von den gut 400 Inseln im See ist Ometepe mit den Vulkanen Madera (Bild) und Concepción die größte.

Costa Rica

Playa Nancite, Nationalpark Santa Rosa *(oben links)*

Jedes Jahr im September und Oktober spielt sich an diesem langen Sandstrand ein faszinierendes Schauspiel ab: Binnen weniger Tage kommen über 75 000 Wasserschildkröten an Land, um ihre Eier abzulegen. In manchen Phasen sind dann bis zu 10 000 Tiere gleichzeitig an Land! Wissenschaftler vermuten, dass ein bestimmter Luftdruck und eine bestimmte Mondphase den Drang Eier zu legen auslösen.

Vulkan Poas *(oben rechts)*

Kaum zu glauben, aber einer der größten tätigen Vulkane der Welt ist eine der Hauptattraktionen für Besucher von Costa Rica: Denn der 2708 m hohe Berg raucht nicht nur vor sich hin, sondern besitzt in seinem Krater außerdem noch einen giftgrün leuchtenden Säuresee. Dass ganz luxuriös eine Straße bis nah an den Kraterrand führt, steigert die Beliebtheit noch.

Vulkan Arenal *(Mitte)*

Er bietet schon bei Tag mit seinen weißen Rauchwolken einen faszinierenden Anblick und nachts erglüht er wortwörtlich vor lauter heißer Lava: Der 1633 m hohe Vulkan Arenal ist einer der aktivsten Vulkane der Welt. Grund genug, gebührenden Abstand zu wahren, denn die glühenden Gesteinsbrocken, die er auswirft, können einen Durchmesser von fast 8 m haben und fliegen manchmal einige Hundert Meter hoch in die Luft.

Vulkan Irazu *(unten)*

Wie ein grünes Auge scheint der Kratersee aus dem Vulkan Irazu in den Himmel zu schauen. Der Irazu ist mit einer Höhe von 3432 m der höchste Vulkan Costa Ricas und gilt als gefährlichster: Zum einen könnte bei einem Ausbruch der Ascheregen die Hauptstadt des Landes erreichen. Zum anderen könnte die Kraterwand brechen. Dann würde der See herausfließen und vermutlich immense Schäden anrichten, weil es sich um einen Säuresee handelt.

Bermuda (britisches Überseegebiet)

Jobson Cove

Markante Felsen bilden die Kulisse für einen der schönsten Strände der Welt: In Jobson Cove schwappt das türkisblaue Wasser auf einen hellrosafarbenen Strand! Auf der ganzen Welt gibt es nur eine Handvoll Strände mit rosafarbenem Sand. An der Südseite der Insel sind Korallenriffe vorgelagert. Dort leben Millionen winziger Foraminiferen, deren zermahlene rosafarbene Gehäuse für die Farbe des Strandes verantwortlich sind.

Bahamas

Exuma Cays

Bei den Exumas handelt es sich um lang gestreckte Karstinseln mit Bergkämmen unter dem Meer. Weitgehend unbekannt sind diese über 360 Inseln, dabei erscheinen sie wie der Garten Eden mit ihren fantastischen feinsandigen Stränden und vorgelagerten Korallenriffen. Der Exuma Land and Sea Park schützt diese einzigartige Naturschönheit bereits seit 1959 und ist damit das älteste Meeresschutzgebiet in der Karibik.

Kuba

Mogotes im Valle de Viñales, Pinar del Río *(oben)*

Als eine der schönsten Landschaften auf Kuba gilt das Viñales-Tal: Es liegt im Westen Kubas und ist umgeben von den Bergen der Sierra de los Organos. Charakteristisch sind die kugeligen, bewaldeten Kalksteinberge, die aus der flachen Ebene herausragen. Diese Mogotes sind ein Produkt der Erosion, die alles andere weggewaschen und zum Einsturz gebracht hat, sodass diese Felskuppen übrig blieben.

Sümpfe von Zapata, Matanzas *(unten)*

Wunderbar grün, nass und warm – so wirkt die Halbinsel Zapata und bietet damit den Kubakrokodilen genau den Lebensraum, in dem sie sich wohl fühlen: Als endemische Art existieren sie nur hier. Damit das so bleibt steht Zapata unter Naturschutz und darf in weiten Teilen nur mit Führer besucht werden. Davon profitieren auch viele Zugvögel sowie Schlangen und Reptilien.

Jamaika

Dunn's River Falls, Ocho Rios
(oben)

Einen Wasserfall ganz besonderer Art hat die Insel Jamaika zu bieten: Der Dunn River fließt über eine treppenartige, nicht sehr steile Kaskade 185 m hinab und mündet danach an einem Sandstrand ins Meer. Mit einem kundigen Führer, der jeden Schritt und Tritt kennt, kann man in dem Wasserfall den Berg hinaufwandern – ein Vergnügen, dass sich viele Touristen gönnen und dass manchmal etwas skurril wirkt.

Blue Hole, Port Antonio *(unten)*

Blau, Grün und irgendwo dazwischen – das Farbenspiel der Lagune ist großartig. Und genau wie die Farben wechseln auch die Temperaturen des Wassers: An manchen Stellen ist es ziemlich kalt, während es je nach Strömung an anderen wiederum warm ist. In der Lagune kommen nämlich das Wasser der Karibik und Quellwasser aus den Blue Mountains zusammen.

Haiti

Sita-Wasserfall, Saut d'Eau

Ein Naturwunder mit ganz besonderen Qualitäten befindet sich etwa 70 km von Haitis Hauptstadt Port au Prince entfernt: Der riesige Wasserfall Sita von Saut d'Eau, dem reinigende Kräfte zugeschrieben werden. Durch eine Marienerscheinung in der Nähe wurde er zum Wallfahrtsort. Jedes Jahr im Juli pilgern rund 40 000 Haitianer hierher, um das bedeutendste religiöse Fest der Insel zu feiern – Katholiken und Voodoo-Anhänger gemeinsam.

Dominikanische Republik

Lago Enriquillo

Mit einer Fläche von 300 km² war der Lago Enriquillo, der 46 m unter dem Meeresspiegel liegt, noch Mitte der 1990er Jahre der größte Binnensee der Antillen. Doch seitdem hat sich seine Fläche auf 160 km² verringert. Von seinem Zufluss, dem Río Yaque del Sur, wird so viel Wasser zur Bewässerung der Küstenebene abgezweigt, dass nicht mehr genügend im See ankommt. Seit zehn Jahren steht der einzigartige Naturraum im und am See unter Schutz, um Schlimmeres zu verhindern.

Puerto Rico (US-amerikanisches Außengebiet)

Regenwald El Yunque

Subtropisches Klima mit Temperaturen um 28 °C und viel Regen lassen auf der Jungferninsel Puerto Rico den Regenwald wachsen und gedeihen. Dichte grüne Vegetation mit allein 150 Farnarten (!) und bunte Blüten mit z. B. 50 Orchideenarten sowie rauschende Wasserfälle bieten zahlreichen Vogelarten, darunter viele Papageien, aber auch den Baumfröschen einen idealen Lebensraum.

Amerikanische Jungferninseln

(US-amerikanisches Außengebiet)

Virgin Islands *(oben)*

Die drei Inseln St. Thomas, St. Croix und St. John gehören unter dem Namen Virgin Islands zu den USA, obwohl sie weit ab in der Karibik liegen. Es sind nicht nur wunderbare Entspannungsparadiese für gestresste Westler, die sich an den traumhaften Stränden beim Faulenzen, Baden, Tauchen und Wassersport erholen. Auch die tropische Vegetation und die ethnische Vielfalt tragen viel zum Charme dieser Inseln bei.

St. John *(Mitte)*

Eine stark zergliederte Küste mit fantastischen Buchten und Stränden, an die sich bewaldetes Hügelland vulkanischen Ursprungs anschließt, charakterisiert St. John. Dieses unberührt scheinende tropische Paradies steht zu zwei Dritteln als Nationalpark unter Naturschutz. Er umfasst auch das sehr artenreiche Meer vor der Küste – ein wahres Eldorado für Schnorchler und Taucher – und die benachbarte Insel Hassel.

Britische Jungferninseln (britisches Überseegebiet)

The Bath, Virgin Gorda

Diese ungewöhnliche geologische Formation beschert Virgin Gorda so viele Touristen, dass sie zu einer der populärsten der Britischen Jungferninseln wurde. Riesige, glatt geschliffene Granitfelskugeln liegen einzeln oder zu mehreren am Strand oder bilden zum Meer hin offene Grotten mit vielen spektakulären Szenarien.

Niederländische Antillen (niederländisches Überseegebiet)

Saba *(oben)*

„Die unberührte Königin" nennt sich die nur 5 km² große Insel Saba, die mit ihren gut 1500 Einwohnern die kleinste bewohnte Insel der Niederländischen Antillen ist. Tatsächlich kommen jedes Jahr nur rund 20 000 Touristen, um die paradiesische Natur zu Lande und zu Wasser zu genießen. Die Unterwasserwelt ist ein Eldorado für Taucher, während der Regenwald die Wanderer erfreut.

Bonaire *(unten)*

Ganz umgeben von Korallenriffen gehört die Insel Bonaire zu den besten Tauchrevieren der Welt. Da 1979 die gesamten Küstengewässer unter Schutz gestellt wurden, gehören die Riffe aus Hart- und Weichkorallen zu den intaktesten und schönsten der Erde. An Land gibt es neben schönen Stränden im Süden eine Kakteenwüste und Salzseen, in denen Flamingos leben.

SÜDAMERIKA

Als viertgrößter Kontinent der Erde erscheint Südamerika insgesamt wilder und unwegsamer als der große Schwesterkontinent im Norden. Die Anden teilen den Erdteil in eine schmale West- sowie eine breitere Ostseite und egal wohin man den Blick wendet, die Vielgestaltigkeit der verschiedenen Landschaften übt eine unglaubliche Faszination aus: Nicht nur die grandiosen, donnernden Wasserfälle des Iguaçu locken Weltenbummler an, sondern auch die weiten Hochebenen des Altiplano mit ihrer einzigartig einsamen Stimmung oder die Tepuis, Tafelberge, auf denen Arten leben, die nirgendwo sonst vorkommen. Und der Zuckerhut von Rio de Janeiro ist in unseren Gedanken schon so sehr mit dem Stadtbild verwachsen, dass wir ihn gar nicht mehr als einzigartiges Naturwunder wahrnehmen.

Südamerika

Toronto
Boston
Minneapolis
New York
Salt Lake City
Chicago
Washington D.C.
VEREINIGTE STAATEN
Oklahoma City
Atlanta
Dallas
ATLANTISCHER
El Paso
New Orleans
Houston
Miami
Bahamas
OZEAN
Golf von Mexiko
MEXIKO
Havanna
KUBA
Port au Prince
HAITI
Mérida
Mexico City
JAMAICA
DOMINIKAN. REP.
Puerto Rico (USA)
ST. KITTS u. NEVIS
ANTIGUA u. BARBUDA
DOMINICA
BELIZE
HONDURAS
Karibisches Meer
Niederl. Antillen
ST. VINCENT u. GRENADINEN
Tegucigalpa
GUATEMALA
EL SALVADOR
NICARAGUA
Managua
San José
COSTA RICA
PANAMA
Barranquilla
Wanderdünen von Coro
Maracaibo
Maracaibosee
Caracas
Port of Spain
TRINIDAD u. TOBAGO
Orinocodelta
Medellín
VENEZUELA
Ciudad Bolívar
GUYANA
Georgetown
Paramaribo
Cayenne
Salto Angel
Gran Sabana
Canaima-Nationalpark
Kaieteurfälle
Roraima-Tepui
Bogotá
Malpelo
Popayán
Cali
KOLUMBIEN
SURINAME
Franz.-Guayana
Central Suriname Nature Reserve
Galápagos
Galapagosinseln
Quito
ECUADOR
Vulkan Cotopaxi
Vulkan Chimborazo
Vulkan Sangay
Vulkan Tungurahua
Guayaquil
Amazonas
Iquitos
Rio Negro
Santarém
Fernando de Noronha
Sete Cidades
Fortaleza
Trujillo
Gocta-Wasserfall
Nevado de Huascarán
Natal
Rio Branco
Porto Velho
PERU
Manú-Nationalpark
Urubamba-Tal
Lima
BRASILIEN
Nationalpark Noel Kempff Mercado
Nationalpark Chapada Diamantina
Nationalpark Paracas
Gruta Lapa Doce
Nationalpark Pampa Galeras
Colca-Schlucht
Cerrado
Chapada dos Veadeiros
Anden
Titicacasee
PAZIFISCHER
La Paz
BOLIVIEN
Lauca-Nationalpark
Cordillera Real
Rondonópolis
Goiânia
Chungarasee und Vulkan Parinacota
Altiplano mit Potosí
Pantanal
Salar de Uyuni
Atacama-Wüste
Árbol de Piedra
Gruta do Lago Azul
Geysirfeld von El Tatio
Quebrada de Palala
Campo Grande
Belo Horizonte
Laguna Colorada
Valle de la Luna
PARAGUAY
Vitória
La Portada
Quebrada de Humahuaca
Concepción
São Paulo
Zuckerhut
Salar de Atacama
Laguna Lejía
Rio de Janeiro
Cerro de los Siete Colores
Santos
Iguaçufälle
OZEAN
Tucumán
Curitiba
Nationalpark Talampaya
Felsskulpturen von Ischigualasto
Serra Geral
Porto Alegre
Cerro Aconcagua
Córdoba
Mendoza
Rosario
URUGUAY
Santiago
Puente del Inca
Buenos Aires
Laja-Wasserfall
Pampa
La Plata
Concepción
Nationalpark Huerquehue
Mar del Plata
Bahía Blanca
Vulkan Osorno
Salto del Petrohué
Nationalpark Alerce Andino
Lago Llanquihue
Valdés-Halbinsel
Patagonien
Laguna San Rafael
Bosque Petrificado José Ormachea
CHILE
ARGENTINIEN
Laguna del Carbón
Cerro Fitz Roy
Nationalpark Los Glaciares
Lago Nordenskjöld
Perito-Moreno-Gletscher
Cerro Torre
Falkland-In (Malwinen)
0 250 500 750 km
Punta Arenas
Brunswick-Halbinsel
Feuerland
Kap Hoorn
Diego-Ramirez-Inseln

Kolumbien

Malpclo

506 km vor der Küste Kolumbiens liegt im Pazifischen Ozean die Insel Malpelo. Sie und ihre Gewässer stehen seit 2006 unter dem Schutz der UNESCO, denn hier gibt es viele seltene Meereslebewesen. Dazu gehören Haie und andere große Fische, die vor Malpelo genügend zu fressen finden. Wegen ihres Artenreichtums, der steilen Unterwasserwände und der -höhlen ist sie bei Tauchern schon lange beliebt.

Venezuela

Wanderdünen von Coro *(links)*

Das alte Arawak-Wort Coro bedeutet auf Deutsch Wind und genau dieser spielt eine tragende Rolle in der nur 28 km langen Küstenwüste von Venezuela: Der kräftige Ostwind sorgt dafür, dass der gelbe Sand nicht an Ort und Stelle bleibt, sondern sich in Form von Wanderdünen stetig verändert. Damit das auch so bleibt ist das Gebiet im Nationalpark Los Médanos de Coro geschützt.

Maracaibosee, Golf von Venezuela *(rechts)*

Mit 13 000 km^2 Fläche ist der Maracaibosee am Golf von Venezuela ein riesiger Brackwassersee. Manche sehen dieses Binnenmeer im Nordwesten Venezuelas auch als größten See Südamerikas an. Doch da er über eine 75 km lange und 5 km breite Meerenge mit dem Golf von Venezuela und somit mit der Karibik verbunden ist, bleibt der Superlativ wohl beim Titicacasee. Für Venezuela viel wichtiger sind die Erdölvorräte am Ostufer.

Orinocodelta *(oben)*

Rund 40 000 km² groß ist das Delta des Orinoco, dass der 2140 km lange Strom in den Savannen der Llanos aus vier großen und vielen kleinen Armen bildet, bevor er in den Atlantik mündet. Damit liefert er die Grundlage für eines der größten Feuchtgebiete Südamerikas mit Mangrovenwäldern und Sümpfen. Neben vielen Vogelarten leben hier auch Krokodile und Raubtiere wie Puma, Ozelot und Jaguar.

Gran Sabana *(Mitte links)*

Diese riesige Hochebene im Südosten Venezuelas bedeckt eine Fläche von ungefähr 450 000 km². Charakteristisch sind die weiten Täler und die daraus aufragenden Tafelberge, die mit einem Begriff der Indianer als Tepuis bezeichnet werden. Sie sind die Überreste eines mächtigen Sandsteinplateaus, das durch Erosion im Laufe der Erdgeschichte abgetragen wurde, wobei die Tepuis als Inselberge stehen blieben. Auf ihren Plateaus leben zahlreiche Tiere und Pflanzen, die es nirgendwo sonst auf der Welt gibt.

Salto Angel, Guayana *(Mitte rechts)*

Über 978 m fällt dieser Wasserfall vom Tafelberg Auyan-Tepui hinab und ist damit der höchste Wasserfall der Erde. Auf seinem fast 1 km langen Weg nach unten bilden sich große Wasserwolken aus feinen Tröpfchen, die sich nach 800 m am Fuß der Felswand in einen reißenden Fluss verwandeln – und nochmals fast 200 m tiefer stürzen. Besonders imposant sieht er in der Regenzeit aus.

Canaima-Nationalpark *(unten)*

Mit einer Fläche von rund 30 000 km² ist der Canaima-Nationalpark im Südosten von Venezuela an der Grenze zu Brasilien und Guyana einer der größten der Welt. Hier wird eine spektakuläre Landschaft geschützt: Es gibt gut 100 Tafelberge, von denen einige über 2000 m hoch sind, spektakuläre Wasserfälle, darunter den Salto Angel und den Salto Sapo, tropischen Regenwald und viele Tier- und Pflanzenarten.

Guyana

Kaieteurfälle

Auf seinem nur 225 km langen Weg von seiner Quelle in den Pakaraima-Bergen bis zu seiner Mündung in den Essequibo bewältigt der Fluss Potaro einen Höhenunterschied von 1800 m. Dabei helfen die Amatuk- und vor allem die Kaieteurfälle: Hier stürzt der Potaro über nur eine steile Kalksteinwand 225 m tief hinab in die Potaroschlucht – ein grandioser Anblick!

Suriname

Central Suriname Nature Reserve, Sipaliwini

Allein 5000 Pflanzenarten wurden bisher gezählt, dazu 400 Vogelarten und viele regionaltypische Säugetiere wie Jaguar, Tapir, Capybara und einige Affenarten: Als kleinstes Land Südamerikas ist Suriname zu vier Fünftel mit Regenwald bedeckt. Davon schützt die UNESCO 1,6 Millionen ha, um die Vielfalt der ineinandergreifenden Ökosysteme zu erhalten. Dadurch haben die Arten eine größere Chance, sich bei Störungen an die neuen Bedingungen anzupassen.

Ecuador

Galapagosinseln *(oben)*

Das Galapagos-Archipel im Pazifischen Ozean liegt etwa 1000 km von Ecuador entfernt und gehört zu den fantastischsten Plätzen auf unserem Planeten: Voller Kontraste bietet es eine unglaubliche Vielfalt von Lebensräumen und Arten. Fast die Hälfte der zahlreichen Tierarten kommt nur hier und sogar manchmal nur auf einzelnen Inseln des Archipels vor.

Vulkan Cotopaxi *(unten)*

Man muss ihn nicht besteigen, um seinen Anblick zu genießen: Der ebenmäßig geformte, von Schnee überzogene, riesige Kegel des Vulkans Cotopaxi ist auch aus der Entfernung eine Augenweide. Mit stattlichen 5897 m ist er einer der höchsten aktiven Vulkane der Erde und trotzdem auch einer der meistbestiegenen Berge Südamerikas.

Vulkan Chimborazo *(oben)*

Mit 6267 m ist der Chimborazo der höchste Berg Ecuadors und wird dementsprechend durch eine Abbildung im ecuadorianischen Staatswappen gewürdigt. Der Vulkan in den Westkordilleren der Anden besitzt 16 Gletscher und versorgt damit die Umgebung mit Wasser. Er galt im 19. Jahrhundert lange als höchster Berg der Erde und neuerdings wieder, wenn man den Abstand zwischen Gipfel und Erdmittelpunkt als Maßstab zugrunde legt.

Vulkan Sangay *(Mitte)*

Majestätisch erhebt sich der Vulkan Sangay im östlichen Ecuador 5230 m hoch und lässt sich häufig von einer Wolkendecke umschmeicheln. Die Landschaft um den aktiven Vulkan wird weiträumig ab 900 m Höhe im gleichnamigen Nationalpark geschützt. Durch die unterschiedlichen Höhenlagen und das damit verbundene Klima reicht die Vegetation von subtropischem Regenwald bis zu alpinen Pflanzen – beste Grundlage für einen fantastischen Artenreichtum.

Vulkan Tungurahua *(unten)*

Wohl selten werden Kraft, Gewalt und Gefahr der Natur so deutlich wie bei einem Vulkanausbruch. Als der Tungurahua, der im Sangay-Nationalpark liegt, 1999 ausbrach (Foto), spuckte er seine Asche 10 km hoch und sie bedeckte später 500 km². Straßen wurden zerstört und 60 Dörfer evakuiert. Bei einem Ausbruch 2006 kamen gar sechs Menschen ums Leben.

Peru

Amazonas *(oben)*

7 Millionen km² umfasst sein Einzugsgebiet – das ist fast so groß wie die Fläche Europas. Damit ist der Amazonas mit seinen stolzen 6500 km Länge zwar nicht der längste Strom der Erde, aber jener mit dem größten Einzugsgebiet. In Peru fließen die drei Quellflüsse Marañón, Huallaga und Ucayali zum Amazonas zusammen. Ausgedehnte tropische Wälder begleiten seinen Lauf und bilden die grüne Lunge der Erde.

Anden *(Mitte rechts)*

Prägend für den gesamten Westteil Südamerikas sind die Anden: Ihre vielfach schneebedeckten Gipfel bestimmen immer wieder die Panoramen. Kein Wunder, reicht das rund 8000 km lange Gebirgssystem schließlich vom Karibischen Meer in Venezuela bis nach Feuerland. Dabei vereint es unterschiedliche Landschaftsformen wie große und kleine Seen, tropischen Regenwald, Vulkane, die auch aktiv sind, und bis zum Meer reichende Gletscher.

Gocta-Wasserfall, Bongará *(unten)*

Obwohl die Einheimischen ihn seit Generationen kennen, ist der Gocta-Wasserfall erst 2002 in das öffentliche Bewusstsein gerückt, als ihn ein deutscher Wissenschaftler vermessen hat. Im Norden Perus bei Chachapoyas stürzt er als atemberaubende Kaskade insgesamt 771 m über zwei riesige Steilwände hinunter. Damit gilt er – allerdings abhängig vom zugrunde gelegten Maßstab – als der drittgrößte Wasserfall der Erde.

Nevado de Huascarán *(oben)*

Wunderschön ist der Doppelgipfel des Nevado de Huascarán, wie er sich mit seinem vergletscherten Gipfel weiß in den Himmel erhebt. Der mit 6768 m höchste Berg Perus und vierthöchste Südamerikas ist Teil der Cordillera Blanca in den Anden. Im Nationalpark Huascarán werden neben vielen anderen Arten die größten Bromelien der Welt geschützt: Die Puya raimondii kann 10 m hoch und 100 Jahre alt werden.

Manú-Nationalpark, bei Cusco *(Mitte)*

Pflanzen, Tiere und Menschen stehen im Manú-Nationalpark im Amazonastiefland unter besonders strengem Schutz: Von der fast 19 000 km² großen Fläche darf mit Sondererlaubnis nur ein knappes Fünftel betreten werden. So werden einige ursprüngliche Indianerstämme geschützt, die keinen Kontakt zur Außenwelt wünschen. Forscher schätzen, dass etwa ein Zehntel der Pflanzenarten im Park noch unbekannt sind und auch in der Tierwelt werden noch unbekannte Arten entdeckt.

Urubamba-Tal, bei Machu Picchu *(unten)*

Steil und schroff ragen die Höhenzüge der Anden über dem Urubamba auf. Doch nur wenige Besucher haben Augen für dieses eindrucksvolle, bewachsene Tal und wenden den Blick ausschließlich auf die berühmte Inkastadt Machu Picchu. Dabei ist sie den spanischen Eroberern vermutlich nur wegen ihrer versteckten Lage auf diesen uneinnehmbar erscheinenden Bergen entgangen.

Nationalpark Paracas, Pisco *(oben)*

Wüstensand und das Wasser des Pazifiks charakterisieren den Nationalpark Paracas, der die gleichnamige Halbinsel sowie die vorgelagerten Islas Ballestas umfasst. Es ist eines der größten marinen Schutzgebiete Perus und Heimat von gut 200 Vogelarten – darunter auch Pelikanen, Pinguinen und Blaufußtölpeln – und unzähligen Meereslebewesen, und zwar nicht nur Fischen, sondern beispielsweise auch Mähnenrobben.

Nationalpark Pampa Galeras, bei Nazca *(Mitte)*

Auf rund 4000 m Höhe, der Puna-Hochebene der Anden, erstreckt sich ein Stück Pampa bis nach Peru. Diese trockene Steppenlandschaft bietet Bergviscachas, die Kaninchen mit langen Schwänzen ähneln, und Vikunjas einen idealen Lebensraum. Diese selten gewordenen wilden Verwandten der Lamas werden im Nationalpark geschützt und können mit etwas Glück auch beobachtet werden.

Colca-Schlucht *(unten)*

Doppelt so tief wie der Grand Canyon schneidet sich der Río Colca in das Hochland der Anden in Südperu. Er fließt in 1400 m Höhe zwischen dem 6288 m hohen Nevado de Ampato und dem 6614 m hohen Coropuna. Schon das ist eindrucksvoll, doch der steile Absturz vom Hochland zum Fluss, die Schlucht selbst, misst 3233 m! Nirgendwo sonst auf der Welt gibt es eine tiefere Schlucht.

Bolivien

Cordillera Real

(oben rechts)

Nicht ohne Stolz nennen die Bolivianer ihren Anteil an den Anden und den Kordilleren Königskordillere. Denn im Pico Sur oder Illimani steigt dieser Teil des Gebirges bis zu 6438 m hoch auf. Da einige benachbarte Gipfel ebenfalls locker die Sechstausender-Grenze knacken, bietet die Cordillera Real einen grandiosen Anblick und bildet für Bergsteiger eine Herausforderung besonderer Art.

Nationalpark Noel Kempff Mercado, Amazonas *(oben links)*

Vom immergrünen Wald des Amazonas über Sümpfe bis zu den halbtrockenen Savannen, den sogenannten Cerrados, schützt der Nationalpark Noel Kempff Mercado ein breites Spektrum an Ökosystemen. Darin lebt eine unglaubliche Vielfalt an Tier- und Pflanzenarten. Besonders bedrohte Schlangenarten konnten hier überleben. Sie sind allerdings schwerer auszumachen als die faszinierend großen, tellerförmigen Blätter der Wasserlilien.

Titicacasee, Altiplano *(Mitte)*

Ein Naturwunder ganz besonderer Art ist der Titicacasee: Er ist mit einer Fläche von 8300 km² nicht nur der größte See Südamerikas, sondern durch seine Lage im Altiplano, der Andenhochebene, in 3812 m Höhe auch der größte Hochlandsee der Erde. Dabei gehört der östliche Teil des Sees zu Bolivien, der westliche zu Peru. Da er schiffbar und fischreich ist, bildet er für die Bevölkerung der Region sowohl Verkehrweg als auch Nahrungsquelle.

Altiplano mit Potosí *(unten)*

Aus der kargen Steppenlandschaft des Altiplano erhebt sich abrupt 4829 m hoch der Potosí. Der schneebedeckte Berg vor dem strahlend blauen Himmel bildet einen faszinierenden Kontrast zum eher tristen Beigebraun der Hochebene. Der Altiplano ist ein Tafelland, das zwischen 3000 und 4000 m hoch liegt und vor allem mit niedrigen Polsterpflanzen und Zwergsträuchern bewachsen ist.

Salar de Uyuni, Altiplano
(oben links)

Die meisten Europäer denken zunächst an eine riesige Eisfläche, wenn sie den Salar de Uyuni in Boliviens Südwesten das erste Mal sehen. Doch es handelt sich um den mit rund 12 000 km^2 größten Salzsee der Welt, der im Altiplano auf einer Höhe von über 3650 m liegt. Während der Trockenzeit kann man über die gleißend helle Fläche aus Salzkristallen laufen.

Quebrada de Palala, bei Tupiza
(oben rechts)

Ein spektakuläres Panorama präsentieren die Quebrada de Palala, ein vielfarbiges Gebirge, das die Bolivianer auch „La Joya Bella de Bolivia" nennen, also „Das schöne Juwel Boliviens". Das erscheint angesichts der unterschiedlichen roten Farbtöne, der bizarren Formen und engen Schluchten nicht übertrieben. Wohin das Auge auch blickt, immer bieten sich neue wunderbare Ansichten.

Árbol de Piedra, Siloli-Wüste
(Mitte)

Der steinerne Baum in der Siloli-Wüste ist keinesfalls ein versteinerter Baum, sondern eine besonders markante und bekannte Felsformation, die durch Erosion im Laufe der Zeit entstand. Obwohl es der Wind war und nicht der berühmte Künstler, der diese bizarren Felsen entstehen ließ, wird die Siloli-Wüste auch Salvador-Dali-Wüste genannt.

Laguna Colorada, Altiplano
(unten)

Was aussieht wie das Gemälde eines modernen Künstlers, der zu tief in den roten Farbtopf gegriffen hat, ist Realität: Im südlichen Altiplano liegt die Laguna Colorada, ein rot gefärbter See. Bestimmte Mineralstoffe und Algen sind für diesen spektakulären Effekt verantwortlich. Bei einer Fläche von rund 60 km^2 ist der See nur 0,5–1,5 m tief oder besser flach. Damit eignet er sich perfekt als Lebensraum für Flamingos.

Brasilien

Roraima-Tepui

(oben)

Im Dreiländereck von Brasilien, Guyana und Venezuela liegt wie ein riesiger 2810 m hoher Klotz aus Sandstein der Roraima-Tepui. Er macht seinem Namen alle Ehre, denn sein Tafelhochland ist „roroi", also fruchtbar, und groß, „ma". Vier Fünftel aller Tiere und Pflanzen, die auf dem Hochplateau leben, kommen nur auf dieser Fläche vor, nirgendwo sonst auf der Erde oder einem der benachbarten Tepuis!

Rio Negro

(unten links)

Ein Naturphänomen ganz besonderer Art zeigt sich dort, wo der Rio Negro in den Amazonas einmündet: Das Wasser der beiden Ströme ist deutlich zu unterscheiden, denn die Fluten des Amazonas sind bräunlich, während die des Rio Negros schwarz sind. Erst nach 80 km haben sie sich vermischt. Das schwarze Wasser, das dem Rio Negro seinen Namen gab, entsteht durch die Bödensäuren im Einzugsgebiet des Flusses.

Sete Cidades, bei Piripiri

(unten rechts)

An Städte wurden die Namensgeber des Nationalparks Sete Cidades – Sieben Städte – beim Anblick der sieben Hügel und ihrer „Felskronen" erinnert. Auf jedem Hügel befindet sich eine besondere Felsformation, die einem verfallen Ort oder einer Stadt ähnelt. Diese großartige Kulisse befindet sich in der Nähe der Kleinstadt Piripiri im Bundesstaat Piauí.

Fernando de Noronha, Atlantik
(oben)

Wunderschöne Buchten mit weißem Sand und türkisblauem Wasser, umrahmt von dunklen Vulkanfelsen kennzeichnen die Inselgruppe Fernando de Noronha vor der brasilianischen Ostküste. Die 21 kleinen Inseln mit einer Gesamtfläche von nur 21 km^2 sind die Spitzen des unter Wasser liegenden Südatlantischen Rückens. Sie sind die Heimat vieler tropischer Seevögel, die sich in diesen fischreichen Gewässern gut ernähren können.

Nationalpark Chapada Diamantina, Lençóis *(Mitte)*

Großartig und prächtig bietet die Landschaft des Chapada Diamantina immer wieder neue Panoramen. Sie wechselt zwischen Tafelbergen, weiten Canyons, dichten Wäldern, Wasserfällen und Höhlen. 60 Orchideenarten blühen hier, der Rauchwasserfall stürzt 442 m hinab – er ist damit der größte Brasiliens – und Höhlen locken in die Unterwelt.

Gruta Lapa Doce, Nationalpark Chapada Diamantina *(unten)*

Zu den Highlights im Nationalpark Chapada Diamantina, der seinen Namen den Diamanten verdankt, die in der Region gefunden wurden, gehören zweifellos die sehr unterschiedlichen Grotten und Höhlen. Etwa 76 km von Lençóis entfernt befindet sich die Gruta Lapa Doce. Ihre imposanten Tropfsteine werden teilweise bunt angestrahlt und wirken dadurch wie unheimliche Wesen von einem anderen Stern.

Cerrado *(unten Mitte)*

Unendliche Weiten charakterisiert durch Gräser und vereinzelt stehende, nicht besonders hohe Bäume machen den Charme der Campos Cerrados aus. In dieser brasilianischen Savannenlandschaft mit tropisch-halbfeuchtem Klima, die das Hochplateau Brasiliens prägt, gibt es allein rund 10 000 Pflanzenarten und auch die Tierwelt ist mit über 1200 Arten vertreten.

Chapada dos Veadeiros, Goiánia *(oben rechts)*

Überall sprudelt und fließt, gischtet und fällt das Wasser im Nationalpark Chapada dos Veadeiros. In diesem Gebiet auf dem zentralen Plateau Brasiliens entspringen mehrere Flusssysteme. Um sie zu schützen, wurde der Park gegründet. Von den zahlreichen Wasserfällen des Parks sind der Rio-Preto- und der Cariocas-Wasserfall die größten und bekanntesten.

Pantanal *(unten)*

Der Südwesten Brasiliens protzt mit dem größten Binnenland-Feuchtgebiet der Welt, dem Pantanal. Der „Sumpf", wie das portugiesische Wort auf Deutsch heißt, erstreckt sich über 100 000 km^2 und bietet unzähligen Tieren und Pflanzen einen Lebensraum, darunter Ozelots, Gürteltieren, Brillenkaimanen und Aras. Um diese Vielfalt zu erhalten, wurde ein Teil des Gebiets nördlich von Corumbá 2002 von der UNESCO zum Biosphärenreservat erklärt.

Gruta do Lago Azul, Bonito

(oben)

Bei der Gruta do Lago Azul ist der Name ein Versprechen, dass hundertprozentig eingehalten wird: Wenn die Morgensonne durch den Höhleneingang auf den 90 m tiefen See fällt, leuchtet er wunderbar azurblau. Die hellen Tropfsteine bilden dazu einen kontrastreichen Rahmen. Die Grotte ist eine von mehreren rund um die Stadt Bonito im Süden von Mato Grosso do Sul.

Zuckerhut, Rio de Janeiro

(Mitte oben)

Kaum ein Berg ist so bekannt wie der Pão de Açúcar, das Wahrzeichen der brasilianischen Metropole Rio de Janeiro. Dabei ist der Zuckerhut in punkto Größe mit seinen 395 m absolut vernachlässigenswert. Doch die Form dieses einzeln stehenden Berges mit seinen steilen, fast kahlen Wänden ist dafür umso markanter: Sie erinnert an eine Glocke – oder einen Zuckerhut.

Iguaçufälle *(Mitte unten)*

Bevor der Fluss Iguaçu in den Paraná mündet, muss er den 65 m hohen, steilen Absturz des Brasilianischen Plateaus überwinden und tut dies auf so eindrucksvolle Weise, dass nur noch die Victoria- oder die Niagarafälle mithalten können: Auf einer Breite von 2700 m stürzen normalerweise 1500 m^3 Wasser pro Sekunde hinunter, in der Regenzeit kann es aber auch die vierfache Menge sein, während es in es in der Trockenzeit oft nur ein Drittel ist.

Serra Geral, Cambará do Sul

(unten)

Nebel zieht aus den Tälern der Serra Geral bis zu den gut 900 m hohen Gipfeln auf und verwandelt den Nationalpark mit seinem Regenwald in eine unheimliche Geisterlandschaft. Vor allem im regenreichen September, aber auch in den folgenden Monaten bis April bilden sich aufgrund der Nähe zur Küste regelmäßig dichte Nebelschwaden, die als Viraçao-Phänomen bezeichnet werden.

Chile

Bofedales, Lauca-Nationalpark *(oben)*

An der Grenze zu Bolivien liegt Chiles nördlichster Nationalpark und die beiden Zwillingsvulkane Parinacota (6345 m) sowie Pomerate (6282 m) grüßen freundlich herüber. Typisch für die Region sind die sogenannten Bofedales, die im Vordergrund des Bilds zu sehen sind. Es handelt sich um die Weideplätze der Altiplano-Weidetiere, also der Lamas, Alpakas, Guanakos und Vikunjas.

Atacama-Wüste *(unten links)*

Über rund 1000 km erstreckt sich die Atacama als trockenes, schmales Band zwischen der Küste und den Anden im nördlichen Chile. Genau diese beiden Begrenzungen sind auch dafür verantwortlich, dass die Atacama als trockenste Wüste der Welt gilt: Die Anden stoppen die Wolken an der Ostseite und der kalte Humboldtstrom verhindert die Wolkenbildung von Westen her. Außerdem ist er für die niedrigen Temperaturen um 20 °C verantwortlich.

Chungarasee und Vulkan Parinacota, Lauca-Nationalpark *(unten rechts)*

Mit 6342 m Höhe ist der Vulkan Parinacota der größte unter den zahlreichen Vulkanen im Lauca-Nationalpark, der für seine artenreiche Tierwelt berühmt ist. Er bildet den erhabenen Hintergrund für den Chungarasee, einen der höchstgelegenen Seen der Welt. In 4520 m Höhe bewässert er diesen Teil des Altiplanos und besticht durch sein kobaltblaues Wasser.

La Portada, bei Antofagasta
(oben links)

In einer beeindruckenden steilen Küste endet die Atacama am Pazifik in der Nähe von Antofagasta. Da es sich im oberen Bereich der Steilwände nicht um harte Felsen, sondern weicheren Muschelkalk handelt, wäscht das Meerwasser die Klippen relativ schnell aus. Als i-Tüpfelchen hat es jedoch ein steinernes Tor stehen gelassen, das auf seinem Felssockel sehr beständigen Halt hat.

Geysirfeld von El Tatio, bei San Pedro de Atacama
(oben rechts)

Als würde die Erde erleichtert aufatmen, dass die Sonne ein weiteres Mal aufgegangen ist, rauchen die Geysire beim Vulkan El Tatio frühmorgens besonders stark. Um diese Zeit sind sie am aktivsten, später brodelt es deutlich weniger in dem fast 4300 m hoch gelegenen Krater der Atacama. Es handelt sich um das größte Geysirfeld der Südhalbkugel.

Valle de la Luna, bei San Pedro de Atacama *(Mitte)*

Gerüchte, dass die erste Mondlandung inszeniert wurde, halten bis heute an und wer das Valle de la Luna in der Atacama besucht hat, wundert sich nicht darüber: In dieser kargen, schroffen, grauen Gegend ist es – besonders im fahlen Licht des Vollmonds – kein Problem, einen sehr überzeugenden Mondfilm zu drehen. In der untergehenden Abendsonne dagegen leuchten die Felsgrate in bezauberndem Rot.

Salar de Atacama *(unten)*

Mit rund 3000 km^2 Fläche ist der Salar de Atacama der größte chilenische Salzsee und der drittgrößte der Welt. Durch die Verdunstung an den seichten Stellen fallen die Mineralien aus und bilden bunte Flächen. Durch gezielte Verdunstung in Becken werden sie auch für den menschlichen Bedarf gewonnen. Dort wo genügend flaches Wasser übrig bleibt, leben riesige Kolonien von Flamingos.

Laguna Lejía, Antofagasta

(oben links)

In 4200 m Höhe erstreckt sich die eiskalte Laguna Lejía am Fuße des Vulkans Láscar und mancher Reisende wundert sich, warum sie bei Temperaturen unter Null nicht gefroren ist. Doch der hohe Salzgehalt des Sees verhindert dies. Die Landschaft ist von beklemmender Schönheit – farbenfroh zwar durch die abgelagerten Mineralien und die Vulkankette, aber fast ohne Vegetation.

Vulkan Osorno

(unten links)

Er ist von makelloser Form und mit einem weißen Tuch geschmückt, ein Vulkan wie aus einem Bilderbuch: der Osorno südöstlich der chilenischen Hafenstadt Valdivia. Seine 18 erloschenen kleinen Krater haben aus der Umgebung fruchtbares Land gemacht, das von den Flüssen, Seen und Wasserfällen gut bewässert wird. Und so grünt es am Fuße des Osorno, dass es eine wahre Freude ist.

Laja-Wasserfall, bei Chillán

(oben rechts)

Obwohl der Wasserfall von Laja direkt an der Panamericana liegt, der legendären Route durch Amerika, und deshalb entsprechend viel Publikum hat, lohnt sich ein Besuch: Er fällt nicht nur in einer breiten Kurve steil rund 40 m vom Felsplateau hinab, sondern verzaubert durch seine Regenbogen. Dabei hängt es vom Standort ab, ob der Betrachter einen einfachen oder einen doppelten Regenbogen sieht.

Nationalpark Huerquehue, bei Pucón *(unten rechts)*

Eine wunderschöne Berglandschaft mit kristallklaren Seen, Flüssen und Wasserfällen schützt der Nationalpark Huerquehue auf einer Fläche von 12 500 ha. Neben fantastischen Panoramen, etwa den Vulkan Villarrica, bietet er auch das seltene Erlebnis, einen Blick auf den Andenkondor zu erhaschen, der beim Flug über den Park seine Flügel 3 m weit ausspannt.

Salto del Petrohué, Puerto Montt *(oben)*

Bäume, Berge, schneebedeckte Vulkane, klare Seen und reißende Flüsse bilden in ihrem engen Beieinander die außergewöhnlich dramatischen Szenerien im Nationalpark Vicente Pérez Rosales. Der Wasserfall des Río Petrohué gehört zu den spektakulären Höhepunkten dieses Naturschutzgebietes, das im chilenischen Seengebiet gut 80 km von Puerto Montt entfernt liegt.

Lago Llanquihue, Puerto Montt *(Mitte)*

Schöne Strände, viele Fische und das wunderbare Panorama aus Wasser und Vulkan machen den Lago Llanquihue zu einem beliebten Ferienziel. Denn der See und seine Umgebung eignen sich wunderbar zum Wandern, Reiten, Angeln und für alle Wasseraktivitäten von Schwimmen bis Windsurfen. Der See am Fuße des Vulkans Osorno ist der zweitgrößte in Chile. Er wird aus den Anden gespeist und inzwischen zur Zucht von Lachsen genutzt.

Laguna San Rafael *(unten links)*

Atemberaubend ist der Anblick des San-Rafael-Gletschers, der in die gleichnamige Lagune mündet. Denn seine Wände sind bis zu 70 m hoch – und damit so hoch wie ein mehrstöckiges Haus. Außerdem ist er rund 2,5 km breit und 45 km lang. Die Lagune ist der Mittelpunkt eines Nationalparks, der durch schmale Fjorde, Urwald und schneebedeckte Berggipfel geprägt wird.

Nationalpark Alerce Andino, Puerto Montt *(unten rechts)*

Langsames Wachstum und hervorragende Holzqualität sind den Alercen, die zu den Zypressengewächsen gehören, fast zum Verhängnis geworden. Um ihr Überleben zu sichern, wurden im Seengebiet der chilenischen Anden 20 000 ha unter Schutz gestellt. Der Park besticht aber nicht nur durch seine immergrünen Wälder, sondern auch durch die vielen kleinen, in den Wäldern und Bergen versteckten Seen.

Lago Nordenskjöld, Patagonien *(oben)*

Eine der atemberaubendsten, schönsten Landschaften Chiles, wenn nicht Südamerikas schutzt der Nationalpark Torres del Paine im Süden des Landes. Die wilde Berglandschaft ist von Gletschern, Fjorden und Seen geprägt wie dem Lago Nordenskjöld – benannt nach Otto Nordenskjöld, einem schwedischen Geologen. Tundra und Wälder bieten Guanakos und zahlreichen Vogelarten einen Lebensraum.

Brunswick-Halbinsel *(Mitte oben)*

Weitgehend unbekannt und trotzdem etwas besonderes ist die chilenische Halbinsel Brunswick. Sie ist nämlich das südlichste Ende des südamerikanischen Kontinents. Fälschlicherweise werden Kap Hoorn, die Diego-Ramirez-Inseln und Feuerland meist dafür gehalten. Die Vegetation der südlichsten Küste ist so karg, dass die ersten Siedler hier nicht überleben konnten.

Kap Hoorn *(Mitte unten)*

Auf 55° 59' südlicher Breite liegt eine Landspitze auf der Insel La Hornos, die gemeinhin als südlichster Punkt Amerikas angesehen wird: Kap Hoorn. Und das trotz aller modernen Messungen, die längst die Brunswick-Halbinsel als südlichsten Punkt des amerikanischen Festlands und die Diego-Ramirez-Inseln als südlichste der amerikanischen Inseln verifiziert haben. Aber sie sind eben nicht so bekannt wie Kap Hoorn.

Diego-Ramírez-Inseln *(unten)*

Weit draußen im Pazifik, gut 100 km südwestlich von Kap Hoorn liegen die südlichsten Inseln, die noch zum amerikanischen Kontinent gehören: die Diego-Ramírez-Inseln. Die Gewässer sind sehr nährstoffreich und die felsigen Klippen bieten Brutplätze für viele Seevögel wie beispielsweise den Schwarzbrauenalbatros.

Argentinien

Quebrada de Humahuaca, Jujuy *(oben links)*

Kahle Berge wölben sich hinab zur Schlucht des Río Grande de Jujuy und bilden durch ihre Form- und vor allem durch ihre Farbgebung eine dramatische Szenerie. Die Schlucht (Quebrada) führt von San Salvador de Jujuy nach Humahuaca und steigt auf diesen 150 km um 1700 m an. Sie wurde von den Inkas als Handelsweg benutzt und aus diesem Grund auch von der UNESCO unter Schutz gestellt.

Cerro de los Siete Colores, Purmamarca *(oben rechts)*

Von Hellbeige über Braun und Rotbraun bis hin zu leuchtendem Orange präsentieren sich die Berge in der Humahuaca-Schlucht – als wollten sie das weitgehende Fehlen von Pflanzen und deren Farben ausgleichen. Unterschiedliche im Gestein enthaltene Mineralien sind für das pastellfarbene Auftreten des Cerro de los Siete Colores in der Andenprovinz Jujuy verantwortlich.

Nationalpark Talampaya, La Rioja *(Mitte)*

Als hätte sich der Sand plötzlich zu Stein verfestigt, ragen in derselben Farbe jäh steile Felswände in den blauen Himmel. Sie bilden Canyons, Formationen und Skulpturen und werden deshalb auch als „Verlorene Stadt" bezeichnet. Die UNESCO schützt diesen Nationalpark im Nordwesten Argentiniens aber nicht wegen der imposanten Felsen, sondern weil es nirgendwo sonst auf der Erde Fossilien gibt, die das gesamte Spektrum des Trias abdecken.

Felsskulpturen von Ischigualasto, San Juan *(unten)*

Vor dem tiefblauen Himmel im nordwestlichen Argentinien kommen die Steinskulpturen des Naturreservats Ischigualasto besonders gut zur Geltung. Die kuriosen Felsformationen erinnern an Wesen aus Science-Fiction-Filmen oder an bekannte Gegenstände. Die Region, die auch unter den Namen Valle de la Luna oder Valle Pintado bekannt ist, liegt beim Nationalpark Tampalaya und gehört mit ihm zum UNESCO-Weltnaturerbe.

Cerro Aconcagua *(oben links)*

Es sind die Argentinier, die sich rühmen dürfen, den höchsten Gipfel Amerikas auf ihrem Staatsgebiet zu haben: Es ist der Andenberg Aconcagua mit stolzen 6962 m Höhe. Er wurde bereits 1897 zum ersten Mal bestiegen und reizt seither so viele Bergsteiger, dass ein Nationalpark zu seinem Schutz eingerichtet wurde und jeder Alpinist persönlich eine Erlaubnis zur Besteigung erwerben muss.

Puente del Inca, Mendoza *(oben rechts)*

Direkt an der Grenze zu Chile hat die Erdgeschichte ein ganz besonderes Naturmonument geschaffen, die Puente del Inca, die Brücke der Inka: Das Wasser einer Thermalquelle schuf durch seine mineralischen Ablagerungen ein natürliches Viadukt. Und tatsächlich benutzten bereits die Inkas diesen Übergang über das Wasser. Aber nicht nur sie, sondern alle nachfolgenden Generationen. Erst seit die Nationalstraße 7 verlegt wurde, ist es hier ruhig geworden.

Pampa *(unten links)*

Die Pampa bildet das Herz Argentiniens und zieht sich von Buenos Aires gen Westen. Die riesigen Grassteppen lassen den Gedanken einen unendlich erscheinenden Raum. Gelegentlich werden sie durch Felsinseln oder Gewässer unterbrochen, die dem Auge eine willkommene Abwechslung bieten. Für die Argentinier ist diese eintönige Landschaft von großer wirtschaftlicher Bedeutung, denn sie liefert der exportorientierten Rinderzucht genügend Weideland.

Patagonien *(unten rechts)*

Weit, trocken und karg präsentiert sich diese mit 650 000 km^2 riesige Landschaft, die gemeint ist, wenn jemand von Patagonien spricht. Dagegen ist das hauptsächlich in Chile gelegene Westpatagonien durch die stark vergletscherten Anden charakterisiert. Im Regenschatten der Anden gelegen eignet sich das Gebiet meist nur zur Schafzucht, doch viel Geld bringt inzwischen die Erdölförderung.

Valdés-Halbinsel, Patagonien

(oben)

An der Atlantikküste steht die gesamte 3625 km² große Halbinsel Valdés unter Naturschutz und ist wegen ihrer immensen Bedeutung für Meeressäugetiere seit 1999 auch Weltnaturerbe. Seelöwen, See-Elefanten, Mähnenrobben und Wale wie Südkaper und Orcas leben an der Küste. Das Landesinnere ist durch Salzseen und eine genügsame Pflanzen- und Tierwelt gekennzeichnet.

Bosque Petrificado José Ormachea, Patagonien *(Mitte)*

Vor 150 Millionen Jahren war Patagonien eine dicht bewaldete Landschaft. Davon legen mehrere versteinerte Wälder wie der Bosque Petrificado José Ormachea bei Sarmiento in der Provinz Chubut Zeugnis ab. Durch die Asche von Vulkanausbrüchen wurden Pflanzen und Tiere luftdicht eingeschlossen und mit der Zeit lagerten sich Salze und Kieselsäuren in den Stämmen ein. So versteinerten die Bäume über die Jahrtausende.

Nationalpark Los Glaciares

(unten rechts)

Kurz und bündig heißt dieses Gebiet einfach nur „Die Gletscher". Gut so, denn genau sie sollen geschützt werden und sie beherrschen mit der größten zusammenhängenden Eismasse außerhalb der Antarktis das Landschaftsbild: 47 große und über 200 kleine Gletscher faszinieren mit ihren kühlen, weißbläulichen Eismassen. Von dem 20 000 km² großen Gletscherfeld stehen nur 6000 km² unter Schutz.

Laguna del Carbón, Patagonien

(unten links)

105 m unter dem Meeresspiegel liegt die Laguna del Carbón bei Gran Bajo de San Julián in der Provinz Santa Cruz. Damit ist sie der tiefste Punkt auf dem amerikanischen Doppelkontinent. Mit diesem geologischen Superlativ verknüpft sich eine höhere Schwerkraft, die kleine, aber feine Auswirkungen hat: Eine Pendeluhr, die nicht korrigiert wird, geht dadurch jeden Tag 24 Sekunden vor!

Cerro Fitz Roy, Patagonien

(oben links)

Einen atemberaubenden Anblick bietet der Cerro Fitz Roy zu jeder Tages- und Jahreszeit. Der höchste Gipfel des Fitz-Roy-Massivs, das im Nationalpark Los Glaciares liegt, erreicht 3375 m und wird auch Cerro Chaltén genannt. Wegen seiner extrem steilen Wände und der schwierigen Wetterverhältnisse, die hier meist herrschen, gilt er auch unter erstklassigen Bergsteigern als schwierig zu besteigen.

Perito Moreno

(oben Mitte)

Der imposanteste, größte und bekannteste Gletscher des patagonischen Eisfelds ist der Perito Moreno. Er ist gut 30 km lang, 5 km breit 60 m dick und wird – im Unterschied zu vielen anderen Gletschern auf der Welt – größer statt kleiner. Er liegt im Süden des Nationalparks Los Glaciares nicht einfach still da, sondern bewegt sich um etwa 1 m pro Tag vorwärts. Dadurch brechen gigantische Eisstücke ab und fallen mit Getöse ins Wasser.

Feuerland

(oben rechts)

Als Magellan 1520 das Inselarchipel vor der Südküste Chiles und Argentiniens Feuerland – Tierra del Fuego – taufte, dachte er nicht an Vulkane, sondern hatte die des nachts brennenden Feuer der indianischen Urbevölkerung vor Augen. Während den Südwesten Feuerlands vergletscherte Berge prägen, die bis zu einer Höhe von etwa 2500 m ansteigen, ist der Osten durch Gras und Flachland charakterisiert – ideal für die Schafzucht.

Cerro Torre, Patagonien *(unten)*

Für exzellente Bergsteiger sind 3133 m eigentlich nicht hoch, trotzdem rangiert der Cerro Torre in der Hitliste der am schwierigsten zu besteigenden Gipfel der Welt weit oben. Denn zwischen 1974 und 2005 schlugen sämtliche Versuche, den Gipfel zu erklimmen, fehl. Mit seinen gefährlich wirkenden, spitzen Zacken scheint der Cerro Torre die Menschen abwehren zu wollen.

AUSTRALIEN UND OZEANIEN

Der fünfte Kontinent ist mit 7,7 Millionen km² der kleinste und bezaubert mit seinen Gegensätzen aus abenteuerlicher Wüste und Strandparadies, Felsformationen, Regenwald und grenzenlosem Outback. Durch seine isolierte Lage konnten sich in dem weiten und oft gleichförmigen Land Tiere und Pflanzen entwickeln, die es nirgendwo sonst auf der Welt gibt. Zu entdecken sind einzigartige Naturwunder wie das Great Barrier Reef, der weltberühmte Ayers Rock oder auch die ältesten Lebewesen der Welt, Stromatolithen genannt. Zu Ozeanien werden mit Neuseeland und Neuguinea über 7500 Inseln im Pazifik gerechnet, von denen sich zwei Drittel ohne größeren menschlichen Einfluss entwickeln konnten. Neben traumhaften Stränden und Tauchrevieren fasziniert in dieser Region der Welt vor allem die Entstehung von neuen Inseln.

CHINA
JAPAN
Bonin-In.
(Jap.)
Ryukyu-In
Vulkan-In.
(Jap.)
Okino-tori-I.
(Jap.)
Marianen
(USA)
Saipan
Wake (USA)
PHILIPPINEN
Luzon
Philippinen-
see
MARSHALL-INSELN
FÖDERAT. STAATEN
Chuuk
Kolonia
VON MIKRONESIEN
Palau-In.
Koror
Seventy Islands National Park
Rock Islands
Ngemelis Islands
Sleeping Gorilla
Mindanao
Talaud-In.
Morota
PALAU
Bairiki
Borneo
Biak
Sula-In.
Celebes
INDONESIEN
Kalksteinzacken auf N
NAURU
Bismarck-
Archipel
Vulkan Rabaul
Neu-
guinea
PAPUA-
NEUGUINEA
Kai-In.
Bougainville
SALOMONEN
Tanimbar-In.
Timor
Port
Moresby
Honiara
East Rennell
Christmas Island
Melville
Darwin
Shelburne Bay
Kakadu National Park
Litchfield National Park
Mitchell River
Katherine Gorge
Victoria River
Korallen-
see
VANUATU
Kimberley-Plateau
Cape Leveque
Cable Beach
Windjana Gorge National Park
Höhlen des Tunnel Creek
Bungle Bungle Range
King Leopold Ranges National Park
Geikie Gorge
Daintree National Park
Atherton Tableland
Hinchinbrook Island
Undara Volcanic
National Park
Lawn Hill Creek
Port Vila
Wasse
Wallaman Falls
Great Barrier Reef
Whitsunday Islands
Wolfe Creek Meteorite Crater
Große Sandwüste
Devils Marbles
Neu-
kaledonien
(Franz.)
Nouméa
Cape Range
National Park
Pilbara
Hancock Gorge
MacDonnell Ranges
Heron Island
Ningaloo Marine Park
Blowholes
Stromatholiten
Shell Beach
Kings Canyon
Olgas
Chambers Pillar
Ayers Rock
Rainbow Valley
Simpson Desert
Fraser Island
Glass House Mountains
Mon Repos Beach
Brisbane
Kalbarri National Park
Lake Eyre
Arckaringa Hills
Byron Bay
Norfolk
(Austr.)
Pinnacles
Flinders Ranges
Warrumbungle Range
Lord Howe Island
Perth
Wave Rock
Nullarbor Plain
Delisser Sandhills
Port Augusta
Mungo National Park
Darling River
Great Walls of China
Blue Mountains
Three Sisters
Seen von Willandra
Gawler Ranges
Murray River
Kanangra Wall
Sydney
Stirling Range
Bunda Cliffs
Adelaide
Point Westall
Fitzroy Falls
Ninety Mile Beach
Remarkable Rocks
Mount Kosciuszko
Grampians National Park
Snowy River
Nordinsel
Blue Lake
Eagle Rock
Melbourne
The Pinnacles
Steilküste bei Port Campbell
Shipwreck Coast
Zwölf Apostel
Otway National Park
London Bridge
Tidal River
Bass-Straße
Waitomo
NEUSEELAN
Mount Tara
INDISCHER
King I.
Tasmanien
Cradle Mountain-Lake St Clair National Park
Lake St Clair
Gondwana-Pflanzen
Wineglass Bay
Südinsel
Abel Tasman National Park
Paparoa National Park
Pancake Rocks
Fox- und Franz-Josef-Gletscher
Macquarie Harbour
Walls of Jerusalem National Park
Hastings Cave
Klippen der Tasman Peninsula
Southwest National Park
Cape Raoul
Cape Pillar
Mount Cook
Milford Sound
Mitre Peak
Lake Wakat
Lindis Pa
Doubtful Sound
Moerak
Remarkable
Catlins
Purakaunui
Stewart Island
OZEAN
Heard Island

Australien und Ozeanien

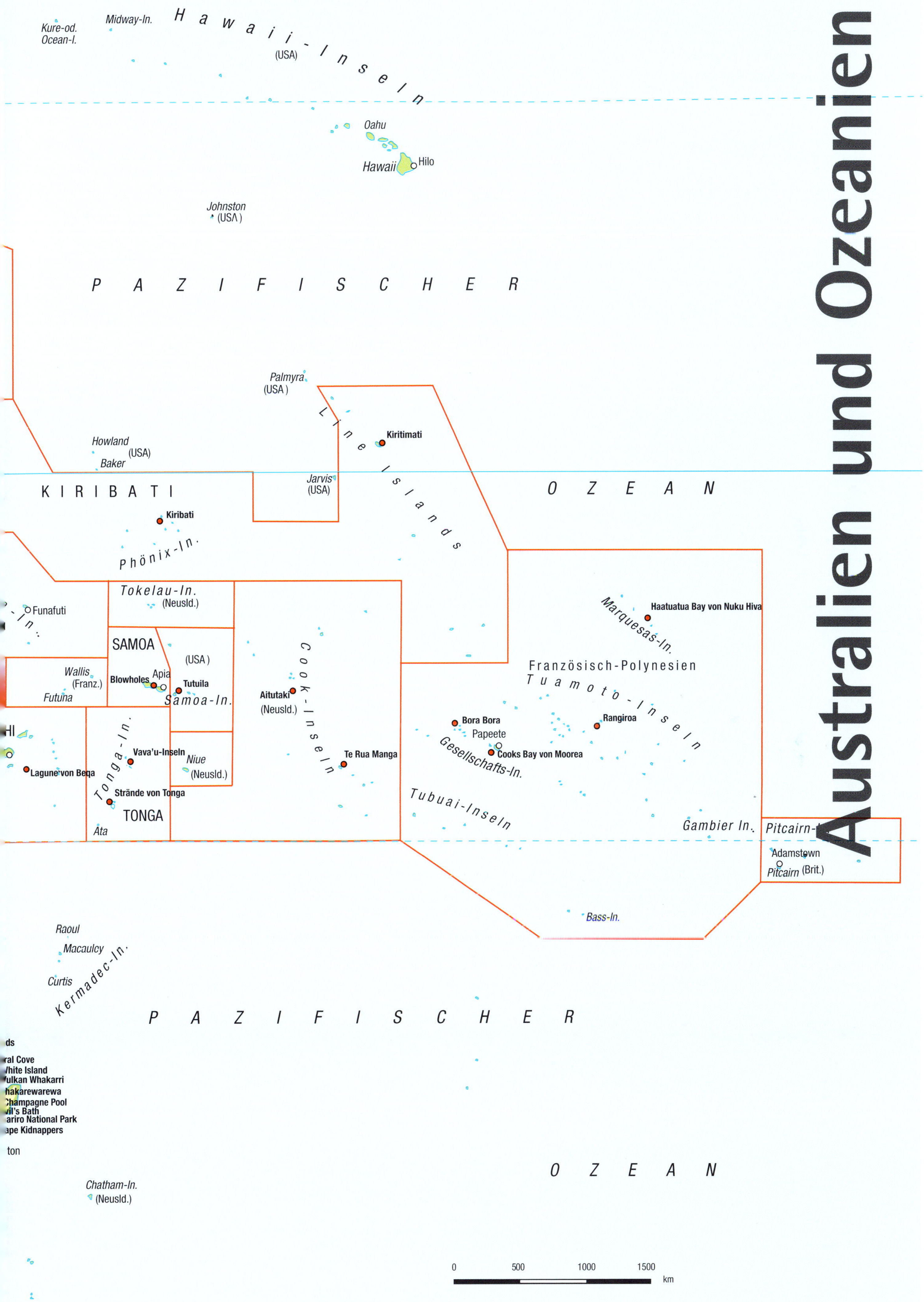

Australien

Christmas Island
(oben links)

Südlich von Java liegt Christmas Island im Indischen Ozean gut 1000 Meilen vom Mutterland Australien entfernt. Alljährlich zu Beginn der Weihnachtszeit kleidet die Natur die Ufer des Eilands auf besondere Weise in weihnachtliches Rot: Die Weihnachtsinsel-Krabben laufen einer bewegten roten Decke gleich zu Millionen aus den Wäldern an die Küste, um dort ihre Eier abzulegen.

Mitchell River, Western Australia *(oben rechts)*

Schäumend und brodelnd fließt er Mitchell River mit großer Geschwindigkeit zwischen den Felsen hindurch und bahnt sich seinen Weg. Dabei hat er einige Schluchten und Höhlen geschaffen und er sorgt dafür, dass der gemäßigte Regenwald an seinen Ufern genug Wasser bekommt, vor allem im Sommer, wenn der Fluss besonders viel Wasser führt. Dann sind manche Gebiete des Nationalparks für Besucher gesperrt, weil der Aufenthalt zu gefährlich ist.

Cape Leveque, Kimberleys
(unten)

Die Dampier-Halbinsel erstreckt sich nördlich von Broome und findet ihren fulminanten Abschluss im Cape Leveque: Leuchtend rote Klippen enden mehr oder minder steil an feinen, weißen Stränden, die sich im blauen Meer verlaufen – ein Gedicht für Auge und Seele, das Naturerlebnis und Entspannung zugleich verspricht.

Cable Beach, Western Australia *(oben)*

Er ist der schönste Strand des Fünften Kontinents – das behaupten zumindest die Australier und die kennen sich mit Stränden bestens aus. Bei Broome erstreckt sich der Cable Beach über eine Länge von 22 km und bei Ebbe erreicht seine Breite gut 800 m. Feinster Sand, in dem sich für Strandspaziergänger auch einige Muscheln verstecken, und das glasklare Wasser des Indischen Ozeans machen seinen Reiz aus.

Kimberley-Plateau *(Mitte links)*

Outback at its best – so präsentiert sich das Kimberley-Plateau, eine der faszinierendsten Savannenlandschaften Australiens. Während der Trockenzeit ist es hier nicht nur extrem heiß, sondern es werden sogar die höchsten Temperaturen der südlichen Erdhalbkugel erreicht. Doch in der Regenzeit verwandelt sich das Gebiet in eine fruchtbare Landschaft, in der die Gräser bis zu 2 m hoch werden.

Bungle Bungle Range *(Mitte rechts)*

Solche seltsam aussehenden Berge wie die Bungle Bungle Range in Westaustralien gibt es nirgendwo sonst auf der Welt: Die Felsformationen sind zwar karg, aber nicht schroff und zackig, sondern sanft gerundet und – quer gestreift. Graue und orangerote Gesteinsschichten wechseln sich ab. In den rötlichen Lagen hat sich Silikat abgelagert und ist für die Färbung verantwortlich.

King Leopold Ranges National Park, Kimberleys *(unten)*

Sein bauchiger Stamm gab dem australischen Flaschenbaum den äußerst treffenden deutschen Namen. Der Baobab ist der Charakterbaum der Kimberleys und kann in seinem Stamm ausreichend Wasser speichern, um die Trockenzeit zu überstehen. Im King Leopold Ranges National Park ist er die bekannteste unter den rund 2000 Pflanzenarten. Neben den Savannen der Kimberleys schützt der Park auch die namengebende Gebirgskette.

Windjana Gorge National Park, Kimberleys *(oben)*

Eindrucksvoll und wunderschön wirkt die Windjana-Schlucht in der Napier Range vor allem im Abendlicht: Sie ist 3,5 km lang und besitzt bis zu 100 m hohe Steilwände. An ihrem Grund windet sich verhältnismäßig breit der Lennard River zwischen den Felsen hindurch. Süßwasserkrokodile, Schlangen und Vögel bevölkern die Schlucht und den Fluss.

Geikie Gorge, Kimberleys *(Mitte)*

Eine imposante 30 m tiefe Schlucht haben die Wasser des Fitzroy Rivers in das Kalksteinplateau geschnitten: die Geikie Gorge. Während der Trockenzeit ist im unteren Bereich der Felswand ein heller Streifen zu sehen. Er markiert den Wasserstand zur Regenzeit und reicht 16 m hoch! Dann flutet der Fluss den gesamten Geikie Gorge National Park.

Höhlen des Tunnel Creek, Western Australia *(unten)*

Der Tunnel Creek National Park bietet zwei unterschiedliche Höhlentypen, die zwei Stadien der Erosion darstellen: dunkel, feucht und voller Tropfsteine oder vom Tageslicht beleuchtete Höhlen mit bizarr ausgewaschenen Felsen. Bei den offenen Höhlen ist die Decke bereits eingebrochen, die in den anderen das Licht und die Wärme noch fernhält. Der Tunnel Creek hat sein Flussbett wie einen Tunnel durch die Oscar Range gegraben.

Wolfe Creek Meteorite Crater, Western Australia *(oben links)*

Rund und ebenmäßig ragen seine Wände aus der Ebene am Rand der Großen Sandwüste hinaus und umschreiben etwa einen Durchmesser von 900 m. Damit ist der Wolfe Creek Meteorite Crater nach dem Barringer-Krater in Arizona der zweitgrößte Meteoritenkrater der Erde und der schönste unter den 15 Kratern in Australien. Der Einschlag passierte vermutlich vor 300 000 Jahren.

Große Sandwüste, Western Australia *(unten links)*

Rot und trocken erstreckt sich zwischen den Kimberleys und den Bergen der Pilbara die Große Sandwüste über eine Fläche von 360 000 km². Trotzdem wächst das genügsame Spinifexgras an manchen Stellen. Denn in der Großen Sandwüste fällt durchaus Regen, allerdings meist im Gefolge eines Zyklons und dann in riesigen Mengen, die oft für einige Jahre reichen müssen.

Pilbara, Western Australia *(oben rechts)*

Eine der ältesten Landschaften der Erde liegt im Nordwesten von Western Australia: die Pilbara, ein Felstrümmerplateau mit vielen Schluchten. Drei Millionen Jahre soll das rötliche Gestein der Hamersley Range alt sein, die sich durch die Pilbara zieht. Spinifexgras ist der typische Bewuchs und riesige Termitenhügel aus dem roten Pilbarastaub setzen optische Akzente.

Hancock Gorge, Karijini National Park *(unten rechts)*

Im zweitgrößten Nationalpark Australiens gibt es fantastische Schluchten: Sie bezaubern zum einen durch die Farbvielfalt ihres Gesteins, das von Rosa über Purpur und Rot bis ins Tiefschwarze changiert. Zum anderen überraschen sie mit feuchtigkeitsliebenden Pflanzen in einer ansonsten sehr trockenen Landschaft. Denn im Schatten der Schluchten halten sich Grundwasserteiche, an denen Seelilien, Moose und Farne wachsen.

Cape Range National Park, Western Australia *(oben links)*

Ein kostbarer Schimmer scheint über der Region zu liegen: Über viele Kilometer zieht sich die golden leuchtende Ebene voller Spinifexgras, die vor gut 50 Jahren noch als Weideland diente, bis zu den Bergen hin. Die ursprünglichen Bewohner – wie dieser Riesenwaran – sind nun wieder ungestört. Neben der Grasebene und der zerklüfteten Berglandschaft schützt der 1964 eingerichtete Park auch einen Bereich der Küste sowie der Wanderdünen.

Ningaloo Marine Park, Western Australia *(oben rechts)*

Gut 250 km Küste und angrenzendes Meer schützt der Ningaloo Marine Park. Damit die Meeresschildkröten weiterhin ungestört an Land kommen und ihre Eier legen können, aber auch um die Meeressäugetiere wie Wale und das Ningaloo-Riff mit seiner Vielfalt an Korallen und Fischen zu schützen. Die Beobachtung der Tiere ist erlaubt, das Angeln nur mit Einschränkungen.

Blowholes, bei Carnarvon *(Mitte)*

Mit enormer Kraft drückt das Meer sein Wasser in die Löcher im Fels, sodass es manchmal bis zu 20 m hoch wieder herausspritzt. Die Blowholes, etwa 75 km nördlich von Carnarvon gelegen, sind eine Sehenswürdigkeit, denn hier gischtet und spritzt es aus rund 30 Löchern. Besonders bei schlechtem Wetter ist Vorsicht angesagt, denn es ist keine Seltenheit, dass Riesenwellen den Uferbereich komplett überspülen.

Stromatolithen, Shark Bay *(unten)*

Das UNESCO-Welterbe Shark Bay schützt etwas ganz Besonderes, nämlich Stromatolithen, die möglicherweise ältesten Fossilien und Lebewesen der Welt. Es handelt sich um Kalkablagerungen, die durch Kolonien von Cyanobakterien gebildet werden. Es sind wellen- und knollenförmige Gebilde, die aus dem flachen Wasser ragen oder sich unter Wasser befinden, und aufgrund des sehr salzigen Wassers in der Shark Bay überleben konnten.

Shell Beach, Shark Bay

(oben links)

Kleine Herzmuscheln an einem Meeresstrand sind eigentlich nichts Besonderes. Aber im Falle des Shell Beach verhält es sich anders: Der Strand ist nicht nur rund 60 km lang und damit außergewöhnlich groß, sondern er besteht überdies statt aus Sand aus Muscheln. In einer bis zu 10 m dicken Schicht liegen die winzigen Herzmuscheln übereinander.

Kalbarri National Park, Western Australia *(oben rechts)*

Rot-weiße Kliffs von rauer Schönheit, bizarre Felsformationen, tiefe Schluchten des Murchison Rivers, Sandebenen und Steilküsten – so viel Abwechslung bietet der Kalbarri National Park an der Westküste Australiens. Spektakulär präsentieren sich besonders die Felsformationen wie Nature's Window, das den Blick auf den Murchison River freigibt.

Pinnacles, Cervantes

(unten)

Wie stumpfe Zähne oder wie Grabsteine ragen Tausende 3–5 m hohe Kalksteinsäulen aus dem hellen Wüstensand hervor. Sie sind so außergewöhnlich, dass diese Wüste im Nambung National Park nördlich von Perth Pinnacle Desert heißt. Wissenschaftler gehen davon aus, dass sich diese Säulen aus extrem verfestigten Kalksteinschichten in den Wurzelbereichen eines ehemaligen Waldes gebildet haben und dann später durch Erosion freigelegt wurden.

Wave Rock, Hyden *(oben)*

Nirgendwo sonst auf der Welt gibt es einen Felsen mit einer ähnlichen Form: Der Wave Rock sieht haargenau so aus wie eine Riesenwelle kurz vor dem Umschlagen. Der bis 15 m hohe und 100 m lange Felsen ragt völlig übergangslos aus dem Boden auf. Dieses einmalige Kunstwerk formten lediglich Wind und Regen aus einer 2,7 Milliarden Jahre alten Granit-Gesteinsformation.

Stirling Range, Western Australia *(Mitte links)*

Einen wunderbaren Anblick bietet die Stirling Range vor allem im Frühjahr und zu Beginn des Sommers, wenn überall auf den Bergwiesen die Blumen blühen. Dann erscheinen die rauen Gipfel und schroffen Grate des bis 1000 m hohen Gebirges nicht ganz so wild. Neben Eukalyptusbäumen und Heidegebieten gibt es rund 1000 Pflanzenarten.

Nullarbor Plain, Western Australia *(unten links)*

Nur mit kargem Buschwerk bewachsen präsentiert sich die größte Karstfläche der Welt. Abgeleitet aus dem Lateinischen heißt sie Nullarbor – ohne Baum. 270 000 km² Fläche nimmt der Kalkstein ein. Das sind 2000 km zwischen Norseman und Ceduna. Das wasserdurchlässige Gestein hat an vielen Stellen der Erosion nachgegeben, sodass Hunderte von Höhlen entstanden sind.

Bunda Cliffs, Große Australische Bucht *(Mitte rechts)*

Gigantisch, imposant, grandios – für das spektakuläre Panorama der Steilküste an der Großen Australischen Bucht gibt es kaum das passende Adjektiv. Denn hier bricht der australische Kontinent über mehrere Hundert Kilometer einfach übergangslos ab, in den Bunda Cliffs gar 80 m tief, und die tosende Brandung liefert die passende Geräuschkulisse dazu.

Delisser Sandhills, Eucla National Park *(oben)*

Malleegestrüpp und Heideland lassen den Eucla-Nationalpark zunächst ein wenig unspektakulär wirken. Doch das Panorama der Steilküste und der grandiose Blick auf die weißen Sanddünen korrigieren diesen ersten Eindruck nachhaltig. Dabei sind die Delisser Sandhills so groß, dass sie auch vom Eyre Highway gut zu sehen sind.

Kakadu National Park, Northern Territory *(unten links)*

Etwa so groß wie die Schweiz ist der größte Nationalpark Australiens und wurde auch von der UNESCO als Welterbe unter Schutz gestellt. Denn er vereint sehr unterschiedliche Landschaften auf seinem Gebiet: von Wäldern, Hochplateaus und felsigen Bergregionen bis zu ausgedehnten Feuchtgebieten mit Krokodilen und Seerosen. Vor allem während der Trockenzeit halten sich an den Wasserstellen viele Tiere auf.

Litchfield National Park, Northern Territory *(unten rechts)*

Von Weitem sehen sie aus wie Stelen, die vielleicht ein Gräberfeld markieren, doch tatsächlich handelt es sich um Termitenbauten. Die kleinen Kompasstermiten *(Amitermes meridionalis)* haben ihre hohen Häuser schön in Reih und Glied gebaut und zwar exakt in Nord-Süd-Ausrichtung, sodass nur die schmale Seite der heißen Mittagssonne ausgesetzt ist. Sie sind die Hauptsehenswürdigkeit des Litchfield National Park.

Katherine Gorge, Northern Territory *(oben)*

Der Katherine River war nicht faul und hat gleich ein ganzes System von Schluchten in das weiche Kalksteinplateau gefräst – 13 an der Zahl. Sie verteilen sich über 30 km und sind von bis zu 100 m hohen Wänden eingefasst. Damit wurde die Katherine Gorge zu einem der Besuchermagneten in Australien, denn eine Bootsfahrt ist ein einmaliges Erlebnis.

Victoria River, Northern Territory *(Mitte)*

Gut 550 km fließt der Victoria River durch das Northern Territory. Er beginnt seinen Weg an der Quelle in den Kimberley Ranges und mündet bei Darwin in die Timorsee. Dabei durchquert er Grassavannen mit Baobabs und den Gregory National Park, wo er sich eine spektakuläre, rot leuchtende Schlucht in das Sandsteinplateau geschnitten hat. Er bietet Krokodilen und Wasservögeln Lebensraum.

Devils Marbles, Northern Territory *(unten)*

Riesige kugelförmige Felsblöcke verteilen sich unregelmäßig auf einer Fläche von gut 1800 ha: Der Teufel hat seine Murmeln nicht aufgeräumt, sondern einfach liegen gelassen. So die Assoziation der Weißen zu diesen Gesteinskugeln. Für die Aborigines sind es die Eier der Regenbogenschlange aus der Traumzeit. Die Ureinwohner nennen sie schlicht „Rundes Objekt" – Karlu Karlu.

MacDonnell Ranges, Northern Territory *(oben links)*

Zu den ältesten Gebirgszügen der Erde zählt die MacDonnell Range, die vor über zwei Milliarden Jahren durch Vulkanismus entstand und erst viel später – vor etwa 400 Millionen Jahren – aufgefaltet wurde. Vermutlich war sie früher gut 4000 m hoch, wurde aber durch Jahrmillionen der Erosion auf 1500 m abgeschliffen. Sie gehört zu den artenreichsten Landschaften im trockenen Bereich Australiens.

Olgas, Northern Territory *(oben Mitte)*

Kata Tjuta, „Viele Köpfe", nennen die Aborigines diese gigantischen, abgerundeten rötlichen Felsen und so heißen sie auch seit 1996 offiziell. Ihr europäischer Name ist eine Ehrung der Königin Olga von Württemberg. Die Berge liegen westlich des Ayers Rock und sind wie dieser Inselberge. Es sind 36 Köpfe und der höchste, der Mount Olga, erreicht 564 m.

Kings Canyon, Watarrka National Park *(oben rechts)*

Wahrhaft königlich ist der Anblick des Kings Canyon, eines westlichen Ausläufers der George Gill Range: Im Sonnenlicht erglühen die steil zum Grund der Schlucht abfallenden, rund 200 m hohen Seitenwände aus Sandstein in warmen Farbtönen. Die Aborigines nutzten sie als Zeichengrund für ihre Bildergeschichte aus der Traumzeit. Der oft ausgetrocknete Fluss liefert gerade genügend Wasser, um Pflanzen und Tieren das Überleben zu sichern.

Ayers Rock, Northern Territory *(unten)*

Bei der bloßen Erwähnung des Wortes Australien steigen vor allem zwei Bilder auf. Kängurus und Ayers Rock. Die Aborigines nennen diesen größten Inselberg der Erde Uluru. Er ist ihnen heilig und sie halten eine Besteigung für eine Schändung. Mit diesem Wissen um das Wahrzeichen Australiens gehen auch Touristen umsichtiger mit dem Ayers Rock um. Wer ihn im Sonnenauf- oder -untergang rot glühen sah und sein Herz berühren ließ, versteht die Ureinwohner.

Chambers Pillar, Northern Territory *(oben)*

Wer sich vom gut 170 km entfernten Alice Springs nähert, sieht die markante Sandsteinsäule schon von Weitem. Bereits im 19. Jahrhundert bei der Erforschung des Fünften Kontinents diente sie als Landmarke, denn immerhin ragt sie von einem Hügel aus noch 50 m senkrecht in den Himmel. Mit ihrer auffälligen roten Spitze erinnert sie an einen Leuchtturm.

Simpson Desert, Northern Territory *(Mitte)*

Bis zu 30 m hohe Dünenkämme verlaufen hier von Nordwesten nach Südosten über weite Strecken parallel. Ob es tatsächlich die längsten der Erde sind, sei dahingestellt. Imposant sind sie auf alle Fälle. Sie wandern nicht, sondern werden von anspruchslosen Gräsern an Ort und Stelle gehalten. Unter der Wüste gibt es ein großes Grundwasserreservoir, das Wasser an die Oberfläche liefert.

Rainbow Valley, Simpson Desert *(unten)*

Farbenfroh wie ein Regenbogen präsentieren sich die Sandsteinberge des Rainbow Valleys vor allem bei Sonnenauf- und -untergang: Zwischen Weiß und Dunkelrot kommen fast alle Farbnuancen vor und nach Regenfällen werden es noch mehr. Das Tal ist mit 3,6 x 2,2 km eher klein, aber so wunderschön, dass es als Landschaftsschutzgebiet ausgewiesen wurde.

Shelburne Bay, Cape York, Queensland *(oben)*

Strahlend weiß wie frisch gefallener und vom Wind verwehter Pulverschnee wirkt diese Dünenlandschaft am Cape York in Queensland. Um dieses traumhafte Panorama genießen zu können, bedarf es einiger Mühen, denn die weißen Dünen sind nur über einen Privatweg zu erreichen. Außerdem ist ein Auto mit Allradantrieb unverzichtbar. Belohnt wird man mit einem außergewöhnlichen Naturerlebnis.

Lawn Hill Creek, Queensland *(unten links)*

Ganz im Nordwesten von Queensland, quasi in der hintersten Ecke des Outbacks, befindet sich der Lawn Hill Creek mit dem gleichnamigen Nationalpark. Wie eine Oase wirkt er in der trockenen Umgebung, denn gespeist durch unterirdische Quellen liefert der Creek Palmen, Buschwerk und Gräsern eine gute Lebensgrundlage. Und als wäre es des Guten nicht genug, gibt es fantastische Schluchten im rotbraunen Gestein.

Daintree National Park, Queensland *(unten rechts)*

Üppiges Grün so weit das Auge reicht: Im Daintree National Park schützt Australien sein größtes tropisches Regenwaldgebiet und damit auch zahlreiche uralte Pflanzen, die noch vom Urkontinent Gondwana stammen. Denn die zunehmende Anlage von Zuckerrohrplantagen hat dieses Ökosystem ernsthaft bedroht. So haben auch Bennett-Baumkängurus und andere nur hier vorkommende Arten, eine Chance weiterhin zu überleben.

Great Barrier Reef *(oben links)*

Auf der ganzen Erde unübertroffen und deshalb folgerichtig als Weltnaturerbe geschützt ist das Große Barriereriff. Mit 2000 km ist es das größte lebende Korallenriff – und wegen seiner ungeheuren Artenvielfalt der Traum eines jeden Tauchers. 1500 Fisch-, 450 Korallen-, 4000 Weichtier-, 6 Schildkröten- und 24 Vogelarten wurden hier gezählt!

Lavahöhle, Undara Volcanic National Park *(unten)*

Die Reste des längsten Lavaflusses, den je auf der Erde ein einzelner Vulkan ausgestoßen hat, werden in diesem Park in Queensland geschützt. Der Schildvulkan Undara stieß vor etwa 190 000 Jahren einen Lavastrom von 23,3 km³ aus. In der Lava gibt es zahlreiche Höhlen, die sich zu fruchtbaren Enklaven für Regenwaldpflanzen und Tiere entwickelt haben.

Atherton Tableland, Queensland *(oben rechts)*

Bis zu 900 m hoch ragt das Atherton Tableland über eine Länge von 150 km aus der Küstenebene zwischen Cairns und Innisfail empor. Auf dem fruchtbaren Vulkanboden, gut gewässert durch viel Regen, gedeiht nicht nur die Landwirtschaft prächtig, sondern auch der Regenwald. In ihm rauschen immer wieder Wasserfälle die Berge hinab.

Wallaman Falls, Queensland *(Mitte)*

Dass der Wasserfall des Stony Creek so schlank und lang wirkt, liegt nicht daran, dass der Fluss oberhalb der Felskante so schmal ist, sondern an der imposanten Länge der Fälle: 279 m tief fällt das Wasser von der Felskante. Besonders spektakulär ist der Anblick gegen Ende des Sommers, weil der Fluss dann das meiste Wasser führt. Oberhalb der Felskante und unten in der Schlucht wächst Regenwald.

Hinchinbrook Island, Queensland *(oben links)*

Die größte Insel vor Queenslands Küste besticht durch weite Sandstrände gesäumt von einer bizarren Felskulisse sowie durch Mangrovensümpfe und Regenwald. Für Abenteurer gibt es hier einiges zu entdecken, denn ein Teil der Wildnis ist noch unerschlossen. Die Insel liegt so nah an der Küste, lediglich durch einen mit Mangroven bewachsenen natürlichen Kanal getrennt, dass Captain Cook sie 1770 nicht als Insel erkannte.

Heron Island, Great Barrier Reef *(oben rechts)*

Nur 42 ha groß liegt Heron Island direkt auf dem äußeren Riff des Great Barrier Reef und ist damit das Eldorado für Taucher. Neben über 1100 Fischarten lassen sich außerdem an Land viele Vögel, darunter die namengebenden Reiher, sowie Meeresschildkröten bei der Eiablage und beim Schlüpfen beobachten. Vor den Küsten der kleinen Koralleninsel ziehen Buckelwale regelmäßig auf dem Weg zu ihren Fortpflanzungsgewässern vorbei.

Fraser Island, Queensland *(unten rechts)*

Die Aborigines nennen Fraser Island, das vor der australischen Ostküste gut 200 km nördlich von Brisbane liegt, „K'gari", das Paradies. Und tatsächlich: Auf der größten Sandinsel der Erde gibt es nicht nur feinen Sand und bis zu 240 m hohe Dünen, sondern auch dichte, saftig-grüne Wälder und mehr als 40 Süßwasserseen. Der Strand an der Ostküste dient offiziell als Highway und als Start- und Landebahn für Flugzeuge, denn das Baden hier wäre meist lebensgefährlich.

Whitsunday Islands *(unten links)*

Außerhalb des Great Barrier Reef liegen die Whitsundays. Diese 74 Inseln sind die Gipfel eines Unterwassergebirges und gehören größtenteils zu einem Nationalpark. Während der Eiszeit war das Gebirge noch mit dem australischen Festland verbunden und erst durch die Anhebung des Meeresspiegels durch das weltweite Abschmelzen der Gletscher am Ende der Eiszeit wurde der Fuß des Gebirges überspült und die Whitsundays entstanden.

Mon Repos Beach, Bundaberg *(oben)*

Ein traumhafter Badestrand mit dem wunderschönen türkisblauen Wasser des Pazifiks – schon das ist eine Erwähnung wert. Aber von Januar bis März findet hier außerdem ein besonderes Naturspektakel statt: Des Nachts kriechen die Weibchen der Meeresschildkröten mühsam mit ihren Flossen den Strand hinauf, um im Schutz der Dunkelheit ein Loch in den Sand zu scharren und ihre Eier hineinzulegen.

Glass House Mountains, Queensland *(Mitte)*

Nördlich von Brisbane recken sich Inselberge aus der Ebene empor und erinnern je nach Perspektive an die Form von Treibhäusern. Entsprechend nannte sie James Cook Glass House Mountains. Die spitzen Türme sind Reste von Vulkanen und etwa 26 Millionen Jahre alt. Am prägnantesten sind Mount Beerwah, Mount Ngungun und Mount Coonowrin. In den Eukalyptuswäldern zu ihren Füßen finden Koalas reichlich Nahrung.

Lord Howe Island *(unten)*

Vor der Ostküste Australiens liegt diese halbmondförmige Insel vulkanischen Ursprungs. Nur 11 km lang und 2 km breit gehört sie wegen ihrer spektakulären Topografie und den zahlreichen nur hier vorkommenden Arten mit den umliegenden noch kleineren Eilanden zu den australischen Welterbestätten. Um Flora und Fauna wirksam zu schützen, dürfen sich nie mehr als 400 Menschen gleichzeitig auf der Insel aufhalten.

Arckaringa Hills, South Australia *(oben links)*

Im warmen Licht des Sonnenuntergangs wirken die Arckaringa Hills bei Coober Pedy, als befänden sie sich auf einem anderen Planeten. Das ist insofern nicht falsch, als es sich um eine der lebensfeindlichsten Landschaften des Fünften Kontinents handelt, die auch als australische Badlands bzw. Painted Desert oder als Breakaway Hills bezeichnet werden. Darüber tröstet der wunderbare Anblick nur hinweg, wenn man mit genügend Wasser und einem Allradfahrzeug unterwegs ist.

Flinders Ranges, South Australia *(oben rechts)*

Erst wurde das Land gefaltet, dann hat es sich abgesenkt: So ist die interessante Landschaft der Flinders Ranges vor Millionen von Jahren entstanden. Besonders auffällig ist der permanente Gegensatz zwischen trocken und feucht: Obwohl die Landschaft insgesamt trocken ist, gibt es immer wieder Wasserlöcher, Teiche und Seen, die einer vielfältigen Pflanzenwelt als Grundlage dienen.

Lake Eyre, South Australia *(Mitte)*

Er liegt 15 m unter dem Meeresspiegel, bedeckt eine Fläche von rund 9500 km^2 und besitzt eine etwa 3 m dicke Salzschicht. Damit ist der Lake Eyre der größte Salzsee Australiens. Sein Wasserstand und auch die Vegetation der Gegend hängen ausschließlich von den jährlichen Regenmengen ab, die sehr unterschiedlich sind. Bis zur Trockenzeit ist das meiste Wasser verdunstet und die Landschaft wirkt kahl.

Pildappa Rock, Gawler Ranges *(unten)*

Spektakulär wirken die Gawler Ranges, ein 1500 Millionen Jahre altes Gebirge vulkanischen Ursprungs in South Australia. Dramatische Szenerien mit Schluchten und Wasserfällen sowie außergewöhnlichen Felsformationen charakterisieren diese Landschaft auf der Eyre Peninsula. Am bekanntesten sind die Orgelpfeifen und der geschwungene Pildappa Rock.

Point Westall, Streaky Bay
(oben links)

Wild und unberührt gilt die felsenreiche Westküste der Eyre Peninsula als Kleinod für Naturfreunde. Wer die Küste von Streaky Bay entlangfährt, genießt vielfältige Ausblicke auf ein Panorama aus zerklüfteten Klippen und türkisblauem Wasser. Dazwischen finden sich immer wieder feinsandige Buchten zum Schwimmen und Sonnenbaden. Bei einer Bootstour gibt es sogar Gelegenheit, mit Delfinen und Seelöwen zu schwimmen.

Remarkable Rocks, Kangaroo Island *(oben rechts)*

Sie sind tatsächlich bemerkenswert, diese von Wind und Wasser verformten und unterhöhlten Felsen mit ihren fantastischen Farben. Am Kirkpatrick Point an der Südwestküste von Kangaroo Island kann man sie bewundern. Sie gehören genau wie das Felsentor Admiral's Arch zu den bizarren und geschützten Felsformationen im Flinders Chase National Park.

Murray River
(unten)

Fast 2600 km durchfließt der Murray River als zweitlängster Fluss des Kontinents den Süden Australiens. Er versorgt nicht nur die Natur im trockenen Süden mit Wasser, sondern vor allem auch Industrie und Landwirtschaft: Allein der Weinbau wäre ohne den Lebensquell Murray River gar nicht denkbar. Bootstouren auf dem Fluss sind eine beliebte Touristenattraktion.

Blue Lake, Mount Gambier, South Australia *(oben links)*

Ein Naturphänomen ganz besonderer Art bietet alljährlich der Blue Lake: Während das Wasser des 85 m tiefen Sees zwischen April und Oktober in langweiligem Stahlgrau erscheint, sieht es ab November in den übrigen Monaten knallig Türkisblau aus. Der Grund ist noch nicht lange bekannt. Er liegt in der unterschiedlichen Absorption von Licht durch Algen zu den verschiedenen Jahreszeiten.

Byron Bay, New South Wales *(oben rechts)*

Fantastische, kilometerlange, weiße, feine Sandstrände, von denen jeder Erholungssuchende träumt, Sonne, angenehme Temperaturen und guter Wind zum Windsurfen – Byron Bay ist ein wahres Strandparadies. Cape Byron bietet den Australienurlaubern außerdem einen geografischen Superlativ: Es gilt als östlichster Punkt des Fünften Kontinents.

Warrumbungle Range, New South Wales *(Mitte)*

Vielfalt ist das herausragende Kennzeichen der Warrumbungle Range und des zugehörigen Nationalparks: Die Gebirgslandschaft, einstmals entstanden durch vulkanische Aktivitäten, wechselt zwischen sanften Hügeln, spitz aufragenden Felsnadeln und monolithischen Bergen. Da in diesem Bereich die Outback-Steppe und das Grün der Great Dividing Range aufeinandertreffen, leben hier Tiere und Pflanzen aus beiden Bereichen.

Darling River *(unten)*

Mit über 2700 m Länge ist der Darling River der längste Fluss des Fünften Kontinents. Er entspringt in der Great Dividing Range und fließt mit dem Murray River in gemeinsamem Lauf in den Indischen Ozean. Der Wasserstand des Darling Rivers ist sehr von den Regenmengen abhängig: Während der Trockenzeit bleibt oft nur so wenig Wasser übrig, dass von einem Fluss kaum die Rede sein kann. Dagegen tritt er in der Regenzeit oft als reißender Strom über die teilweise 12 m hohen Ufer.

Mungo National Park, New South Wales *(oben)*

Zwar ist der Mungo National Park relativ unbekannt unter Australiens Nationalparks, aber deshalb nicht von minderem Reiz: Der einstmals 15 m tiefe See ist seit langem komplett ausgetrocknet. Zurück blieben anspruchslose Bäume wie der Berrigan Tree, die ihre Wurzeln auf der Suche nach Wasser sehr eindrucksvoll weit über den trocknen Boden ausstrecken.

Great Walls of China, Mungo National Park *(unten links)*

Was sich hier über eine Strecke von 33 km auftürmt, ist keinesfalls ein Gebirge im klassischen Sinne. Es ist die versteinerte Sanddüne des ausgetrockneten Mungosees. Einstmals hatte sie der Wind am Ostufer des Sees gebildet, der vor 15 000 Jahren austrocknete. Geblieben ist diese Düne, die durch Luftspiegelungen größer und steiler wirkt, als sie in Wirklichkeit ist – ein Wunder der Natur.

Seen von Willandra, New South Wales *(unten rechts)*

Die Erde hat gut zwei Millionen Jahre benötigt, um diese Seenlandschaft zu bilden und sie ist noch nicht fertig. Die UNESCO schützt diese 2400 km^2 große Region, weil sich einerseits hier die Erdgeschichte gut zurückverfolgen lässt und andererseits weiter andauernde geologische Entwicklungen erforscht werden können. Außerdem fand man Zeugnisse für eine menschliche Besiedelung vor bereits rund 60 000 Jahren.

Blue Mountains, New South Wales *(oben)*

Da sie immer von einem leicht bläulichen Nebelschleier umgeben sind, erhielten die Ausläufer der Great Dividing Range im Nordwesten von Sydney den Namen Blue Mountains. Ursache für die blauen Wolken ist Eukalyptusol, das aus den Blättern der dichten Eukalyptuswälder über die rund 1000 m hohen Berge aufsteigt. Man hat in diesen Bergen sage und schreibe 91 Arten von Eukalyptus gefunden!

Three Sisters, Blue Mountains *(Mitte)*

Mit 922 m, 918 m und 906 m sind sie annähernd gleich hoch – die Three Sisters, drei riesige direkt nebeneinander aufragende Steinsäulen in den Blue Mountains. In der Traumzeit der Aborigines hießen sie Meehni', 'Wimlah' and Gunnedoo' – drei wunderschöne Mädchen, die sich in drei junge Brüder verliebten. Um die Verbindung zu verhindern, wurden sie in Steinsäulen verzaubert.

Kanangra Wall, New South Wales *(unten)*

Durchschnittlich 150 m hoch und fast senkrecht zieht sich diese Felsmauer mit dem Namen Kanangra Wall mehrere Hundert Meter durch den Kanangra Boyd National Park. Der Park grenzt direkt an den Blue Mountain National Park und bietet grandiose Blicke auf die Blue Mountains. Zu den Highlights zählen außerdem die Wasserfälle, die vom Hochplateau in die Grand-Kanangra-Schlucht fallen.

Fitzroy Falls, Morton National Park *(oben)*

Im freien Fall 81 m tief stürzt das Wasser der Fitzroy Falls über die Felskante hinab in einen Talkessel mit Regenwald. Damit gehört der Wasserfall zu den Highlights des Morton National Parks in der Great Dividing Range. Die Region ist durch eine dramatische Bergwelt mit tiefen Schluchten und Tälern gekennzeichnet. Da es viel regnet, gibt es zahlreiche Flüsse und Wasserfälle.

Mount Kosciuszko, Australische Alpen *(unten rechts)*

Der höchste Gipfel Australiens befindet sich – wie sollte es anders sein – in den Australischen Alpen. Dort toppt der Mount Kosciuszko mit 2228 m alle übrigen Gipfel der Great Dividing Range. Das Skiparadies der Australier ist für das Klima auf dem Kontinent von entscheidender Bedeutung, denn der Mount Kosciuszko hält feuchte Südwestwinde auf, die für üppige Wälder in den Tälern sorgen.

Snowy River *(unten links)*

Schon in seinem Quellgebiet in New South Wales bietet der Snowy River eine unberührte und raue Szenerie (Foto). Dieser Eindruck verstärkt sich noch, wenn der Fluss durch Victoria fließt, wo er schließlich bei Orbost ins Meer mündet. Ein Nationalpark schützt den Fluss und seine Umgebung in Victoria, wo er tiefe Schluchten und zahlreiche Stromschnellen bildet.

The Pinnacles, New South Wales *(oben links)*

Der Ben Boyd National Park ist ein Küstenpark. Er besticht nicht nur durch seine schönen Strände und die lichten Regenwälder, sondern auch durch die Kulisse der roten Felsen. Besonders das Farbspiel der weißen Sandsteinklippen mit der roten Mütze vor dem Hintergrund des blauen Pazifiks und umrahmt vom Grün der Blätter ist ein einmaliges Erlebnis.

Steilküste bei Port Campbell, Victoria *(unten links)*

Ein Naturerlebnis ersten Ranges bietet die australische Südküste zwischen Port Campbell und Port Fairy, das sich durch eine Fahrt auf der Great Ocean Road auch noch bequem genießen lässt: Die Küste fällt hier dramatisch steil zum Meer ab und bietet immer neue eindrucksvolle Panoramen auf die rotbraunen Felswände und die weiß gischtenden Wellen, die sich an ihnen brechen.

Cuesta, Grampians National Park, Victoria *(oben rechts)*

Wer einen auf der Seite liegenden Tafelberg – einen Cuesta – sehen möchte, fährt nach Victoria in den Grampians National Park. Die Berge mit dem ausgeprägten Gefälle zu einer Seite sind typisch für diese Landschaft. Man kann die einzelnen vermutlich 400 Millionen Jahre alten Sedimentschichten gut erkennen, denn sie wurden durch tektonische Verschiebungen zur Seite geneigt.

Zwölf Apostel, bei Port Campbell *(unten rechts)*

60 m hoch stehen sie einzeln, aber doch in erkennbarem Zusammenhang im Meer – imposante Kalksteinfelsen, die seit Jahr und Tag unter dem Namen „Zwölf Apostel" bekannt sind, obwohl es schon längst nicht mehr so viele sind. Ein weiterer Felsbrocken fiel 2005 um (vorn links im Bild). Damit ist dieses Ereignis ein hervorragendes Beispiel dafür, dass die Erosion nicht Halt macht, wenn wir eine Landschafts- oder Felsformation schön finden.

London Bridge, bei Port Campbell *(oben)*

Diese Felsformation fasziniert nicht nur durch ihr Aussehen, sondern auch durch ihre Geschichte: Sie wurde London Bridge genannt, weil sie über zwei Felsbögen eine natürliche Brücke zum Festland bildete. 1990 passierte das Ungeheuere: Der verbindende Bogen stürzte ein – und Touristen, die auf dem äußeren Bogen saßen, mussten per Hubschrauber gerettet werden. Der Bogen wird heute oft auch nur London Arch genannt.

Eagle Rock, bei Split Point *(Mitte)*

Die eindrucksvollen Felsen, die Wind und Wellen an der Great Ocean Road geschaffen haben, sind nicht nur eine Augenweide für Touristen, sondern auch ein Rückzugsort für Seevögel. Sie können auf den größeren Felsen ungestört von Menschen oder natürlichen Feinden brüten. Außerdem sind Felsen wie der Eagle Rock ein guter Ausgangspunkt für die Suche nach Fisch.

Shipwreck Coast, Victoria *(unten)*

Schroffe Felsen und hoch aufgischtende Brandungswellen in Kombination mit dem Namen Shipwreck Coast machen es der Fantasie leicht, sich auszumalen, was an dieser eindrucksvollen, aber gefährlichen Küste alles passieren kann. In den nicht einmal 100 Jahren zwischen 1837 und 1920 sollen rund 150 Schiffe mit Siedlern und Goldsuchern an den Klippen aufgelaufen sein.

Otway National Park, Victoria
(oben links)

Wildromantisch und malerisch verzaubert der Otway National Park Besucher mit seinem satten Grün, rauschenden, oft versteckten Bächen und ansehnlichen Wasserfällen. Er liegt rechts und links der Great Ocean Road, die mitten durch den Park führt, und ist bekannt für einen Myrtenbaum, der 400 Jahre alt sein soll. Neben Regen- und Eukalyptuswald wächst auch Heide im Park.

Tidal River, Wilsons Promontory National Park *(oben rechts)*

Nur 160 km südöstlich von Melbourne liegt einer der beliebtesten Nationalparks des Kontinents, der Wilsons Promontory National Park. Er schützt die gesamte Halbinsel und bietet eine unglaubliche Vielfalt an Naturformen. Dazu gehören die imposanten Felsformationen am Tidal River und an der Küste mit ihren Buchten und Höhlen sowie schöne Strände, Dünen, bewaldete Berge und sumpfige Täler.

Cradle Mountain-Lake St Clair National Park, Tasmanien *(Mitte)*

Vielfältig und faszinierend und dank des bereits früh beginnenden Naturschutzes von Menschen weitgehend unberührt präsentiert sich das zentrale Hochland von Tasmanien. Eine raue, schroffe Bergwelt mit tiefen Schluchten, rauschenden Bächen und klaren Seen bietet Tieren wie Beutelteufel, Fuchskusu, Bennettwallaby und gut 200 Vogelarten Lebensraum.

Bass-Straße *(unten)*

Nicht so bekannt wie das Bermuda-Dreieck, aber ähnlich unheimlich ist die Bass-Straße: In jener Meerenge zwischen Australien und Tasmanien sind schon viele Schiffe spurlos verschwunden und es haben sich zahlreiche Legenden darum gebildet. Als Ursache „nur" die zahlreichen Felsen und Riffe in Kombination mit gefährlichen Strömungs- und Windverhältnissen anzuerkennen, fällt dem gesunden Menschenverstand wohl schwer.

Cape Raoul, Tasmanien
(oben links)

Wie Orgelpfeifen ragen die Säulen aus Basaltgestein am Cape Raoul in den Himmel und bilden eine atemberaubende Kulisse für jedes vorbeifahrende Schiff. Sie sind bis zu 300 m hoch und damit die höchsten Klippen Australiens. Einer Festung gleich scheinen sie sich der rauen Tasmanischen See entgegenzustemmen, deren rauschende Brandung noch im Landesinnern zu hören ist.

Hastings Cave, Tasmanien
(oben rechts)

Als Wunderland aus Stalagmiten und Stalaktiten präsentiert sich diese Schau-Tropfsteinhöhle Australiens in Hastings. An einen großen Raum schließen sich einige kleine Nebenräume an. Nur wahren Kennern erschließt sich die Höhle auch als eigenes Ökosystem: In einigen Ecken leben Höhlenspinnen, die es nirgendwo sonst auf der Welt und auch an keinem anderen Platz in dieser Höhle gibt!

Southwest National Park, Tasmanien *(Mitte)*

Auch in Australien ist es nicht überall trocken: Die Region im Südwesten Tasmaniens wurde von der UNESCO zum Weltnaturerbe gekürt, weil sie eine der intaktesten Feuchtgebiete der Welt darstellt. Denn im westlichen Teil des Nationalparks fällt so reichlich Regen, dass hier nicht nur ein üppiger Regenwald gedeiht, sondern auch viele Moore und Sümpfe existieren.

Heard Island *(unten)*

Rund 80 % ihrer Oberfläche sind mit Eis bedeckt, sodass sich Südliche See-Elefanten, Robben, Pinguine und andere Seevögel hier wohlfühlen. Heard Island gehört zwar zu Australien, liegt aber 4000 km südwestlich davon und 1500 km nördlich der Antarktis. Die Insel liegt auf dem Kerguelenplateau einem Unterseegebirge, von dem nur die Spitzen aus dem Indischen Ozean schauen.

Neuseeland

Cape Reinga *(oben)*

Den nordwestlichsten Punkt Neuseelands bildet Cape Reinga. Aber nicht nur das, hier passiert etwas viel Spektakuläreres, das dem menschlichen Auge jedoch verborgen bleibt: Bei Cape Reinga treffen die Wassermassen der von Westen kommenden Tasmanischen See und jene des Pazifiks, die von Osten heranströmen, aufeinander. Der Name Reinga bedeutet „Absprungsplatz", denn die Maori glauben, dass von diesem Kap die Seelen der Verstorbenen in die Heimat der Ahnen zurückkehren.

Ninety Mile Beach *(Mitte)*

Wer glaubt, an diesem Strand an der nördlichsten Westküste der Nordinsel wäre der Name Programm, der irrt: Tatsächlich ist der flache und breite Strand nicht 90 Meilen lang, sondern „nur" 55 Meilen, also 88 km. Zum Ausgleich darf man hier mit dem Auto 100 km/h schnell fahren, denn der Strand gehört offiziell zum neuseeländischen Fernstraßennetz. Da die Flut schon einige im Sand stecken gebliebene Fahrzeuge verschluckt hat, sind jedoch Allradantrieb und Vorsicht angeraten.

Bay of Islands *(unten)*

Etliche Hundert Inseln haben dieser Bucht ihren Namen gegeben. Doch sie wäre nicht so beliebt, verfügte sie nicht über eine atemberaubende Landschaft mit traumhaften Stränden und wunderbar blauem, warmem Wasser. Rund 16 km lang reicht ein Meeresarm von Nordosten in die North Auckland Peninsula hinein und bildet als natürlichen Hafen noch weitere kleinere Buchten aus.

Cathedral Cove

(oben links)

Strahlend weiß mit grünen Häubchen aus Bäumen empfangen die Kalksteinfelsen von Cathedral Cove auf der Coromandel-Halbinsel ihre Besucher. Sie ragen rund 40 m aus dem Meer heraus! Wie hoch das tatsächlich ist, wird durch die winzigen Menschlein unten rechts am Strand deutlich. Das Meerwasser hat im Laufe der Jahrtausende die Klippen von der Steilküste getrennt und am Ufer eine große Höhle gebildet, die durch ihre Höhe an eine Kathedrale erinnert.

White Island, Bay of Plenty

(rechts oben)

Wer sich bei seinem Neuseelandbesuch etwas gönnen möchte, fliegt mit dem Hubschrauber von Whakatane aus nach White Island: Die aktive Vulkaninsel liegt etwa 50 km vor der Küste und bereits der Anblick von oben ist fabelhaft: Krater, Dampf, Schwefelbäche, Fumarolen, Formen und Farben. Spätestens sobald der Hubschrauber im Krater landet, wird manchem doch etwas mulmig zumute.

Waitomo Caves

(unten links)

Eines der großartigsten Naturerlebnisse bieten die Waitomo Caves. Denn in diesem weitverzweigten Höhlensystem leben Milliarden von sogenannten „Glowwormes", also Larven der Pilzmücke *(Arachnocampa luminosa)*, und beleuchten die Decke wie eine Lichterkette. Sie ziehen wesentlich mehr Besucher an, als die wunderbaren Tropfsteine der Höhle, die genauso viel Aufmerksamkeit verdient haben.

Vulkan Whakarri, White Island

(rechts unten)

Vulkanologen und Seismologen haben den Whakarri immer im Blick. Denn der Vulkan auf White Island vor der nördlichen Küste der Nordinsel ist der aktivste der neuseeländischen Vulkane und geizt nicht mit Gasen und Dämpfen. Wenn er besonders großzügig ist, wirft er auch Asche und Geröll in die Umgebung. Dann wird es gefährlich für die Besucher, die sich furchtlos ganz nah herantrauen.

Whakarewarewa, bei Rotorua

(oben links)

Die Erde arbeitet. Ein Besuch der teilweise bis auf 1700 m ansteigenden Region Whakarewarewa macht dies sehr eindrucksvoll deutlich: Hier gibt es heiße Quellen, Geysire und Fumarolen und über vielen Wasserflächen steigt warmer Dampf wie Nebel auf. Ein Ausflug auf eigene Faust kann da leicht zum Unglück werden, während er kundig geführt ein lehrreiches Erlebnis ist.

Tongariro National Park

(unten links)

Dampfende Spalten, brodelnder Schlamm, heiße Quellen – der Nationalpark Tongariro bildete die perfekte Kulisse für das Schattenreich „Mordor" in der Film-Trilogie „Der Herr der Ringe". Die urtümliche, nicht besonders einladende Landschaft in der Umgebung der drei Vulkane Tongariro, Ruapehu und Ngauruhoe konnte sich recht ungestört entwickeln, weil sie bereits seit 1884 geschützt wird.

Champagne Pool, Wai-O-Tapu

(oben rechts)

Es dampft und brodelt nicht nur spektakulär im Champagne Pool, sondern die Natur gibt sich hier außerdem einem Farbrausch hin, der seinesgleichen sucht. Das macht das thermisch aktive Gebiet des Wai-O-Tapu Thermal Wonderland, in dem es noch viel mehr zu bestaunen gibt, zu einem der absoluten Besuchermagneten auf der neuseeländischen Nordinsel.

Devils Bath, Wai-O-Tapu

(unten rechts)

In giftigem Gelbgrün leuchtet dieser Thermalsee und trägt seinen Namen Devils Bath völlig zurecht. Denn wenn der Teufel ein Bad anrichtet, wird es ungemütlich: Die Ursache für die grüne Färbung des Wassers sind Arsensulfide – je grüner das Wasser, desto höher ist der Gehalt an Arsensulfiden. Möglicherweise hat sich der Teufel hier noch etwas zurückgehalten.

Mount Taranaki *(oben)*

Eigentlich ist dieser 2518 m hohe Vulkan, den die Maori einfach nur „Feuerberg", Taranaki, nannten, leicht zu besteigen, trotzdem verunglücken auf ihm mehr Bergsteiger tödlich als auf anderen Bergen Neuseelands. Das liegt daran, dass der Taranaki mit seiner perfekten Form auch für unerfahrene Wanderer einen großen Reiz darstellt, während die erfahrenen Alpinisten die Risiken wie das wechselhafte Wetter unterschätzen.

Cape Kidnappers *(unten links)*

Wie eine überdimensionale Haifischflosse ragt der äußerste Felsen am Cape Kidnappers aus dem Wasser. Die Maori versuchten hier, einen Teil von Captain Cooks Mannschaft zu entführen, daher der Name. Dieses südöstliche Ende der Hawke Bay ist ein Eldorado für Vogelfreunde: Hier brütet von Oktober bis März die weltweit einzige Festlandskolonie Australischer Tölpel. Die Seevögel brüten sonst nur auf Inseln und sind dort viel schwieriger zu beobachten.

Abel Tasman National Park *(unten rechts)*

Benannt nach dem ersten Europäer, der Neuseeland 1642 erreichte, schützt der Abel Tasman National Park eine 225 km² große Region aus Wald- und Küstenlandschaften. Bekannter als die Karsthöhlen und Seen im Inneren des Gebiets sind die imposanten Granitklippen an der Küste. Seit 1993 wird auch das Meer vor der Küste des Nationalparks geschützt.

Lake Rotoiti, Nelson Lakes National Park *(oben)*

Umgeben von den 2000 m hohen Bergen der Neuseeländischen Alpen liegt der Rotoitisee wie eine Oase der Ruhe da. Er ist, genau wie der Rotoruasee, ein Produkt der letzten Eiszeit und ein Rückzugsgebiet für Vögel. Beide Seen bilden das Zentrum des Nelson Lakes National Park, der neben den wundervollen Seen für seine Buchenwälder und blühenden Bergwiesen bekannt ist.

Paparoa National Park *(Mitte links)*

Die Paparoa Range zieht sich direkt an der nordwestlichen Küste der Südinsel entlang und bietet das atemberaubende Zusammenspiel von zerklüfteter Karstlandschaft, subtropischem Regenwald und teils sandigen Meeresbuchten. Durch die warme Meeresströmung gedeiht der Urwald hier besonders gut und wächst bis ans Meer heran. Das Karstgestein dagegen erodiert zu schönen Formationen wie den Pancake Rocks oder auch zu Blowholes, Löchern, durch die das Meerwasser schießt.

Pancake Rocks, bei Greymouth *(Mitte rechts)*

Vermutlich hatte der Namensgeber dieser außergewöhnlichen Felsformation Hunger, als er sie mit aufgestapelten Pfannkuchen assoziierte und entsprechend Pancake Rocks nannte. Ursache für die Riffelung der Felsen sind unterschiedlich harte Gesteinsschichten, die nicht gleichmäßig durch Wasser und Wetter abgetragen werden. An der Meerseite haben die Wellen Löcher gebildet, in denen die Gischt besonders eindrucksvoll über die Felsen spritzt.

Fox- und Franz-Josef-Gletscher, Westland National Park *(unten)*

Wie Zwillinge fließen die beiden Gletscher aus den Neuseeländischen Alpen hinab und enden erst in rund 300 m Höhe. Dort treffen sie auf den Regenwald, der sich von der Küste hochzieht – eine reizvolle Begegnung von Weiß und Grün. Am besten genießt man die einzigartige Landschaft bei einem Hubschrauberflug oder bei einer geführten Tour ins ewige Eis.

Lindis Pass
(oben)

971 m hoch in den Neuseeländischen Alpen liegt der Lindis Pass mit seinem grandiosen Panorama einer kargen, menschenfeindlichen Landschaft. Er verbindet über einen Bergrücken das Tal von Lindis und Ahuriri Rivers. Der Pass ist beliebt bei Radtouristen – allerdings lassen sich viele mit ihrem Fahrrad per Bus hochbringen, um nur die Freuden der Abfahrt zu genießen.

Moeraki Boulders, Oamaru
(unten)

Bis zu 3 m Durchmesser haben die imposanten Steinkugeln, die an der Südostküste der Südinsel etwa 40 km südlich von Oamaru am Strand liegen. Bei Flut werden die kleineren vom Meerwasser überspült oder sind nur teilweise zu sehen. Sie sind kein Ergebnis der Erosion von Wind und Wasser, sondern einer Anlagerung von Kalzium und Karbonaten um einen festen Kern.

Remarkable Mountains
(Mitte links)

Wie ein Gemälde alter Meister in Öl wirken die Remarkable Mountains und das gleichnamige Tal mit dem See im Herbst: Von den Höhen der Berge gleißt der Schnee und die Vegetation legt gerade ihr grünes Sommerkleid ab, um es gegen die Farbvielfalt des Herbstes zu tauschen. Um diese erstklassige Komposition der Natur noch zu vervollkommnen, schafft die Farbe des Sees die Verbindung zwischen Himmel und Erde – perfekter hätte es kein Mensch malen können.

Catlins
(oben links)

Am südöstlichen Zipfel der Südinsel liegen die Catlins mit dem Slope Point als südlichstem Punkt der Südinsel. Sie verbinden das üppige Grün des Regenwaldes mit einer atemberaubenden, zerklüfteten Küstenlinie, die auf dem Coastal Heritage Trail immer wieder neue, spannende Panoramen bietet. Die Riffe an der Küste sind Reste urzeitlicher Flussbetten.

Purakaunui-Wasserfall
(oben rechts)

Er besticht nicht durch seine Höhe, sondern durch seine breite Treppenform, die das Wasser in mehreren Stufen in einer wunderschönen Kaskade über die Felsen in ein Becken hinunterfließen lässt. Der Gesamteindruck des Purakaunui-Wasserfalls im Regenwald der Catlins ist so friedvoll und harmonisch, dass man dieses Naturwunder sogar als Fototapete kaufen und sich daran erfreuen kann.

Stewart Island
(Mitte)

Ein Gebirge, das im Mount Anglem Höhen von 981 m erreicht, und viel, viel Wald charakterisieren die drittgrößte Insel Neuseelands. Sie liegt rund 30 km im Süden der Südinsel und steht zu 87 % unter Naturschutz. Besonders reizvoll ist die sehr zergliederte Küstenlinie mit ihren zahlreichen Buchten, die eine Erkundung zu Fuß oder mit dem Boot zum Naturerlebnis machen.

Campbell Island *(unten)*

Sie ist ein einzigartiger Rückzugsraum für seltene Vogelarten wie den Königsalbatros und darf ohne Genehmigung nicht von Menschen betreten werden: Campbell Island liegt 700 km südlich des neuseeländischen Festlands und ist damit der südlichste Punkt Neuseelands. Als Rest eines Vulkans ist die Insel sehr zerklüftet und besitzt viele Buchten und Felsnadeln vor der Küste. Da sie sich schon im subantarktischen Bereich befindet, liegt die Durchschnittstemperatur bei nur rund 6 °C.

Palau

Seventy Islands National Park
(oben links)

Wie aus Korallenstöcken Inseln werden, lässt sich wunderbar an der Inselwelt von Palau erläutern: Korallen sind sehr empfindliche Hohltiere, die bei Veränderungen ihres Lebensraums – beispielsweise Meeresspiegelschwankungen – häufig sterben. Werden Korallenriffe durch plattentektonische Verschiebungen angehoben, fallen sie trocken und die Korallen sterben ab. In solchen Fällen spricht man von gehobenen Koralleninseln.

Ngemelis Islands *(Mitte)*

Nördlich von Peleliu liegen die drei Inseln, die unter dem Namen Ngemelis Islands zusammengefasst werden. Sie liegen auf einem Korallenriff und aus der Luft ist besonders gut zu sehen, wie unterschiedlich tief das Wasser ist. Bei Tauchern bekannt ist der „Ngemelis Drop off", wo der Meeresgrund sehr plötzlich 300 m tief abfällt. An der Wand hat sich eine große Vielfalt von Meereslebewesen angesiedelt.

Sleeping Gorilla *(unten)*

An einen zusammengerollten, schlafenden Affen erinnerte diese kleine Insel bei Peleliu die Namensgeber. Wie lange der Gorilla jedoch noch ruhig schlafen kann, ist fraglich. Denn dass die Kraft des Wassers ihm langsam aber sicher sein Felsbett wegwäscht, ist jetzt schon gut zu sehen. Der „Pelz" aus Bäumen wird dann im Pazifik versinken – nicht morgen oder vielleicht in einem Jahr, aber irgendwann mit Sicherheit.

Rock Islands
(oben rechts)

Aus dem tiefblauen Wasser des Südpazifiks erheben sich rund 200 bewachsene Felsinseln wie grüne Tupfer. Die Rock Islands werden häufig auch „Schwimmende Gärten" genannt, weil sie eine einzigartige, üppige Pflanzenwelt besitzen. Da das Meer die Felswände an vielen Stellen ausgehöhlt hat, bieten die Inseln auch vielen Fischarten einen geschützten Lebensraum.

Papua-Neuguinea

Vulkan Rabaul

Weithin zu sehen ist der Vulkan Rabaul auf der Insel Neubritannien. Sowohl der Vulkan selbst als auch seine begleitenden kleineren Vulkane sind bis heute aktiv und bieten mit ihren aufsteigenden Rauchfahnen einen faszinierenden Anblick. Ihre größeren Eruptionen haben im 20. Jahrhundert dazu geführt, dass die Bevölkerung der Provinzhauptstadt Rabaul nach Evakuierungen um zwei Drittel sank.

Salomonen

East Rennell, Rennell Island

Die südlichste Insel der Salomonen, Rennell, ist 86 km lang und 15 km breit und – sie ist das größte Korallenatoll der Welt. Der östliche Teil und das umgebende Meer werden von der UNESCO geschützt, denn hier lässt sich die Entwicklung der Arten im Westpazifik unter starken Klimaeinflüssen besonders gut studieren: Die Insel wird regelmäßig von heftigen Zyklonen heimgesucht. Die blühende Schönheit von lebendigen Korallen ist hier noch allgegenwärtig.

Nauru

Kalksteinzacken

Eines der kuriosesten Naturwunder befindet sich auf der Insel Nauru im Südpazifik: Spitze, gratige Zacken aus Korallenkalken, die zwischen 4 und 10 m hoch und völlig vegetationslos sind, ziehen auf der sonst flachen Insel die Aufmerksamkeit auf sich. Hier wurde über viele Jahre Phosphat abgebaut, dass sich aus Guano gebildet hatte. Das Gestein ließen die Menschen übrig und die Natur hat es dann mit ihrer Erosionskraft geformt.

Kiribati

Kiribati *(oben)*

Über 5 Millionen km² erstreckt sich die Fläche von Kiribati. Was zunächst riesig erscheint, relativiert sich, sobald man bedenkt, dass es sich um einen Inselstaat mit nur 32 Atollen handelt. Der größte Teil von ihnen liegt weniger als 2 m über dem Meeresspiegel und ist deshalb für touristische Aktivitäten nur bedingt geeignet. Menschenleere Traumstrände sind dagegen keine Seltenheit.

Kiritimati *(unten)*

Kiritimati oder Christmas Island, die Weihnachtsinsel, ist nicht zu verwechseln mit der gleichnamigen Insel, die zu Australien gehört. Mit einer Fläche von 606 km² – davon etwa ein Drittel Landfläche – ist sie das größte Atoll im Pazifischen Ozean. Außerdem besitzt die Insel, die zu den Line Islands gehört, eine der größten Lagunen. Darin gibt es einige Inselchen, die bei Flut fast verschwinden. Da 1962 in der Nähe Atomtests stattfanden, sind Touristen eher selten auf der Insel.

Fidschi

Wasserfall Bouma, Taveuni

(oben)

Die Fidschiinsel Taveuni bietet mehr als reine Bade- und Tauchparadiese: Dichte Regenwälder bedecken bis 1000 m hohe Berge. An der Ostküste rauscht der Wasserfall Bouma 24 m tief den Berg hinunter und kann bei einem Felsüberhang von hinten betrachtet werden. Eine besondere Attraktion sind die Waterslides von Waitavala, eine 300 m lange natürliche Wasserrutsche.

Lagune von Beqa

(unten)

Nur 10 km südlich vor Fidschis Hauptinsel Viti Levu liegt die Insel Beqa mit ihrem etwa 145 km langen Korallenriff. Es gehört zu den größten der Welt und bildet durch seinen Fisch- und Farbreichtum eine der schönsten Lagunen der Welt. Ihr Ruf ist bei Tauchern längst legendär. Aber auch die Insel selbst, die keine Straßen besitzt, erscheint wie das Paradies.

Cookinseln

Te Rua Manga, Rarotonga *(oben)*

„The Needle" wird dieser Felsen aufgrund seiner schlanken, spitzen Form auch oft genannt. Als weithin sichtbare Landmarke ragt er aus dem Regenwald heraus und wurde zum Wahrzeichen von Rarotonga, das Touristen vor allem mit traumhaften Stränden verwöhnt. Sie ist die Hauptinsel der Cookinseln im Südpazifik, die politisch unabhängig, allerdings mit Neuseeland assoziiert sind.

Aitutaki *(unten)*

Die Cookinseln liegen gut 1000 km von Neuseeland entfernt: Sie bieten Palmen, Strand und spiegelglattes Meer und laden zum Entspannen und Träumen ein. Dabei ist Aitutaki nur eine von vielen Tausend Inseln im Südwesten Polynesiens. Die meisten sind unbewohnt, manche sogar noch zu kaufen.

Französisch-Polynesien (Französisches Überseegebiet)

Bora Bora, Gesellschaftsinseln *(oben)*

Über die Schönheiten von Bora Bora zu berichten, wäre Eulen nach Athen tragen. An dieser Insel lässt sich die Atollbildung wunderbar nachvollziehen: Im Zentrum liegt eine Vulkaninsel, die ein Korallenriff und einige Riffinseln, sogenannte Motus, umgeben. Der Vulkankrater ist bereits versunken, sodass nur noch Teile seines Randes die Berge auf Bora Bora bilden.

Cooks Bay, Moorea, Gesellschaftsinseln *(Mitte oben)*

Spektakulärer kann sich eine Küste kaum präsentieren als die Cooks Bay von Moorea in Französisch-Polynesien: Bizarr geformte, recht steile Vulkanberge werden umrahmt von einem blauen Himmel und blauen Lagunen. Damit das viele Blau nicht zu langweilig wirkt, ist der Himmel mit einigen Wolken garniert und das Meer mit Korallenriffen. Schöner ist es im Paradies sicher auch nicht ...

Rangiroa, Tuamotu-Archipel *(Mitte unten)*

Mit 80 km Länge und 5–32 km Breite kann sich Rangiroa rühmen. das zweitgrößte Atoll der Erde zu sein. Seine Lagune ist so groß und klar, dass die Insel oft auch Ra'iroa – weiter Himmel – genannt wird. Sie wird durch fast 250 Motus (Riffinseln) vom offenen Meer abgetrennt, zu dem es gut 100 schmale Durchlassrinnen gibt. Nur drei Motus im Norden der Lagune sind bewohnt.

Haatuatua Bay, Nuku Hiva, Marquesas *(unten)*

Sowohl politisch als auch geografisch gehört die Inselgruppe der Marquesas zu Französisch-Polynesien. Die Inseln sind vulkanischen Ursprungs. Die größte Insel Nuku Hiva ist auf den fruchtbaren Lavaböden üppig bewachsen, allerdings auch ziemlich unzugänglich, wo die Vulkanhänge steil ins Meer abfallen. Manche der wunderbaren Buchten sind daher nur mit dem Boot zu erreichen.

ANTARKTIS

Zwar bildet allein die Landmasse der Antarktis – also ohne die gewaltigen Schelfeisgebiete und Treibeisflächen – mit 21,2 Millionen km² einen Kontinent der größer ist als Australien oder Europa, doch da sie durch die extreme Kälte lebensfeindlicher ist als die Sahara oder die Gobi, wurde sie lange Zeit gerne vergessen. Erst in den letzten Jahren und Jahrzehnten rückte der eisige Erdteil ins Blickfeld der Weltöffentlichkeit: Mit Sorge betrachten Wissenschaftler die Auswirkungen des Ozonlochs sowie des Treibhauseffekts auf das äußerst sensible Ökosystem des Kontinents und der ihn umgebenden antarktischen Gewässer. Im Zuge der Klimaerwärmung beginnen auch hier die Eismassen zu schmelzen. Die Antarktis bindet 80 % der Süßwasservorräte – und diese bieten im gefrorenen Zustand fantastische Anblicke. Schon anhand einiger weniger Bilder wird klar, dass dieser Naturschatz schon allein um seiner selbst Willen erhaltenswert ist.

Drakepassage *(oben)*

Treibende Eisberge sind in der Drakepassage keine Seltenheit. Denn in dieser Wasserstraße zwischen Südamerikas Südspitze und der nach Norden zeigenden Antarktischen Halbinsel treffen Atlantik und Pazifik aufeinander. Dadurch entstehen starke Strömungen und Tiefdruckgebiete mit kalten Winden. Walen, Delfinen und Pinguinen gefällt's – sie finden hier reichlich Nahrung.

Aurora australis *(unten links)*

Als wollte das Universum den Glauben der Menschen an das Übernatürliche stärken, lässt es gelegentlich den Himmel über der Antarktis in den wunderbarsten Farben erscheinen. Das Südlicht und das Nordlicht (Aurora borealis) – beide heißen auch Polarlicht – entstehen in der Erdatmosphäre in Höhen von 70 bis 1000 km. Dabei bringen Moleküle des Sonnenwindes die Gasmoleküle der Luft zum Leuchten.

Eisformationen *(unten rechts)*

Eines der Naturwunder in der Antarktis ist die Farbe des Eises: Bedenkt man, dass Eis eigentlich keine Farbe hat, weil es durchsichtig ist, wirkt das Changieren der Eisfarbe von Grau über Weiß und Blau bis zu Violett umso verwunderlicher. Weiß erscheint Eis, wenn die eingeschlossene Luft zwischen den Eismolekülen das Licht direkt zurückstrahlt. Wird der blaue Himmel reflektiert, erscheint das Eis blau.

Ökosystem Antarktis *(oben links)*

Fast komplett mit ewigem Eis bedeckt ist dieser Kontinent und dabei größer als Australien oder Europa. Es ist die unwirtlichste und lebensfeindlichste Region auf unserem Planeten. Trotzdem gibt es auch hier Leben: keine große Artenvielfalt, dafür aber sehr spezialisierte und an diese extremen Bedingungen angepasste Arten wie die hier brütenden Kaiserpinguine. Und dieses spezielle Ökosystem reagiert besonders empfindlich auf menschliche Eingriffe.

Brown Bluff *(oben Mitte)*

Imposant ragt diese braune Felsklippe zwischen den weißblauen Eismassen hervor. Sie tritt damit den massiven Beweis an, dass die Antarktis nicht nur aus Eis, sondern auch aus Land besteht. Hier brüten große Kolonien von Adeliepinguinen und auch einige Eselspinguine. Außerdem gibt es Skuas, Schneesturmvögel und Dominikanermöwen in großer Zahl.

Deception Island *(oben rechts)*

Eine der wohl ungewöhnlichsten Inseln der Welt ist Deception Island, eine der South Shetland Islands. Mit ihrer Hufeisenform bildet die Vulkaninsel einen natürlichen Hafen und die Schiffe fahren in den vom Meerwasser gefluteten Krater. Da der Vulkan noch aktiv ist, wird das Wasser an einigen Stellen aufgeheizt, sodass Besucher hier in der Antarktis schwimmen können.

Antarctic Sound *(unten)*

Blauer Himmel, Wolkenformationen, stahlgraues Wasser und immer wieder unvermittelt größere und kleinere Eisberge – dieses einzigartige Szenario, wie es sich im Antarctic Sound bei gutem Wetter aufs Schönste präsentiert, macht die Faszination der Antarktis aus. Wer schon alles auf der Welt gesehen hat, lernt hier wieder das Staunen und so nehmen Kreuzfahrten in die Antarktis stetig zu.

Paulet Island *(oben links)*

Auf vielen Karten ist diese kleine Insel im Südosten der Antarktischen Halbinsel am Rand des Weddellmeers gar nicht eingezeichnet. Doch für Vogelkundler ist sie ein Paradies, weil hier Massen von Adeliepinguinen brüten. Die Insel selbst ist ein Vulkan, der schon stark verwittert ist. Der zentrale Krater ist mit Wasser gefüllt, das durch Algen intensiv grün gefärbt wird.

Paradise Bay *(oben rechts)*

Traumhaft schön ist diese Bucht der Antarktischen Halbinsel. Auf der Landseite geschützt von den bis zu etwa 2000 m hohen Bergen und auf der Seeseite von den beiden Inseln Lemaire und Bryde bildet sie einen sicheren Hafen und wird deshalb auch Paradise Harbour genannt. Im glatten Wasser spiegeln sich Eisberge und Gletscherzungen und immer wieder bieten sich atemberaubende Panoramen.

Port Lockroy *(unten)*

Zwei Uhr nachts in der Antarktis – wenn die Sonne im Sommer am Südpolarkreis nicht richtig untergeht, wirkt die eisige Landschaft wie gemalt, fast schon lieblich. Zwei Gletscherfelder schützen die Bucht von Port Lockroy sowie eine felsige Landzunge. Alle drei bilden zusammen einen Naturhafen, der nur gen Westen zum Neumayerkanal hin geöffnet ist.

Lemaire Channel *(oben links)*

Unbestritten zu den spektakulärsten Landschaften der Antarktis gehört der Lemairekanal. Er ist beinahe 13 km lang und an der schmalsten Stelle nur gut 500 m breit und die eisbedeckten Berge recken sich bis zu 1000 m ziemlich steil aus dem Wasser heraus. Wer hier nicht genügend Fotomaterial hat, ärgert sich schwarz. Denn die Schiffspassage gehört sicher zu den beeindruckendsten der Welt.

Weddellmeer *(oben rechts)*

Packeis ist das bedeutendste Kennzeichen des Weddellmeers. Es wurde nach dem Briten James Weddell benannt, der als Erster ein Schiff in diese große Bucht hineinsegelte, die eigentlich nur Eisbrecher durchschiffen konnten. Da die Weddellsee Temperatur und Salzgehalt der Tiefsee nachhaltig beeinflusst, ist sie von großem wissenschaftlichem Interesse.

Ross-Schelfeis *(Mitte)*

Mit 540 000 km^2 bedeckt das Ross-Schelfeis eine Fläche, die größer ist als Spanien. Fährt man mit dem Schiff darauf zu, endet die Reise an der Rossbarriere, einer imposanten 20–50 m hohen Eiswand, die 800 km lang ist. Das ganze Gebiet wurde 1841 von dem britischen Polarforscher James Clarke Ross entdeckt und nach ihm benannt. Es steht unter neuseeländischer Verwaltung.

Mount Erebus *(unten)*

Für den Laien ist es kaum vorstellbar, aber die Natur hat es tatsächlich möglich gemacht: Feuer und Eis existieren in unmittelbarer Nachbarschaft, und zwar auf Ross Island. Hier erhebt sich 3794 m hoch der Mount Erebus. Er ist der am südlichsten gelegene aktive Vulkan der Erde. Dass die An- oder Abwesenheit von Vulkanen nichts mit dem Klima zu tun hat, wussten auch die Entdecker des Berges 1841 noch nicht. Und so ist der Erebus bis heute ein interessantes Forschungsobjekt.

Lambertgletscher *(oben)*

Er ist 400 km lang und bis zu 50 km breit! Damit ist der Lambertgletscher, dessen unglaubliche Dimensionen nur mit einem Satellitenfoto aus dem All tatsächlich erfasst werden können, der größte und längste Gletscher der Welt. Er mündet in das Südpolarmeer und erreicht dort dann eine Breite von 200 km. Jedes Jahr brechen etwa 700–1000 m des Lambertgletschers als Eisberge ins Meer ab.

Inlandeis *(Mitte)*

Eine große, weiße Leere so weit das Auge reicht: Das Inlandeis der Antarktis ist eine fast 14 Millionen km² große Eisdecke, die im Durchschnitt eine Mächtigkeit von 2000 m, an manchen Stellen gar 4000 m (!) erreicht. Es ist das größte Süßwasserreservoir der Erde und bindet fast 80 % der Vorräte an Trinkwasser. Im Zuge der Klimaerwärmung beginnen bereits am Rande des Kontinents große Eismassen zu schmelzen.

Südpol *(unten)*

Geografisch betrachtet ist der Südpol jener Punkt auf der Erde, der auf der Südhalbkugel am weitesten vom Äquator entfernt liegt. Er liegt in der Antarktis – von hier aus führen alle Wege nur nach Norden. Außerdem treffen hier alle Meridiane und damit auch die Zeitzonen zusammen: Wer mit wenigen Schritten den Südpol umrundet, hat zugleich alle Zeitzonen durchquert.

Register

H

I

J

K

L

M

N

O

P